Perdoando nossos pais, perdoando A NÓS MESMOS

David STOOP

Perdoando nossos pais, perdoando
A NÓS MESMOS

1ª edição
Tradução: Josiane Zanon Moreschi

Curitiba
2014

David Stoop
Perdoando nossos pais, perdoando a nós mesmos

Coordenação editorial: Claudio Beckert Jr.
Tradução: Josiane Zanon Moreschi
Revisão: Sandro Bier
Capa: Sandro Bier
Diagramação: Josiane Zanon Moreschi
Título original: Forgiving our parents, forgiving ourselves
1ª edição: 2014 * Reimpressão: 2021

Copyright © 1991, 1996, 2011 by Dr. David Stoop.
Originally published in the USA by Regal Books,
A Division of Gospel Light Publications, Inc. - Ventura, CA 93006 U.S.A.
All rights reserved.

Dados Internacionais de Catalogação na Publicação (CIP)
(Câmara Brasileira do Livro, SP, Brasil)

Stoop, David
Perdoando nossos pais, perdoando a nós mesmos / David Stoop; tradução Josiane Zanon Moreschi. – Curitiba, PR : Editora Evangélica Esperança, 2014.
272 p.

ISBN 978-85-7839-099-0

1. Famílias disfuncionais - Aspectos psicológicos 2. Filhos adultos de famílias disfuncionais - Psicologia 3. Perdão I. Título.

14-08008   CDD-616.89

Índices para catálogo sistemático:
1. Filhos adultos : Famílias : Aspectos psicológicos   616.89

Salvo indicação, as citações bíblicas foram extraídas da Bíblia na Nova Tradução na Linguagem de Hoje da Sociedade Bíblica do Brasil (2000).

Todos os direitos reservados.
É proibida a reprodução total e parcial sem permissão escrita dos editores.

Editora Evangélica Esperança
Rua Aviador Vicente Wolski, 353 - CEP 82510-420 - Curitiba - PR
Fone: (41) 3022-3390
comercial@editoraesperanca.com.br
www.editoraesperanca.com.br

Sem orientação, perdoar nossos pais e a nós mesmos é mais fácil falar do que fazer. Não é uma tarefa fácil, não importa quantos anos você tenha! Em *Perdoando nossos pais, perdoando a nós mesmos,* meu amigo David Stoop forneceu medidas práticas e possíveis para quem busca o perdão dos outros e de si mesmo. David Stoop identifica o que é e o que não é o verdadeiro perdão – um elemento-chave para "superar e seguir em frente". Verdadeiramente uma leitura obrigatória para todos, não importa como sua educação possa ser definida.

Gary Smalley
Autor best-seller, *A chave para o coração de seu filho*
(Thomas Nelson, 2012)

Com a ajuda deste livro, você pode descobrir uma nova forma de cura para si mesmo.

Archibald Hart
Psicólogo e autor, *Me, Myself and I*

Este recurso é renovador e perspicaz em suas novas perspectivas sobre família e perdão. Este livro prático vai impactar qualquer leitor e é um acréscimo bem-vindo aos outros materiais de Dave Stoop.

H. Norman Wright
Terapeuta de dor e trauma
Autor best-seller, *The Complete Guide to Trauma Counseling* e *Helping Those in Grief*

Sumário

Introdução 9

Parte I
Desempacotando a bagagem da família 17
1. Família: Laços que unem? 19
2. O sistema familiar 37
3. Minha família e eu 57
4. Os pecados dos pais 73
5. Relacionamentos de três vias 97

Parte II
A liberdade do perdão 117
6. Perdoando os outros, libertando a nós mesmos 119
7. Perdoando e esquecendo 139
8. O que a raiva tem a ver com isso? 157
9. O jogo da culpa 175
10. Confronto e/ou reconciliação 187
11. Perdoando meus pais, perdoando a mim mesmo 201

Posfácio: o perdão e os doze passos 217
Guia de estudos em pequenos grupos e individual 227

Introdução

"Se meu pai estivesse vivo hoje e nos fizesse o que ele fez naquela época, seria acusado de abuso infantil."

"De jeito nenhum!", eu rebati. "Não o nosso pai!"

"Pense sobre isso", respondeu minha irmã. Então ela desligou.

Essa breve conversa ocorreu há mais de 30 anos, mas me lembro como se tivesse acontecido ontem. O momento em que a minha irmã desligou o telefone foi quando minha bolha estourou. Por anos eu havia pensado que meu pai era um bom pai. Agora, de repente descobri que não poderia continuar pensando assim. Ele já estava morto há 20 anos no momento da nossa furiosa conversa. Eu particularmente não gostava de falar sobre ele, pois tive muito pouco dele para guardar na minha memória. Então eu não estava disposto a deixar que ninguém, nem mesmo a minha irmã – destruísse o pouco que me restava.

Sua observação sobre o abuso infantil tinha a ver com a maneira como ele usava um cinto quando nos espancava – ou pelo menos quando ele *me* espancava. Eu nunca acreditei, na verdade, que ele espancava a *ela*; de acordo com a minha lembrança, eu levava a culpa por tudo o que ela fazia. Tenho certeza de que ela se lembrava de maneira diferente. Nosso pai acreditava em espancar. O único problema era que as surras sempre vinham com uma sobreposição pesada de raiva e muito abuso físico.

Ser espancado por meu pai sempre seguiu um padrão conhecido, quase uma espécie de ritual. Algo dava errado e ele olhava para mim com aquele olhar severo e estourava: "Desça para o porão". Eu sabia o que *aquilo* significava. Não havia maneira alguma de falar com ele sobre isso.

Implorar não funcionava. Eu sei porque tinha tentado muitas vezes. Mesmo oferecer uma explicação era inútil.

Ainda me lembro de como me sentia descendo as escadas do porão com ele perto de mim. Primeiro, ele tirava o cinto, então se sentava em uma cadeira no meio da sala. Eu me curvava. Então eu sentia o cinto em meu traseiro.

Meu pai permanecia em silêncio todo o tempo. Se eu chorava muito, era muito pior. Se eu não chorei *o suficiente*, era muito pior. Lembro-me de elaborar um sistema para saber quanto choro era *"o suficiente"*. Eu gritava de dor até que ele me avisava para parar, "antes que me desse *motivo* para chorar". Essa era a minha deixa para parar, talvez com algumas fungadas finais estratégicas.

Uma ou duas vezes tentei enfiar um livro ou revista dentro das minhas calças antes de ir lá para baixo. Apesar do fato de que nossa família ia à igreja todos os domingos, eu não era exatamente o que você chamaria de um "homem de oração". Mas naqueles momentos eu orava fervorosamente para que meu pai não percebesse. Uma vez ele não percebeu até que estava quase terminando de me bater. Friamente, ele me mandou tirar o livro. Então, me bateu por essa infração também.

Até aquela conversa com minha irmã, eu nunca dei muita atenção a esses incidentes de espancamento. Na verdade, em comparação com o que alguns dos meus amigos relatavam sobre a forma como eles eram disciplinados, não acho que o tratamento que recebi tenha sido tão incomum. *Todo mundo* era espancado por seus pais naquela época. E não acho que eu realmente queria passar muito tempo recordando o sentimento de medo doentio no meu estômago quando chegava a hora de "descer".

Ainda assim, quando estava sendo espancado, pelo menos eu tinha a atenção do meu pai. Na maior parte do tempo, ele sempre me parecia muito cansado ou distraído para me notar ou se importar com qualquer coisa que me interessava. Ele trabalhava longas horas em uma fábrica. Quando chegava em casa à noite, estava extremamente cansado. Nos fins de semana, ele passava a maior parte de seu tempo fazendo a manutenção da casa, trabalhando até que estivesse exausto.

O restante do seu tempo – o pouco que sobrava – era gasto em "Varandópolis". Morávamos em Cleveland, Ohio, em uma pequena casa com uma varanda em toda a frente e um balanço em uma das extremidades. Lembro-me de meu pai sentado naquele balanço, lendo o jornal ou simplesmente olhando para o outro lado do gramado. Quando terminava o jornal, ele ia para a garagem para trabalhar em alguma coisa. Nós nunca conversávamos sobre muita coisa. Meu pai nunca teve tempo para jogar bola comigo ou para perceber como eu arremessava uma bola ou corria para a base. Ele era emocionalmente ausente, exceto quando chegava a hora de "descer".

O interessante é que, durante anos, se você tivesse me perguntado se eu tive uma infância feliz, eu teria dito sim sem pensar duas vezes. Éramos uma família unida? "É claro", teria sido a minha resposta. Meus pais cuidavam muito bem de nós. Nunca nos faltava nada importante, mesmo quando a fábrica de papai estava em greve. Éramos uma boa família.

Éramos mesmo? As palavras de minha irmã no telefone de repente fizeram eu me sentir menos confiante de que realmente éramos tão unidos, ou de que tudo tinha sido realmente tão maravilhoso. Eu não gostei desses novos pensamentos. Eles eram perigosos.

Como todas as pessoas que idealizaram um pai, eu tinha deixado o meu pai fora de julgamento de várias maneiras. Eu tinha cuidadosamente criado uma imagem da minha família como um lugar feliz, onde qualquer coisa desagradável podia ser facilmente explicada. Eu me concentrei em lembrar as partes boas.

Por exemplo, porque éramos todos tão emocionalmente distantes, eu gozava de uma grande dose de liberdade e independência. Trabalhava entregando jornais desde tenra idade, então eu sempre tinha dinheiro. No verão, quando estava em férias da escola, eu podia subir em minha bicicleta pela manhã e não voltar para casa até a hora do jantar. Um dos meus prazeres especiais era ir aos consertos da orquestra sinfônica sozinho, mesmo quando ainda estava no ensino fundamental. Eu ia e voltava de bonde.

Foi só anos mais tarde – quando percebi que eu nunca permitia que os *meus* filhos tivessem esse tipo de liberdade – que comecei a ter dúvidas sobre a minha família de origem. Eu comecei a ver que a razão pela qual eu não concedia aos meus filhos essa liberdade não era simplesmente porque "os tempos são diferentes agora". Tinha a ver com o fato de que, na minha mente, toda aquela liberdade estava ligada a um sentimento de abandono emocional. Eu só sabia que eu queria que a minha família fosse *diferente*.

Trabalhei duro para ganhar a aprovação do meu pai. Um verão, quando eu ainda estava no ensino fundamental, seu principal projeto era pintar nossa casa de madeira. Achei fascinante. Eu queria fazer o que meu pai estava fazendo, então eu o importunei para me deixar ajudar. Eu poderia pintar a parte inferior, eu disse. Ele não estava interessado. "Você não sabe nada sobre pintura", ele disse. "Vá brincar com seus amigos. Eu tenho trabalho a fazer."

Várias semanas depois, eu estava participando de uma Escola Bíblica de Férias na igreja. O projeto de artesanato era a construção de uma casa de pássaros. Se terminássemos a tempo, iríamos pintá-la. Eu me senti tão orgulhoso quando a professora comentou sobre o quão bem eu tinha pintado minha casa de pássaros. "Você é um excelente pintor", ela disse. "Você sabe até mesmo como segurar o pincel."

Eu não podia esperar para mostrar o projeto acabado para o meu pai. Quando eu lhe contei o que a professora havia dito, ele respondeu com um rápido olhar e um quase inaudível "Hmmm". Então voltou a ler o jornal.

Ainda me lembro de ter corado. Por que eu tinha que ter um pai tão velho, que estava sempre cansado demais para se preocupar com o que eu fiz?

À medida que eu crescia para a vida adulta, procurei por respostas, por alguma maneira de entender por que meu pai era do jeito que era. Eu queria saber como ele era e de onde veio.

Ele tinha vindo da Irlanda do Norte para os Estados Unidos, eu sabia tudo isso. Eu sempre tive orgulho do fato de que o meu pai era irlandês e minha mãe, *em grande parte*, irlandesa. Mas quando perguntei sobre isso, ele me dispensou com um ríspido: "Não quero falar sobre isso". Eu sonhava em ir algum dia para a Irlanda. Certa vez perguntei a ele se já quis voltar. "Nunca!", foi sua resposta padrão.

Papai cresceu na Irlanda do Norte durante a era tumultuada sobre a qual Leon Uris escreveu em seu livro *Trindade: o romance da Irlanda*.[1] Foi um período cruel, terrível da história. As poucas coisas que meu pai me disse sobre a Irlanda eram além da minha compreensão. Ele falava sobre

---

1   Editora Record, 1976. (N. de Tradução)

"os problemas", e sobre caminhões de corpos sendo despejados no rio. Em seguida, ficava em silêncio, e nada poderia levá-lo a falar novamente. Ele agia como se quisesse esquecer suas raízes.

Mas outras coisas que ele fazia pareciam desmentir seu desinteresse em sua herança. Às vezes eu o encontrava sentado na sala de estar, ao lado do rádio, ouvindo a rainha da Inglaterra falando em uma estação canadense. Eu me lembro de pensar comigo mesmo: "Por que ele está tão interessado no que a Rainha está dizendo que se nem mesmo fala sobre onde ele cresceu?"

Fiz uma busca, fiz perguntas e arranquei quaisquer pedaços soltos de informação que pude. Descobri que o pai do meu pai morreu quando meu pai tinha apenas 13 anos (embora eu nunca tenha descoberto como ele morreu). Tornou-se o trabalho do meu pai cuidar de sua mãe naquele momento. Quando a família veio para os Estados Unidos anos depois, ainda era seu trabalho cuidar dela. Foi através da leitura do livro de Uris que eu aprendi a antiga tradição irlandesa de que é obrigação do filho mais novo cuidar da mãe viúva. Papai não tinha vida própria até seus 33 anos. Foi quando sua mãe morreu. Ele conheceu e se casou com minha mãe quando tinha 35 anos.

Eu trabalhei duro para manter a minha imagem idealizada do meu pai. Comecei quando era bem pequeno e mantive por muito tempo depois que ele morreu. Agora, mesmo depois de falar com minha irmã, enquanto eu lutava com minha mágoa e raiva para com esse homem que tinha falecido muitos anos antes, descobri que eu ainda queria deixá-lo de fora. Ainda podia explicar a maior parte das coisas que eu me lembrava.

Meus estudos em psicologia do desenvolvimento só reforçaram minhas racionalizações. Ficou claro para mim que meu pai tinha vivido uma infância dolorosa. Ele conheceu pouco sobre intimidade ou proximidade em sua família. Sua mãe, eu descobri, tinha sido uma mulher grande e dominadora, que havia controlado sua vida por 33 anos. Seus irmãos e irmãs tinham saído e construído vida própria, mas não ele. Como, então, eu poderia esperar que ele soubesse como se relacionar melhor comigo?

Mas, depois da conversa com minha irmã, de repente tornou-se mais difícil de acreditar nas coisas que eu disse a mim mesmo sobre meu pai. Eu finalmente tive que admitir: ele tinha falhado comigo e me ferido de muitas maneiras. Sim, havia razões. Sim, pode não ter sido "tudo culpa dele". Mas dói mesmo assim!

Comecei a ter confrontos furiosos com ele em minha mente enquanto estava dirigindo, ou deitado acordado no meio da noite. Eu lhe disse todas as coisas que eu queria dele e ele nunca me deu. Deixei-o saber quanto medo eu tinha dele, como eu tentava ficar fora do seu caminho, a fim de evitar seu temperamento imprevisível. Disse a ele o quanto eu sentia falta de ter um pai que estivesse interessado em mim e no que eu estava fazendo. Encontrei-me, 20 anos depois, sofrendo com sua morte, algo que eu tinha sido incapaz de fazer no momento em que ele morreu.

Anotei algumas das conversas que corriam pela minha mente, e as contei para algumas pessoas em quem eu confiava. Enquanto eu fazia isso, a carga de dor e raiva parecia surgir. Fiquei surpreso ao descobrir que a imagem que eu fazia de meu pai não desapareceu, mas tornou-se mais real, mais completa. Eu ainda via um pai que tinha me decepcionado e ferido. Mas também via um homem com força e bondade. Minha nova imagem, eu tinha certeza, era muito mais próxima da realidade.

Mas mesmo que eu tenha trabalhado os meus "problemas com meu pai", o processo ainda parecia incompleto de alguma forma. A bolha de idealização tinha estourado, mas não me sentia tranquilo. Havia mais um passo necessário para completar o processo. Eu precisava *perdoar* meu pai.

Por quê? Ele já não estava morto e enterrado? Qual seria o propósito do perdão em tal situação? O que havia a ganhar? As respostas a estas perguntas me ajudaram a chegar a uma nova compreensão do que é o perdão. Trabalhar as questões levantadas por minha própria experiência lançou as bases para muito do trabalho que eu faço agora com os pacientes na clínica, para os meus workshops e seminários e para este livro. *Perdão*, eu aprendi, é a chave para resolver a dor do passado e quebrar os padrões geracionais. Sem ele, nada é colocado de lado e superado. O passado ainda opera no presente.

Meu próprio tempo de lidar com essas questões veio quando eu estava começando a trabalhar como psicólogo. Eu estava incomodado com o fato de que, apesar dos meus melhores e mais determinados esforços para que as coisas fossem "diferentes" na minha própria família, estava percebendo em mim o mesmo tipo de distanciamento em relação aos meus filhos que o meu pai tinha mostrado em relação a mim. Tornei-me intensamente interessado em como as famílias funcionavam e em padrões de relacionamento que foram odiados e desprezados e, no entanto, foram passados de geração em geração. O estudo da terapia familiar forneceu um quadro para resolver esses enigmas, não só na minha vida, mas na vida das pessoas com quem trabalhei.

Os problemas que você enfrenta em relação a seus pais serão diferentes do meu. Eles podem ser muito mais dolorosos e prejudiciais. Mas enquanto você lê este livro, quero que saiba que eu percorri o caminho de mágoa, confusão e dor que você agora está percorrendo – e que eu também sei o alívio que virá quando você seguir o caminho do perdão. Não senti que nosso relacionamento estava resolvido até que trabalhei com o processo de perdoar meu pai, tanto pelo que fez quanto pelo que ele não fez. E quando isso aconteceu, descobri que algumas outras questões importantes de relacionamento também ficaram resolvidas para mim, incluindo uma nova abertura para a minha própria família.

Uma palavra de encorajamento: muitas pessoas ficam desconcertadas pela palavra "perdão". Não fique. O objetivo deste livro é explicar o que realmente é o perdão. Vamos ver que seu maior valor está no que ele faz *dentro de nós*, e que o perdão não precisa ter nada a ver com aqueles que nos feriram – na verdade, nem precisa envolvê-los. O perdão é para nós. Ele nos liberta.

PARTE 1

DESEMPACOTANDO A BAGAGEM DA FAMÍLIA

1

Família: laços que unem?

A dor e o sofrimento que você possa ter sofrido em sua família podem tentar você a colocá-la de lado de uma vez por todas. Mas "sair de casa" não é fácil e pode não ser a coisa mais saudável a fazer, de qualquer maneira.

Brian estava claramente mal. Quando veio me ver, ele tinha sido hospitalizado quatro vezes pelo mesmo conjunto de problemas: depressão grave, alienação e pensamentos de suicídio. Os programas do hospital tinham feito o possível, aplicando todas as formas possíveis de tratamento individual e terapia. Brian melhorava o suficiente para ser liberado do hospital e enviado para casa. Mas em pouco tempo os sintomas reapareciam e ele voltava à estaca zero.

Conversamos por um longo tempo. Fiz muitas perguntas sobre ele, seus sentimentos, seus problemas. Também perguntei sobre sua família. Muita experiência ensinou-me que os modelos familiares às vezes podem destravar mistérios que nenhuma outra tentativa de entendimento tenha resolvido. Uma das coisas que ele me disse foi que, alguns anos antes, pouco antes de sua primeira internação, sua prima Sheila havia tentado cometer suicídio. Seu pai era um policial e ela pegou sua arma, foi para um campo aberto e atirou em si mesma.

A tentativa falhou, e ela ficou permanentemente deficiente como resultado. Brian falou amargamente sobre a maneira como sua família o culpou pelo que aconteceu a sua prima. Parece que uma semana antes de tentar se matar, Sheila tinha falado com Brian sobre como se sentia desesperada, sozinha e deprimida. Brian tinha ficado alarmado. Perguntou se ela estava pensando em suicídio. Ela insistiu com veemência que não. Então, uma semana depois, fez sua tentativa fútil, mas destrutiva.

Quando a família ouviu falar sobre a conversa de Brian com Sheila, eles ficaram indignados. Certamente ele deveria ter previsto o que estava para acontecer! Certamente ele deveria ter insistido que Sheila procurasse ajuda! Certamente ele deveria ter contado a alguém o que estava acontecendo! O fato de que Sheila tinha especificamente negado que estava pensando em suicídio não significava nada. Foi tudo culpa dele, ou assim a família parecia pensar. E, com o tempo, Brian também. Ninguém parecia culpar seu pai por ter deixado sua arma descuidadamente disponível para ela pegar.

Brian tinha apenas 15 anos na época e não se poderia esperar que ele reconhecesse o clamor de sua prima por ajuda, mas ele se sentia responsável pelo que tinha acontecido. Seus pais, seus tios e tias, eles estavam certos. *Foi* culpa dele. Ele *era* o culpado pela trágica condição de Sheila. Os sentimentos de remorso e culpa eram quase o suficiente para – literalmente – deixá-lo louco.

Durante o curso de nosso tempo juntos, eu era capaz de apontar a Brian o padrão que parecia ter se desenvolvido a respeito de seus problemas. Quando ele ia para o hospital, onde, é claro, estava longe de sua família, ele ficava melhor. Mas quando voltava para casa, era apenas uma questão de meses até que as atitudes de sua família em relação a ele o empurrassem de volta ao desespero e à depressão.

Conversei com Brian sobre *sistemas familiares disfuncionais – padrões geracionais* – de comportamento e relacionamentos dentro das famílias que trabalham para nos tornar doentes ao invés de saudáveis. Falei sobre os papéis que os membros dessas famílias assumem, e sobre os efeitos que esses papéis podem ter sobre eles. Em particular, falei sobre o papel de bode expiatório – aquele em quem todos os outros projetam seus próprios sentimentos de culpa e vergonha. Quanto mais conversamos, mais claro ficava para Brian e para mim que seus problemas resultavam, em grande parte, de alguns comportamentos muito pouco saudáveis e atitudes de sua família. Com o tempo, fomos capazes de identificar uma série desses padrões e dinâmicas familiares. Brian teve que mudar a forma como ele respondia a esses padrões se quisesse permanecer saudável. Havia outros fatores, é claro: o tratamento e terapia fornecidos no hospital tiveram um papel importante. Mas, no caso de Brian, problemas familiares eram a chave. À medida que trabalhávamos para resolvê-los, seus outros problemas tornaram-se mais fáceis de lidar e sua vida, mais estável.

> *As crianças não sabem o que causa a sua miséria. Na verdade, as crianças não percebem que seu lar disfuncional é anormal. Mesmo as crianças abusadas fisicamente não percebem, enquanto jovens, que os pais normais não batem em seus filhos, pois acham que não há outra maneira de viver.*
> NANCY CURTIS, *BEYOND SURVIVAL*[2]

Julie veio do que a maioria das pessoas consideraria uma família perfeitamente "normal". Por fora, seus pais pareciam o clássico casal "Ozzie e Harriet".[3] Sua mãe e seu pai ainda estavam fielmente casados um com o outro. Seu pai sustentava bem a família. Sua mãe nunca trabalhou, preferindo ficar em casa e cuidar das crianças. Mas por dentro, havia dinâmicas sutis trabalhando na família de Julie que fizeram dela um lugar difícil de se viver.

Um dia, Julie derramou sua dor sobre uma lembrança especialmente vívida. Ela tinha cerca de quatro anos de idade e estava andando em algum lugar com seus pais. Eles estavam discutindo sobre algo – Julie nunca soube sobre o quê – e, imediatamente, sua mãe simplesmente começou a ir embora. Seu pai, de repente, virou-se e gritou com *Julie*. Ele agarrou-a pelos ombros, sacudiu-a e jogou-a na calçada. Então ele se afastou, pisando duro.

Sua mãe congelou. Pelo que pareceu uma eternidade, ela simplesmente ficou ali, olhando para Julie, depois para seu pai. Finalmente, ela fez um gesto chamando Julie para junto dela. Julie correu para a mãe em lágrimas e se agarrou a ela, soluçando.

Poucos minutos depois, Julie e sua mãe viraram uma esquina e encontraram seu pai ali, cerca de 20 metros de distância, com as mãos nos

---

2 Nancy Curtis, *Beyond Survival* (Lake Mary, FL: Strang Communications, 1990), pp. 27-28.
3 *The Adventures of Ozzie and Harriet* foi uma série americana exibida de 1952 a 1966, mostrando a vida da família Nelson. Tornou-se sinônimo de vida familiar dos anos 50. (N. de Tradução)

bolsos, a cabeça baixa, arrastando os pés, sem jeito. "Ele parecia um menino ferido", disse Julie, "como um menino que sabia que tinha feito uma coisa ruim e não sabia o que fazer sobre isso".

Nem a mãe de Julie, nem seu pai disse uma palavra. Eles só começaram a andar *silenciosamente*. Julie se lembra que seu pai chegou a despentear seu cabelo. Ela recuou, ainda tremendo de medo por sua recente explosão. Mas sua mãe parecia ter esquecido tudo sobre isso. Os três caminhavam juntos, a mãe de mãos dadas com o pai, de um lado e com Julie, do outro. Anos mais tarde, ela ainda podia se lembrar da confusão que sentiu, o vazio, a mágoa. Como o pai pôde tratá-la assim? Como a mãe pôde *permitir*? E como puderam ambos simplesmente continuar *como se nada tivesse acontecido*?

Enquanto ouvia Julie falar, perguntei a mim mesmo quantas outras vezes a cena teria acontecido. Quantas vezes ela teria sido empurrada e deixada de lado, arcando com o ônus da raiva reprimida de um de seus pais? Quantas vezes, eu me perguntava, o *pai* dela tinha sido igualmente deixado de lado, seus medos e mágoas ignorados, quando ele era criança? Julie o havia descrito como parecendo "um menino ferido". Eu suspeitava que houvesse mais verdade naquela caracterização do que ela suspeitava.

E o que dizer da mãe de Julie? O que o seu comportamento diz sobre a forma como ela tinha aprendido a lidar com conflitos? Evidentemente ela tinha aprendido a não enfrentar, mas simplesmente ficar para trás, em silêncio, e esperar a tempestade passar. Julie se descreveu como literalmente presa entre as duas pessoas que eram mais importantes para ela, em silêncio, suportando suas crises, esperando pelo melhor.

Com o tempo, Julie e eu fomos capazes de aprender mais sobre sua própria família e sobre as famílias de seus pais. Pudemos ver como os padrões de comportamento tinham sido passados *através das gerações* para ambos os pais, e depois para ela. Ela entendeu como o papel *pacificador* da mãe impediu a resolução de problemas. Reconheceu como *regras tácitas* em sua família impediram todos de falarem sobre o que estavam experimentando e de lidarem com realidades desagradáveis. À medida que Julie trabalhava com a dor de sua nova consciência, gradualmente foi descobrindo uma maravilhosa liberdade de autoconceitos doentios e emoções destrutivas que se prolongaram por toda a vida.

A história de Mary foi mais traumática. Sua depressão era tão grave e durou tanto tempo que era difícil para ela cavar através de camadas de calos emocionais que construiu e chegar a enfrentar seu passado familiar.

Essa experiência foi um pesadelo. Seu pai era alcoólatra. Sua mãe era fisicamente abusiva; Mary contou como ela já havia lhe batido com um suporte de toalha de metal. Ambos os pais eram verbalmente abusivos. Falou sobre o alívio que sentia quando eles saíam e a deixavam com seu irmão mais velho em casa. Mas, mesmo isso logo levou a outros problemas.

Quando ela tinha oito anos, seu irmão a estuprou. Mais tarde, quando a mãe chegou em casa, Mary chorou enquanto lhe contava o que havia acontecido. Sua mãe nunca verificou sua condição física. Quando o irmão negou ter feito algo de errado, a mãe chamou Mary de mentirosa e a mandou para o quarto dela. Mary e seu irmão aprenderam a lição deste incidente: a de que o abuso sexual poderia continuar e que Mary iria suportar em silêncio. Uma vez que esta questão veio à tona, no entanto, foi fácil para Mary para ver como a *lei do silêncio* a tinha feito prisioneira a vida toda.

Lydia, pelo contrário, veio para o aconselhamento sabendo muito bem que precisava lidar com questões de abuso sexual. Seu padrasto a havia molestado desde que ela tinha 12 anos, até que saiu de casa, aos 16 anos. Sua mãe sabia o que estava acontecendo, mas não fazia nada sobre isso. Ela simplesmente esperava em outra sala até que tudo tivesse acabado. Às vezes, ela até mesmo assistia.

Depois de passar vários meses trabalhando com esta questão, o terapeuta de Lydia arranjou que sua mãe e seu padrasto fossem a uma sessão combinada com sua filha. Lydia tinha escrito o que queria dizer a eles. Ela tinha praticado com o seu conselheiro como iria falar. Não haveria palavrões histéricos ou acusação exagerada, apenas uma recitação simples do que tinha acontecido e como aquilo a tinha feito sentir. Lydia e seu terapeuta sentiram que dar esse passo era importante se Lydia queria deixar de lado sua amargura e ficar livre de seu passado.

Os pais de Lydia sentaram-se silenciosamente durante sua apresentação. Quando ela terminou, eles estoicamente negaram tudo – os dois! Eles estavam bastante calmos e impassíveis a respeito. A única emoção que mostraram foi irritação por ela tê-los acusado de "coisas terríveis" na frente de um estranho. De certa forma, Lydia estava em um beco sem saída. Ela voltou para o grupo e falou sobre seu desapontamento com a negação de seus pais. Enquanto ela trabalhava seus sentimentos, também foi capaz de ver por que ela havia sido mantida refém de seu passado durante tanto tempo.

Larry passou a maior parte dos cinco primeiros anos de sua vida à espera. Normalmente, ele estava sentado no banco de trás de um carro, esperando seus pais surgirem, completamente bêbados, de algum bar. Ele se acostumou a ser deixado para trás. Um dia ele estava na varanda da frente da casa de sua tia e viu seus pais se afastarem de carro e o deixarem mais uma vez. Mas dessa vez foi diferente: dessa vez eles nunca mais voltaram.

Por pior que tenham sido aqueles primeiros cinco anos, eles foram ofuscados pelas perguntas que o assombravam na idade adulta. Para onde seus pais foram? Por que o deixaram? Onde estavam eles agora? Ninguém na família de Larry sabia a resposta para essas perguntas. Ele teve que aprender a lidar com o buraco deixado pelo *abandono* de seus pais. Quando ele veio para o aconselhamento estava destroçado por se esforçar para ganhar a aprovação de todos. Lentamente, ele começou a ver que seu estilo de vida atual estava diretamente ligado ao seu medo de ser abandonado e às experiências de sua infância.

Padrões transmitidos através das gerações

As pessoas que acabamos de descrever, e muitos outros cujas histórias poderíamos contar, são indivíduos únicos, com diferentes origens e circunstâncias de vida. Nenhuma é igual à outra em qualquer aspecto. Mas são todas iguais em um aspecto muito importante: todas são produto de famílias cuja dinâmica e padrões relacionais eram suficientemente desordenados a ponto de serem considerados doentios e disfuncionais.

São homens e mulheres adultos que, depois de anos de luta com uma variedade de problemas emocionais, psicológicos e relacionais, têm percebido que parte da razão pela qual eles "são do jeito que são", é porque alguma coisa em seus antecedentes familiares os fez assim. Normalmente também há fatores adicionais envolvidos. Mas em todos esses casos, e em muitos outros, a dinâmica familiar acaba segurando a chave para a recuperação. À medida que esses homens e mulheres passaram a compreender mais claramente a forma como estas dinâmicas os têm afetado, têm sido capazes de se libertar do seu efeito e passar a viver uma vida mais feliz, mais frutífera.

As histórias que citei são retiradas da minha experiência como conselheiro profissional. Algumas são obviamente mais dramáticas e traumáticas do que outras. Mas algumas – como a história de Julie, a menina cujo pai a empurrou em um acesso de raiva – não parecem tão dramáticas. Lá a disfunção familiar era menos radical, menos exteriormente visível. *Mas não era menos real.* Estou convencido de que um grande número de nós, uma vez que saibamos o que procurar e como interpretá-lo, podemos compreender as dinâmicas disfuncionais de nossa própria família – tenha ou não o nosso passado sido marcado por tais formas evidentes de disfunção como abuso físico e sexual, divórcio e outros.

No entanto, dizer que as famílias são disfuncionais é redundante. Toda família é disfuncional em certo grau, porque tudo o que o ser humano toca é, até certo ponto, disfuncional. "Disfuncional" significa que algo não funciona da forma como foi concebido. Cada um de nós, por causa do pecado de Adão, não funciona completamente da maneira que Deus nos projetou para funcionar. As nossas famílias, o nosso trabalho, até a diversão é menos do que perfeita por causa do pecado.

O problema, claro, é que vivemos em um mundo imperfeito. Fomos *todos* criados por pais imperfeitos em famílias imperfeitas. E, se formos honestos, reconheceremos que todos nós crescemos para nos tornarmos adultos imperfeitos. Há, portanto, uma consciência de que *todos* nós podemos justificadamente nos ver como "filhos adultos de famílias disfuncionais".

Costumo dizer que eu cresci em uma família disfuncional e que, quando me casei e tive filhos, criei uma nova família disfuncional. Agora eu vejo meus filhos criarem suas próprias famílias disfuncionais. Nosso objetivo não é deixarmos de ser disfuncionais – isso nós não podemos fazer. Nosso objetivo é nos tornarmos cada vez mais saudáveis nas formas pelas quais funcionamos como uma família. Eu tenho trabalhado duro para tornar a minha família mais saudável do que a família na qual eu cresci, e eu creio que meus filhos estão trabalhando para tornar as suas famílias mais saudáveis do que a que eles experimentaram enquanto cresciam.

Por isso, provavelmente é mais útil dizer que algumas famílias são mais saudáveis na maneira de operar do que outras. E algumas são mais doentias do que outras. Então, se você está tendo problemas para entender se sua família era ou não disfuncional, assuma que ela era e é. Em seguida, procure ver quão saudável ou quão doentia sua família era e provavelmente ainda é.

> *Você pode sentir que a sua família de origem não era disfuncional, pois seu pai não era um alcoólatra. [...] A verdade, porém, é que, devido à natureza caída de todos os pais (e filhos), todas as famílias são falhas e, portanto, disfuncionais em certo grau. Comportamentos viciantes e compulsivos (vícios em comida, sexo, trabalho, e assim por diante) são extremamente comuns "nas melhores famílias", e tal comportamento é quase sempre ligado a algum histórico de família disfuncional.*
>
> DAVE CARDER, ET AL., *SECRETS OF YOUR FAMILY TREE*[4]

Uma definição que inclui tudo e não exclui nada não é uma definição muito útil. Vamos reconhecer, então, que estou descrevendo uma condição com uma gama de expressões. Você pode se considerar um produto do que um homem chama de "sua básica, cotidiana e comum família disfuncional". Você reconhece que seus pais tiveram suas falhas, e sua família, suas fraquezas, mas nunca sentiu que eles tenham afetado negativamente sua vida adulta de forma decisiva. A maioria das pessoas que se colocam nessa categoria fica surpresa quando descobre como eram grandes as "pequenas" mágoas que suportaram e como elas afetaram sua vida. Se você se colocar nessa categoria, eu o encorajo a ler este livro pelos insights que pode ter sobre como tornar sua própria vida ainda mais proveitosa, e como tornar sua vida familiar ainda mais satisfatória.

Outros já reconheceram que este é um livro sobre *eles*. Ao ler as histórias de Brian, Mary, Lydia e os outros, você ouviu o alarme na sua cabeça, e algo dentro de você disse: *Ele está falando sobre mim. É a minha vida que ele está descrevendo.* Se você está nessa categoria, acredito que este livro possa ajudá-lo a iniciar um processo maravilhoso de crescimento e recuperação.

Outros ainda estarão inseguros neste momento. Você pode nunca ter ouvido a expressão "família disfuncional" antes, e muito menos ter entendido o que significa ou como isso pode se aplicar a você. Tudo o que sabe é

---

[4] Dave Carder, et al., *Secrets of Your Family Tree* (Chicago: Moody Press, 1991), p. 15.

que algo não está certo em sua vida. Pode ser qualquer coisa, desde uma depressão persistente, um problema com a raiva, crises de ansiedade extrema, dificuldades inexplicáveis para confiar nos outros e ter relacionamentos mais próximos. Você pode ter tentado uma série de coisas para lidar com o seu problema, com variados graus de sucesso. Você pode ser uma pessoa profundamente religiosa, cujo compromisso com a verdade espiritual tem proporcionado uma grande dose de conforto, mas, ainda assim, encontrar-se tateando para encontrar a chave para algumas dificuldades pessoais que continuam a lhe escapar. Se você se encontra nessa categoria, eu o incentivo a ler este livro com cuidado. Ele pode muito bem marcar o início de um momento emocionante de autodescoberta e crescimento para você.

Família: Quem precisa dela?

Vamos voltar para os homens e mulheres cujas histórias abriram este capítulo. Dada a quantidade de dor e angústia que seus pais lhes causaram, por que eles não apenas "deixam tudo isso para trás"? Essa é realmente a grande questão. Muitos de nós, quando olhamos para os problemas que continuamos a experimentar por causa de nossas origens imperfeitas, somos tentados a nos sentir dessa forma. Não estamos crescidos agora? Não somos capazes de pensar, agir e decidir por nós mesmos? Por que não apenas deixar a nossa família de origem para trás? Por que não simplesmente esquecê-la e seguir com a vida? Não queremos abrir áreas problemáticas, então por que pensar sobre eles?

Costumo trabalhar com pessoas que se mudaram da costa leste para a costa oeste só para ficar longe de seus pais e de sua família. O que eles não percebem é que, quando se mudaram, parte da bagagem que trouxeram com eles era a sua família. Seus pais são como um comitê que vive dentro de sua cabeça. Afastar-se geograficamente não muda nada, o comitê ainda está ativo. A distância realmente não muda nada.

Não podemos simplesmente ir embora e fingir que nossa família nunca aconteceu. (De fato, à medida que formos em frente, veremos que a *tentativa* de "ir embora e fingir que nunca aconteceu" é uma das *piores* coisas que podemos fazer.) Todas as pessoas que conheci que vieram de um sistema familiar doentio passam por um período em que estão tão tristes e zangados com o que aconteceu com elas que sentem que nunca mais querem ter nada a ver com seus pais novamente. No entanto, sempre são atraídas de volta. No fundo, elas acham que ainda querem alguma coisa, ainda *precisam* de algo de suas famílias. A questão é: por quê? Por que nossa família ainda exerce um controle tão forte sobre nós, mesmo quando adultos?

Para responder a essa pergunta, precisamos olhar para trás em nossa experiência original de família. No início da nossa vida, a família é indispensável por duas razões: primeiro, para a nossa mera sobrevivência, em segundo lugar, para o nosso desenvolvimento inicial e a nossa socialização.

É preciso apenas um breve olhar para uma criança para reconhecer o aspecto da sobrevivência. Diferentemente da maioria das espécies do reino animal, que empurram seus filhos para fora do ninho em uma questão de semanas ou meses, os seres humanos são criados de tal maneira que são dependentes de seus pais (ou de algum outro membro adulto da espécie) para a sua sobrevivência por muitos anos.

Mas, mesmo à medida que envelhecemos, nossos "laços familiares" continuam. Porque somos tão vulneráveis quando crianças, desenvolvemos laços extremamente apertados com a nossa família, mesmo nos casos em que era nocivo para nós. Nossa carência continua quando nos tornamos adultos, mesmo que, geralmente, assuma diferentes formas. Este é um lembrete constante de nossa dependência original da nossa família.

Por mais que tentemos negar nossa carência como adultos, ela ainda está lá, exercendo sua influência na nossa psique, sempre nos levando de volta ao nosso laço original com a família. Considere o caso familiar do jovem adulto que não pode esperar para ficar longe de seus pais, mas que, uma vez que faz isso, está sempre voltando para refeições caseiras, para emprestar dinheiro e (embora ele nunca vá admitir isso) pelos pais.

A saudade da família é algo incrivelmente poderoso, mesmo nos casos em que possa parecer menos justificada. Lydia, por exemplo, sabia muito bem quem eram sua mãe e seu padrasto. Ela conhecia a dor que tinha experimentado em suas mãos. No fundo, acho que ela já sabia como era improvável que eles reconhecessem o dano causado a ela, e muito menos assumissem qualquer responsabilidade por isso. No entanto, ela ansiava por seu amor e carinho. A saudade nunca foi embora, mesmo após a sessão desastrosa em que, vergonhosamente, negaram o comportamento chocante que ela sabia ser verdade.

*Muitos de nós saímos de casa, desafiadoramente, prometendo:
"Eu nunca vou fazer como os meus pais". Infelizmente,
nós somos o que aprendemos e, eventualmente, de alguma
maneira, nossos pais conseguem passar a residir dentro de
nós. Só mais tarde, como adultos, descobrimos que nós nunca
realmente saímos de casa. De fato, em muitos aspectos, somos
exatamente como nossos pais, que jogaram o mesmo jogo,
com um nome diferente – ainda assim, todos produtos de uma
herança codependente, "Perdido na confusão".*
ROBERT SUBBY, LOST IN THE SHUFFLE[5]

Se essas saudades da família existem em nós como filhos para com os nossos pais, com certeza também devem existir nos pais em relação aos filhos. O esmagadoramente poderoso instinto de amor de mãe é familiar a todos nós. Eu nunca conheci um pai ou uma mãe que, em algum grau, não quisesse amar sua prole. Conheci alguns *que não sabiam como* fazê-lo, muitos que simplesmente *não conseguiram* fazê-lo e muitos que se perderam e sentiram que não queriam mais fazer o esforço. Mas eu nunca conheci alguém que não admitisse um profundo – às vezes quase desesperado – desejo de ser "uma boa mãe ou um bom pai".

Se os pais se sentem assim, se almejam por proximidade com seus filhos tanto assim, então por que fazem tantas coisas destrutivas para eles? Parte da resposta pode estar na própria experiência inicial dos pais em suas famílias – dos padrões geracionais que eles experimentaram.

Ray, por exemplo, disse-me do ódio que sentiu de seu pai durante o fim da adolescência. Certa vez, quando tinha 18 anos, ele convidou seu pai para dar um passeio. Ele estava planejando, literalmente, para matar seu pai. Eles viviam na floresta do noroeste dos Estados Unidos, na costa do Pacífico. Ray colocou uma arma em seu cinto nas costas. Enquanto caminhavam juntos, e ao meditar no que ele estava prestes a fazer, decidiu perguntar a seu pai, pela primeira vez, por que tinha sido tão brutalmente abusivo em relação a ele.

---

5   Robert Subby, *Lost in the Shuffle*, (Deerfield Beach, FL: Health Communications, Inc., 1987), p. 92.

"Lágrimas brotaram em seus olhos quando lhe perguntei isso", Ray lembrou. "Fiquei chocado. Eu nunca tinha visto o menor traço de suavidade ou sentimento nele antes. Ele me disse que seu pai – meu avô – tinha feito as mesmas coisas para ele quando ele era um menino. Batia nele com um chicote. Vovô até havia chicoteado minha avó uma vez, quando ela tentou impedi-lo de ferir meu pai."

Ray e seu pai caminharam em silêncio por alguns momentos. Em seguida, seu pai virou-se para ele e disse: "Sabe, Ray, houve momentos em que eu só queria matá-lo".

A fúria assassina de Ray diminuiu depois disso. Mas sua confusão aumentou. Ele sentiu tristeza pelo que seu pai tinha passado, mesmo enquanto continuava a sentir raiva dele. Acima de tudo, ele lutou para entender o comportamento de seu pai. "Por que ele faria comigo as mesmas coisas que seu pai fez com ele?", perguntou Ray. (Uma boa pergunta, que vamos tentar responder à medida que avançamos.)

A família fraturada

Não é novidade que a estrutura familiar mudou. Em vez da proverbial grande família estendida vivendo junto na fazenda – ou, pelo menos, nas proximidades – a maioria das famílias hoje vive em áreas urbanas ou suburbanas, com apenas a família imediata perto. Um número cada vez maior delas são as famílias monoparentais. Em quase todos os casos, o apoio e cuidados, antes fornecidos pela família estendida agora vêm de amigos e conhecidos – se é que pode ser encontrado.

À medida que a família tem mudado, também tem se tornado objeto de estudo e preocupação. Estudiosos têm gerado enormes pilhas de estatísticas para descrever *o que* aconteceu. Mas seus cálculos, tabelas e gráficos nos oferecem pouca ajuda para entender *por que* isso aconteceu ou o que podemos fazer sobre isso. Sabemos, nos mínimos detalhes, como a taxa de divórcio subiu rapidamente, mostrando apenas recentemente sinais de abrandamento. Sabemos quantas crianças mais estão sofrendo o trauma do colapso da família. Mas não sabemos muito sobre como alterar as tendências ou sobre como ajudar os sobreviventes a se recuperarem.

Soma-se a estas mudanças a mudança de lugar das mulheres em nossa cultura. As mulheres ganharam alguma igualdade quanto à sua situação econômica e social. Mas os efeitos dessas alterações ainda têm que ser integrados na família. Pesquisadores ainda debatem vigorosamente sobre como – ou mesmo se – a Nova Mulher pode ser parte da Família Tradicional.

Se todas essas mudanças são boas ou más não vem ao caso na nossa presente consideração. O fato é que as mudanças *estão* acontecendo em um ritmo tão vertiginoso que a família não tem sido capaz de acompanhá-las.

Que a família está em apuros não requer nenhuma prova. Temos apenas que ouvir os amigos e colegas de trabalho, ou mesmo examinar as nossas próprias preocupações e lutas, para saber que a família como nós a conhecemos e entendemos está sob ataque. Os jovens estão cada vez com mais medo de se casar, pois não querem correr o risco de repetir os padrões de desilusão e desespero que já viram na geração de seus pais. Ou, se o fazem, muitos decidem não ter filhos, pelas mesmas razões.

Claramente, algo está errado. Mas como definimos o que é certo?

A família normal

O que é uma família "normal"? É a unidade de pai, mãe e dois ou três filhos, que se tornou tão comum nos anos "Baby Boom"[6] do final dos anos 1940 e 1950? Ou o clã imortalizado por programas de televisão como *Os Waltons*?[7]

É mais difícil responder a estas perguntas do que pode parecer à primeira vista. O nascimento da família antecede a história gravada. Mesmo em Gênesis, o primeiro livro da Bíblia, a família é mais presumida do que explicada. Na verdade, Gênesis oferece exemplos de muitos tipos diferentes de famílias ao longo de suas páginas. A antropologia oferece um quadro variado semelhante. Parece haver tantos padrões diferentes de "família", quanto existem diferentes culturas humanas.

No entanto, *existem* alguns elementos que todos esses tipos de famílias têm em comum. Se nos concentrarmos neles, poderemos, pelo menos,

---

6 Filhos da Segunda Guerra Mundial, já que logo após a guerra houve uma explosão populacional. Nascidos entre 1943 e 1964, foram jovens durante as décadas de 60 e 70 e acompanharam de perto as mudanças culturais e sociais dessas duas décadas. (N. de Tradução)

7 Foi uma premiada série de TV dos EUA, cujo tema central era a vida de uma família no meio rural do estado da Virgínia, na época da Grande Depressão. (N. de Tradução)

chegar a um entendimento de "família" que pode servir de base para nossa discussão neste livro.

Um elemento comum é a união de um homem e uma mulher em especial em um relacionamento que, entende-se, seja, em algum grau, estável e exclusivo. Na maioria das culturas com as quais estamos familiarizados, especialmente nas construídas sobre a base de uma visão de mundo cristã – isso assume a forma de casamento.

O outro elemento comum é a relação pai/mãe-filho. Há um entendimento de que a prole produzida pela união de um homem e uma mulher em particular "pertence" a eles em algum sentido e é de sua responsabilidade específica cuidar e educar.

Existem, naturalmente, variantes desses padrões. Em nossos dias, estamos bastante familiarizados com a família monoparental. Mas mesmo esse padrão, comum como é, é quase universalmente considerado como um desvio do ideal. Quase ninguém propõe que as famílias monoparentais devam ser a norma para todos. Outras variações – famílias em comunidade, por exemplo, com um grande grupo de adultos aceitando igual responsabilidade por um grande grupo de crianças – também têm sido tentadas, geralmente com pouco sucesso. Novamente, poucos iriam propô-las como uma norma universal.

Assim, parece que chegamos a um conceito muito básico do que constitui uma família "normal". Na verdade, a tendência quase instintiva dos seres humanos de gravitar em torno de um modelo de família de pai, mãe e filhos – aumentado de diversas maneiras com a presença de membros da família que vão desde os avós, tios, tias e primos – sugere que tal arranjo foi "projetado" para a raça humana por um Deus sábio e amoroso. Uma vez que nosso objetivo é analisar os efeitos que a dinâmica familiar tem sobre as crianças, especialmente quando estas crianças cresceram para a idade adulta, vamos nos concentrar no componente pais e filhos da família "normal". Ao compreender os objetivos básicos da paternidade, poderemos refinar nossa compreensão de como se parece a família "normal".

Nossa primeira tarefa na vida – o primeiro trabalho que nos propomos a fazer, começando no momento em que entramos neste mundo saindo do ventre de nossa mãe – é formar uma ligação segura com uma figura que vai fazer do mundo um lugar protegido e de confiança para nós. Geralmente, é claro, é a mãe, pois o recém-nascido passou nove meses em uma ligação simbiótica com ela. Mas o pai também desempenha um papel crucial nesse processo. Ambos os pais devem ser figuras de apego para a criança. Assim, podemos dizer que uma norma para uma família saudável é que ela fornece um ambiente de amor no qual a criança pode aprender a confiar.

Quando estamos com cerca de seis ou oito meses de idade, começamos a trabalhar na nossa segunda tarefa, que é a de nos definirmos como indivíduos separados, originais dentro desse contexto de amor e confiança. Isso às vezes é chamado de "individualização", o processo de descobrir o que é que "faz de mim, *eu*". Nossa capacidade de realizar esta segunda tarefa estará diretamente relacionada com a quantidade de amor e segurança que temos vivido no processo anterior de ligação com nossos pais e nosso ambiente. (Vamos olhar mais de perto para esse processo no capítulo 3.)

Como o amor incondicional é a base para tudo o que ocorre em fases posteriores, podemos completar a nossa definição de família normal dizendo que é um lugar onde podemos experimentar um amor incondicional, que nos dá a segurança e a liberdade para nos tornarmos com sucesso indivíduos autônomos.

A aliança de família

Um exemplo deste tipo de relação pode ser encontrado no antigo conceito de *aliança*. A aliança era um tipo de relacionamento em que cada parte se comprometia, total e unilateralmente, à fidelidade.

A palavra "unilateralmente" é importante. Na maioria dos relacionamentos e acordos, cada uma das partes se sente ligada ao relacionamento apenas enquanto a outra parte "cumpre sua parte do acordo". Se a outra pessoa não consegue viver de acordo com a sua parte do trato, então eu estou dispensado de viver de acordo com a minha parte. (Em nossa sociedade, esta é a maneira como os contratos funcionam.) Não é assim em uma aliança. Em um relacionamento de aliança, cada parte tem certos deveres e obrigações que ele ou ela é obrigado a cumprir, *mesmo que a outra parte falhe em cumprir sua parte.*

Hoje, a maior parte do mundo ocidental tira sua compreensão de aliança da Bíblia, que fala de dois tipos de aliança. O primeiro é uma aliança entre duas (ou mais) pessoas que estão em pé de igualdade uma com a outra. Um acordo de negócios, por exemplo, poderia ser feito na forma de uma aliança. O exemplo mais óbvio desse tipo de aliança, é claro, é o casamento.

Um segundo tipo de aliança envolvia uma oferta incondicional de um senhor a um vassalo, na qual o senhor prometia proteger e cuidar do vassalo. Um rei podia fazer tal aliança com seus súditos. Outro exemplo desse tipo de relação era entre Deus e os judeus. É fácil ver como esse tipo de aliança exemplifica o que se espera que aconteça entre pais e filhos.

Assim, podemos dizer que a família está destinada a ser uma intersecção de duas alianças: uma "horizontal", entre marido e mulher, e uma "vertical", entre pais e filhos. Mais uma vez, vamos nos concentrar na dimensão pais-filhos neste livro. Mas ambas as dimensões são importantes, pois sem elas é impossível criar o ambiente de amor incondicional – alguns chamam de comunidade – no qual os seres humanos podem crescer como indivíduos autônomos.

É importante notar que a existência de uma aliança não significa que o relacionamento estará livre de discórdia. Muito pelo contrário. Como em qualquer relacionamento humano, as partes de uma aliança terão seus altos e baixos, suas provações e lutas. A diferença é que elas estão empenhadas em trabalhar essas dificuldades e tentar resolvê-las. Os laços de aliança são frequentemente testados. Eles podem ser quebrados. Mas também podem ser restaurados. Também é importante entender que os laços de amor de aliança, e os efeitos de terem sido quebrados, pode se estender ao longo de gerações. Cada família em particular, cada vínculo pais-filhos, é apenas um elo de uma cadeia que se estende para trás e para frente no tempo. Ao examinarmos os *efeitos* de crescer em uma família disfuncional, teremos que traçar as maneiras pelas quais nossos pais podem ter sido igualmente afetados por *suas* famílias. E vamos querer entender como nós, por nossa vez, podemos evitar a transmissão de um legado de disfunção familiar aos nossos próprios filhos.

Quando falamos de famílias disfuncionais, é isso que queremos dizer: situações em que os laços de amor aliança, especialmente entre pais e filhos, têm sido tensos ou foram quebrados. Como esses colapsos ocorreram e como as ligações podem ser restauradas (e os efeitos nocivos desses colapsos, invertidos) são os principais temas deste livro.

Liberdade e mudança

Vamos resumir o que dissemos até agora. Todos nós somos profundamente influenciados por nossas famílias. Todas as nossas famílias são imperfeitas – talvez hoje mais do que nunca, já que a instituição da família tem passado por mudanças e perturbações sem precedentes nas últimas décadas. Alguns de nós vêm de famílias nas quais as "imperfeições" foram significativas o suficiente para nos causar dificuldades perceptíveis em nossas vidas adultas. Nós somos "filhos adultos de famílias disfuncionais".

Por mais que possamos tentar nos desligar de nossos "laços familiares", seu apego é muito profundo. A liberdade reside em enfrentar nossos problemas de frente, em entender o mais concretamente possível como nossa família ficou aquém do normal – como ela falhou em nos fornecer uma comunidade de amor incondicional na qual poderíamos crescer saudáveis e fortes. O objetivo disso não é reforçar a nossa autocomiseração ou nos levar a tratar nossos pais com menosprezo. Como veremos, uma compreensão mais clara nos permite tomar medidas que nos libertarão da escravidão do nosso passado, permitindo-nos perdoar aqueles que nos feriram.

Uma parte necessária de recuperação é ganharmos uma perspectiva equilibrada de quem nos criou. Precisamos levantar os véus da negação dos nossos olhos e ver o passado como era, não como gostaríamos que pudesse ter sido.

ROBERT SUBBY, *LOST IN THE SHUFFLE*[8]

O tipo de família do qual você veio pode ter um efeito profundo sobre uma série de dinâmicas importantes em sua vida pessoal – até mesmo como adulto. Todos nós já conversamos alguma vez sobre "crescer e sair de casa". Mas, em muitos aspectos, "sair de casa" é difícil. Nossas famílias continuam a exercer influência sobre nós por muito tempo depois que pensamos tê-las deixado para trás. Na medida em que nossa família era

---
[8] Ibid., p. 89.

saudável, é uma boa notícia. Na medida em que nossa família era disfuncional, pode ser uma má notícia. Mesmo assim, liberdade e mudança *são* possíveis. A chave está em compreender mais profundamente a dinâmica da vida familiar e como essas dinâmicas nos afetaram. O próximo passo na obtenção desse entendimento é aprender a olhar para a família de uma nova maneira: como um *sistema*.

No próximo capítulo, você vai ler sobre Traci, uma adolescente fugitiva, cujo problema tornou-se a chave para desvendar a dinâmica de um sistema familiar disfuncional. Somente quando Traci e seus pais compreenderam o papel que ela vinha desempenhando na família como um sistema é que eles identificaram a raiz do problema. E só então a verdadeira liberdade e mudança foram possíveis.

Pontos-chave para lembrar

1. Entender o histórico da sua família é a chave para entender a si mesmo.

2. Todas as famílias são disfuncionais de alguma forma. É melhor falar de famílias saudáveis e doentias.

3. As pessoas se mudam para longe de casa para ficar longe de suas famílias, mas, na realidade, elas levam suas famílias com elas.

4. Hoje, as famílias estão mudando, assim como os papéis de homens e mulheres, mas a família ainda é uma interseção de duas alianças.

5. Sua primeira tarefa na vida é se sentir seguro, ou seja, experimentar a ligação. A segunda tarefa é se desligar, ou seja, experimentar a autonomia.

6. Liberdade pessoal vem quando você enfrenta seus problemas de frente.

2

O sistema familiar

*Uma família é mais do que um grupo de indivíduos que,
por acaso, compartilham o mesmo endereço e o mesmo
sobrenome. Muitos dos enigmas do "por que você é do jeito
que é" podem ser desbloqueados ao olhar para a família como
um sistema de relações e dinâmicas interpessoais.*

Os desesperados pais de Traci tinham vindo para o aconselhamento porque sua filha de 16 anos tinha fugido de casa muitas vezes, e ficava fora várias semanas de cada vez. Sua preocupação era justificável.

Uma forma tradicional de olhar para a situação teria sido dizer que a própria Traci tinha um problema e precisava de ajuda. Esse era, certamente, o modo como seus pais a viam. O que havia de errado com sua filha? O que dava na cabeça dela para agir assim? O que poderia ser feito para mudar seu comportamento? Seu foco – de novo, compreensivelmente – estava nos problemas dela como indivíduo.

Mas seu conselheiro estava olhando para a situação com outros olhos. Ele viu Traci não apenas como um indivíduo, mas também como parte de uma família, como uma parte de um quadro maior. Quaisquer que fossem as dificuldades pessoais que Traci pudesse ter – e não havia razão para duvidar de que ela as tivesse – era provável que seu comportamento também fosse influenciado por algumas dinâmicas em sua experiência familiar.

De horas de conversa com Traci, suas duas irmãs mais novas e seus pais, um padrão começou a surgir. O casamento dos pais estava andando sobre gelo fino. Eles brigavam muito e tinham falado mais de uma vez sobre divórcio. Cerca de dois anos antes de vir para o aconselhamento, eles haviam se separado por alguns meses, e foi apenas depois que seu pai voltou da primeira separação que Traci fugiu pela primeira vez. Os pais, enquanto, obviamente, conscientes das dificuldades que eles estavam enfrentando em sua própria relação, não viam nenhuma correlação entre isso e o comportamento perturbador de Traci. Foi durante uma sessão de aconselhamento conjunta, com Traci e seus pais presentes, que o véu caiu e tudo veio à tona.

Tudo começou inocentemente. O conselheiro elogiou Traci: "É por *lealdade* a sua família que você continua fugindo, não é?", ele disse. "Você está tão preocupada com seu bem-estar que está até mesmo disposta a sacrificar sua própria segurança." Traci corou um pouco e sorriu, balançando a cabeça levemente. Ela parecia entender o que o conselheiro estava dizendo.

Seus pais, no entanto, não entenderam. Eles explodiram de raiva. "Lealdade?", gritaram. "O que isso tem a ver com o problema? Por que você a está aplaudindo por fugir de casa?"

O conselheiro esperou a explosão diminuir. "Bem", ele disse, "durante nossas conversas em conjunto, pareceu-me claro que a única coisa com a qual vocês dois concordam é que Traci é um problema. Na verdade, parece que trabalhar em seu problema é praticamente a única coisa que os mantém juntos".

"O que eu acho que está acontecendo é o seguinte: Traci, de alguma forma entendeu que, quando ela está indo bem, vocês dois começam a experimentar e expressar seus próprios problemas de forma mais vigorosa. Acho que ela concluiu que a única maneira de manter a família unida é criar uma crise que os force a ficar juntos. O fato é que seu problema conjugal a lançou no papel de 'bode expiatório da família'. Quando ela foge e lhes causa preocupação, está apenas representando o papel que está condicionada a representar."

A partir desse momento, o tema das sessões de aconselhamento passou de *Traci* tendo um problema para a *família* tendo um problema, e em seguida, para os pais tendo o problema real. Os pais voltaram para várias sessões sem as crianças. Eles começaram o árduo processo de abordar sua própria relação e a forma como ela impactou seus filhos. Neste ponto, eles têm feito um bom progresso, embora ainda tenham um longo caminho a percorrer. Mas aprenderam uma lição importante: como pode ser útil ver sua família como um sistema.

O organismo familiar

Foi na década de 1950 que alguns psiquiatras e psicólogos interessantes fizeram uma descoberta notável sobre famílias. Não era o que eles se propuseram a fazer, que era estudar o comportamento de pacientes que tinham sido diagnosticados como esquizofrênicos. Um dos procedimentos que fizeram foi observar os pacientes interagindo com suas famílias.

O que eles viram os surpreendeu. Em muitos casos, o que eles pensavam ser uma doença mental não era nem uma doença. Muito do comportamento dos pacientes, quando vistos por si só, parecia claramente desordenado. Mas podia realmente ser visto como perfeitamente razoável e ordenado *no contexto da família*. Em outras palavras, a *família*, e não apenas o indivíduo, era disfuncional. Até certo ponto, essas pessoas aparentemente doentes agiam da forma que agiam porque seu papel na família as levou a fazê-lo – tanto quanto o papel de Traci a levou a se tornar uma fugitiva crônica. Assim surgiu a ideia de ver e avaliar a família como um sistema.

Uma família não é apenas uma coleção de indivíduos separados que, por acaso, compartilham o mesmo sobrenome e endereço. A família é um organismo no qual as atitudes, valores e ações de cada membro interagem com os de todos os outros. Cada membro da família molda, e é moldado, pelos outros membros da família. Cada um é do jeito que é, em parte, por causa da maneira pela qual se encaixa no esquema geral das coisas, o sistema. Muitos de nossos padrões de comportamento – tanto os saudáveis quanto os não saudáveis – fluem do papel que ocupam no nosso sistema familiar específico. Compreender o sistema familiar, bem como o papel que desempenhamos nele, pode desbloquear emoções e comportamentos que, de outra forma, parecem impossíveis de explicar.

A clássica peça teatral de Tennessee Williams, *The Glass Menagerie*[9], oferece um exemplo típico de como um sistema familiar opera. Laura, a filha na peça, poderia facilmente ser considerada doente mental, até mesmo esquizofrênica. Mas se olharmos para o mundo através de seus olhos, especialmente no mundo de sua família, seu comportamento "louco" se torna perfeitamente lógico. De fato, assim como no caso de Traci, seu comportamento é vital para a sobrevivência da família. Sempre que

---

9   No Brasil, conhecida como À Margem da Vida ou Algemas de Cristal, é uma peça de teatro escrita por Tennessee Williams em 1944. (N. de Tradução)

a tensão entre sua mãe e seu irmão sobe para um nível perigoso, Laura intervém com algum tipo bizarro de comportamento, que tira o foco da briga deles e o desloca para ela e sua "estranheza".

Uma vez que entendamos o conceito do sistema familiar, não é tão fácil dizer simplesmente que Laura ou Traci são "doentes". Cada uma pode muito bem ter seus próprios problemas que precisam ser abordados. No entanto, podemos dizer que é mais do que isso, que cada uma é do jeito que é por causa da família da qual faz parte. Novamente, é a família que está doente, não apenas os membros individuais.

Pensamento linear e interativo

Você deve se lembrar de ter aprendido na aula de ciências do ensino médio o princípio de que "para cada ação há uma reação igual e oposta". Esse princípio é um exemplo de pensamento *linear*: se eu fizer "A", então "B" vai acontecer. Se não acontecer, então eu sei que não fiz "A" corretamente. Essa maneira de pensar é um dos fundamentos básicos da ciência moderna, e é uma grande ajuda quando você está tentando descobrir o que está acontecendo em um laboratório.

> *Tudo o que ocorre em uma família, independentemente de quão cuidadosamente possa ser escondido, impacta as crianças. Tudo.*
> ROBERT HEMFELT E PAUL WARREN, *KIDS WHO CARRY OUR PAIN*[10]

Mas é menos útil quando você está tentando descobrir o que está acontecendo em um relacionamento, muito menos em uma família. Em situações que envolvem seres humanos e especialmente sistemas humanos, como uma família, temos que aprender a aplicar o pensamento *interativo*. Temos que ter consciência de que uma determinada ação de nossa parte

---

10 Robert Hemfelt e Paul Warren, *Kids Who Carry Our Pain* (Nashville, TN: Thomas Nelson Publishers, 1990), p. 70.

pode, ou não, causar uma determinada reação por parte de outra pessoa. Pode causar uma reação completamente diferente da que pretendíamos ou esperávamos. Ou pode não causar reação alguma.

A razão é simples: estamos lidando com outras pessoas, que têm suas próprias ideias, sentimentos e livre-arbítrio, e todos entram na equação. Além disso, nós nunca estamos lidando com elas em um vácuo. Um encontro entre você e eu não é necessariamente só entre você e eu. Frequentemente haverá outras pessoas, outros fatores, que afetam a situação.

Um escritor disse que a diferença entre o pensamento linear e o pensamento interativo é como a diferença entre chutar uma lata e chutar um cachorro.[11] Quando você chuta uma lata, os resultados são bastante previsíveis. Você pode medir a força que está sendo transferida de seu pé para a lata, o fator do peso da lata e as condições de vento e calcular com bastante precisão, onde a lata vai parar.

Mas chutar um cachorro é uma questão diferente, simplesmente porque o cão tem a capacidade de agir e reagir por conta própria. Quando você chuta o cachorro, ele pode saltar. Ele pode, educadamente, levantar-se e sair dali. Pode ficar com raiva e rosnar para você. Ou (se ele for como o meu cachorro), ele pode simplesmente levantar uma sobrancelha e olhar para você como se dissesse: "Agora, por que você tem que vir e fazer isso comigo, pobre de mim?"

Agora imagine que há dois gatos cochilando ao lado do cachorro, um papagaio em uma gaiola no quarto ao lado e um grupo de crianças brincando nas proximidades, vendo o incidente ocorrer. Ao chutar o cão, qualquer uma ou todas essas testemunhas podem reagir de várias maneiras, nenhuma das quais é totalmente previsível. Você pode pensar, quando chuta o cachorro, que sabe o que vai acontecer a seguir. E você pode vir a ter razão. Mas é mais provável que os resultados sejam diferentes do que o esperado, a menos que você se torne perito em compreender o "sistema" do qual você faz parte. Quanto melhor você entender o sistema, melhor você será capaz de fazer previsões sobre ele e ajustar suas ações, a fim de produzir os resultados que você espera.

Tudo isso é precisamente o que tentamos fazer quando olhamos para a família como um sistema. As relações entre os membros da família nunca

---

11 Lynn Hoffman, *Foundations of Family Therapy* (Nova Iorque: Basic Books, 1981), p. 31.

acontecem de acordo com o pensamento linear. Elas são sempre interativas, e sempre ocorrem no contexto de um sistema. Para usar outro velho ditado: "O todo é maior que a soma de suas partes". Há mais em como uma família funciona do que apenas as personalidades e tendências dos membros individuais. Algo especial é criado pela inter-relação dos membros da família, algo que entra em todas as facetas da vida familiar.

Aqui está um exemplo simples de como isso funciona. Donna tinha uma frustração de longa data com seu marido, Fred. Ela era muito social e gostava de sair. Ele era um homem quieto e arredio, com poucas habilidades relacionais e pouca vontade de desenvolver qualquer relacionamento. Eles estavam casados há 15 anos, e Donna tinha passado a maior parte do tempo tentando tornar Fred mais sociável.

Ela tentou de tudo. Levou-o para assistir a uma aula da Escola Dominical na igreja que promovia muitos eventos sociais. Arrastou-o mês após mês, durante anos, até que, finalmente, se cansou do aborrecimento e, simplesmente, também parou de ir. Planejou eventos com os membros de sua família, pensando que o faria se soltar. Ela colocou todos os seus planos e desejos em espera, tentando descobrir como fazer Fred mudar.

Nada funcionou. Na verdade, parecia que quanto mais ela tentava tornar Fred mais sociável, mais resoluto ele ficava em permanecer em sua concha. Ele não queria sair. Ele não se importava em ver sua família ou fazer algo com outros casais. Bastava deixá-lo ir pescar uma vez por ano e ele ficava feliz o resto do tempo simplesmente indo e voltando do trabalho e desfrutando de uma vida tranquila em casa.

Donna estava presa no pensamento linear. Ela descobriu que a maneira de mover Fred em uma determinada direção era dar-lhe um empurrão naquela direção. Se ele não se movia, então ela simplesmente precisava empurrar com mais força. O que ela não percebia é que *Fred estava empurrando de volta*. Toda vez que ela o empurrava, ele resistia. E quanto mais ela o empurrava, mais obstinadamente ele resistia.

Chamamos a atenção de Donna para que visse que sua experiência refletia uma realidade básica do pensamento linear – *que se esforçando mais você só recebe mais do mesmo resultado*. Começamos a olhar para seu relacionamento com Fred, não apenas de forma isolada, mas também como parte de um sistema familiar mais amplo. Ela começou a entender que a ação "A" não produz necessariamente o resultado "B"; que pode haver uma série de outros fatores a serem considerados.

Ela começou a perceber que o padrão de comportamento recluso de Fred já acontecia muito antes de tê-lo conhecido. Ele cresceu em uma família caótica, com um pai alcoólatra e uma mãe ranzinza. O jeito que ele tinha aprendido a lidar com o caos era se retirar para dentro de si mesmo e ficar de fora das coisas, tanto quanto possível. Mesmo agora, em seu trabalho, a dinâmica relacional era tal que o melhor curso de ação muitas vezes era "ficar quieto" para manter o chefe longe. Em suma, quase tudo na vida de Fred tinha lhe ensinado a lidar com as pessoas – especialmente as que exigiam alguma coisa dele – fingindo que ele não estava lá.

Nesse ponto, Donna pôde ver que seus esforços para "ajudar" Fred a se tornar mais sociável só provocaram essa bem-praticada resposta, e que se esforçar mais para ajudá-lo só iria gerar mais do mesmo. Esta constatação veio como um alívio enorme. Se ela não era a causa do problema de Fred, e se ela não poderia "consertá-lo", trabalhando com ele, então ela se sentiu liberada para explorar alguns de seus próprios interesses.

Curiosamente, no minuto em que Donna parou de tentar mudar Fred e começou a ir atrás das coisas que ela realmente gostava de fazer, Fred começou a responder. Suas críticas constantes mantinham sua reclusão. Agora que ela tinha desistido do papel de Chata da Família, ele parecia livre para desistir do papel de Eremita da Família. Quando ele a viu fazendo as coisas que ela queria fazer, sem colocar qualquer pressão sobre ele para participar, ele começou, muito timidamente, a sair do esconderijo.

A importância da pontuação

Qualquer pessoa que tenha feito um curso de gramática sabe como a pontuação é importante. O mesmo conjunto de palavras pode ter significados completamente diferentes se a pontuação for alterada. Por exemplo, pegue a seguinte passagem da Bíblia: *O que furtava não furte mais; antes trabalhe* (Ef 4.28). Parece bastante claro, não é mesmo? Mas veja o que acontece se mudarmos a pontuação: "O que furtava, não. Furte mais! Antes, trabalhe". Esta é uma mensagem muito diferente, não é? No entanto, utiliza exatamente as mesmas palavras, precisamente na mesma sequência. A única diferença é a pontuação.

Justamente por isso, a nossa compreensão de um evento (ou série de eventos) depende da forma como mentalmente o "pontuamos". Vamos voltar para Donna e Fred. Donna se queixava de ser incapaz de fazer o que queria, porque Fred era muito controlador com seu comportamento passivo. Fred simplesmente "trocava os pontos e as vírgulas de lugar" e respondia que, se Donna apenas relaxasse, ele ficaria feliz em fazer mais coisas com ela. Donna entendia o que estava acontecendo assim: "Ele se retira, eu critico. Ele se retira, eu critico". Fred, no entanto, teria descrito desta forma: "Ela critica, eu me retiro. Ela critica, eu me retiro".

Tanto Fred quanto Donna estão "pontuando" as coisas de acordo com o pensamento linear, no qual há uma única causa e um único efeito. Podemos esquematizar assim:

Donna critica ⟶ Fred se retira

CAUSA   EFEITO

Ou, para olhar de outra perspectiva:

Fred se retira ⟶ Donna critica

CAUSA   EFEITO

Você pode ver que esta maneira de pensar não vai levar a lugar algum? Fred e Donna vão passar a vida soando como um par de discos quebrados: "Foi ele quem começou!" "Bem, ela me fez agir assim!"

Relacionamentos, como vimos, são interativos por natureza e requerem que pensemos em termos do que chamamos de "loop de feedback". Uma vez que entendamos que estamos lidando com um *loop de feedback*, no entanto, nosso diagrama se parecerá mais com o seguinte:

2. O sistema familiar

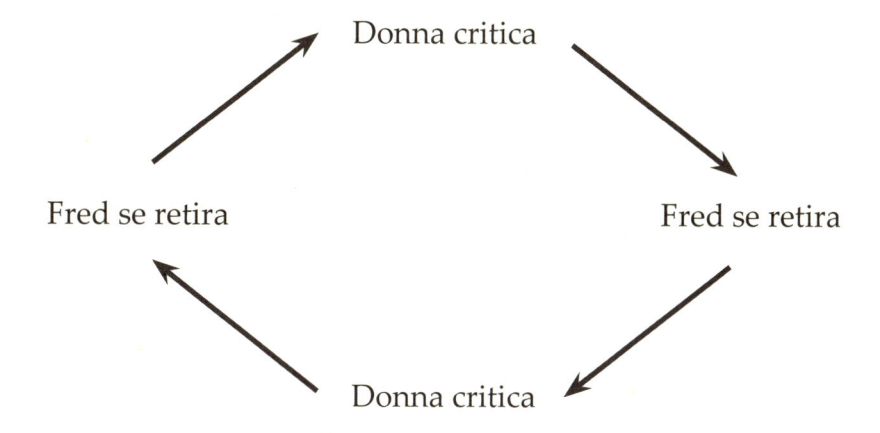

```
          Donna critica
         ↗            ↘
Fred se retira      Fred se retira
         ↖            ↙
          Donna critica
```

O valor de ver as coisas dessa maneira é que isso deixa claro que qualquer das partes pode mudar a situação, alterando seu próprio comportamento. Donna achava que nada poderia mudar em seu casamento até que Fred decidisse ser diferente. Mas descobriu que poderia afetar seu relacionamento positivamente tomando, ela mesma, determinadas atitudes. Ela não tinha que "apenas esperar" por Fred. (É claro que exatamente o mesmo princípio se aplicaria a partir do ponto de vista de Fred.)

O caso de Donna e Fred é bastante simplista. Envolve apenas duas pessoas e tem um rápido final feliz. A maioria dos sistemas familiares é muito mais complexa e imprevisível, e os resultados geralmente não são tão organizados. Ainda assim, a história de Donna e Fred realmente aconteceu, e o motivo pelo qual isso aconteceu dessa forma é que Donna aprendeu a ver sua situação como um componente de um sistema. Ela aprendeu a pensar em termos interativos e não em termos de linha reta.

Vejamos um exemplo um pouco mais complexo. Joey tem cinco anos. Ele desenvolveu um padrão de fazer birra na hora de ir para a cama. Seus pais representam um padrão relacional bastante típico. Seu pai está longe de casa a maior parte do tempo, mas é esperado que estivesse no comando quando *está* por perto. Sua mãe é deixada para lidar da melhor maneira possível, com o resultado de que ela é a única que está em cena a maior parte do tempo, mas sem autoridade real para gerenciar as coisas.

Uma noite típica encontra o pai perdido em algum programa de televisão, enquanto a mãe termina de lavar a louça do jantar e começa o processo noturno de colocar Joey na cama. Joey, sendo uma criança tipicamente engenhosa de cinco anos, desenvolveu pelo menos uma dúzia de táticas para atrasar a hora de dormir o maior tempo possível, e a tortura resultante geralmente deixa a mãe completamente esgotada. *Ouvir* o calvário da hora de dormir também é frustrante para o pai, que finalmente decide que já basta. Ele salta de sua cadeira, pega Joey pelo braço e o arrasta para o quarto. Então, joga o pijama para ele, diz para ir para a cama *agora*, bate a porta e sai.

Quando ele volta para a sala, sua esposa está olhando para ele. "Qual é o problema?", ele pergunta. "Por que você é tão duro com ele?", ela responde. O pai já passou por isso antes e sabe que leva a um beco sem saída, então, não diz nada. Ele simplesmente aumenta o volume da TV e volta para sua cadeira.

A mãe faz um lanche para Joey e leva para o seu quarto. Ele come um brownie entre soluços enquanto a mãe o ajuda a colocar o pijama. Ela o veste e se deita ao lado dele na cama. Em poucos minutos, ambos estão dormindo.

O pai não tem vontade de acordá-la e correr o risco de retomar a discussão, então vai para a cama sozinho. Nos próximos dias, a mãe de Joey é muito fria com seu pai. Mas o pai age como se não percebesse. Ele se força a ser cuidadoso e atencioso. Eventualmente, uma aparência de paz é restaurada, pelo menos até a próxima vez em que a sequência se repita.

O que realmente está acontecendo nesta situação? Talvez a mãe esteja zangada com o pai porque, em vez de ajudá-la, ele a deixa sozinha com os pratos e com Joey. Mas em vez de confrontá-lo, ela tenta mascarar seus sentimentos com irritação, que acaba sendo direcionada para Joey. Talvez o pai tenha tido um dia especialmente difícil no escritório e se sente no direito de se sentar e fazer uma pausa. Além disso, ele imagina, lida com problemas durante todo o dia no trabalho. É realmente pedir demais que sua esposa mantenha as coisas sob controle em casa para que ele possa recuperar o fôlego?

Por sua parte, Joey tem dois objetivos simples: ele quer ir para a cama alguns minutos mais trade e quer um lanche ao se deitar. Até agora ele aprendeu o suficiente sobre como a família funciona para saber como conseguir o que quer: se apenas ele resistir à mãe e fizer birra suficiente para que o pai intervenha, então, em pouco tempo, mamãe vai aparecer com uma oferta de paz para ajudá-lo a superar a explosão do papai. Ninguém está consciente das estratégias que estão usando, mas eles as usam o tempo todo.

Quem, então, é "o problema" nessa situação? É Joey, por ser uma criança rebelde? É a mãe, por ser desorganizada e incoerente? É o pai, por ser explosivo e de língua afiada? Em certo sentido, a resposta é: "todas as alternativas acima". Mas em um sentido mais importante, o problema aqui vai além do comportamento de qualquer um dos três indivíduos *como indivíduos*. Há um sistema aqui – um padrão estabelecido de papéis e expectativas tão minuciosamente roteirizados como qualquer peça de teatro. Até que o sistema seja abordado, é improvável que a situação mude.

Resistência à mudança

O que faz uma família mudar? Obviamente, há muitos fatores que afetam a vida familiar de uma maneira que leva a família a se tornar diferente. Alguns desses fatores têm a ver com a progressão normal da própria vida familiar. Há uma série de momentos decisivos naturais na história de qualquer família: o nascimento do primeiro filho, e depois de cada nova criança; o dia em que o filho mais velho começa a frequentar a escola e o dia em que o filho mais novo termina a escola; filhos que saem de casa; pais que chegam à idade da aposentadoria; a morte de um dos pais. Cada um destes eventos (e muitos outros além destes) altera o ambiente em que a família vive e leva a família a se adaptar – leva-a a mudar – tendo em vista a nova situação.

Repare como muitos desses momentos decisivos têm a ver com a adição ou subtração de membros da família. Membros da família podem ser adicionados de outras maneiras – por exemplo, quando um avô idoso vem morar com a família. E eles também podem ser subtraídos de outras maneiras, como por meio de divórcio. Se uma determinada mudança é vista como positiva ou negativa em si não é o problema. Ainda é um ponto de tensão, algo a que a família precisa responder. A facilidade com que uma família se adapta a um ambiente em mudança é um dos principais indicadores pelos quais percebemos se ela é saudável ou disfuncional.

Simplesmente progredir através do ciclo de vida dá a uma família amplas oportunidades para mudar. Mas os sistemas familiares, como a maioria dos sistemas, tendem a ser resistentes à mudança. Há uma espécie de inércia neles, que os fazem tender a continuar da maneira que sempre foram. Eles têm uma notável capacidade de resistir e adaptar-se a pressões externas.

Esta tendência dos sistemas para continuar no mesmo caminho é chamada de *homeostase*, que significa simplesmente "o mesmo status". Nossos próprios corpos demonstram como a homeostase funciona. A temperatura corporal normal para a maioria dos seres humanos é 37 graus. Se, de repente, entramos em uma sala muito quente, nosso corpo se ajusta imediatamente. Ele ativa uma variedade de sistemas de refrigeração para manter a temperatura do nosso corpo estável. Da mesma forma, se entramos em uma sala fria, nosso corpo se ajusta na direção oposta. Ele é projetado para manter a temperatura corporal em 37 graus, não importa qual seja a temperatura externa.

Sistemas familiares funcionam da mesma maneira. Um padrão de relacionamentos se estabelece, no qual é atribuído um papel a cada um. Forças poderosas dentro do sistema irão trabalhar para manter as coisas como estão, mesmo que as circunstâncias mudem.

> *O sistema familiar ligado à vergonha é fixado em sua forma e altamente resistente à mudança, mesmo que a mudança seja um fato natural da vida. Este sistema é semelhante ao amendoim quebradiço, com cada pessoa fixada em papéis e relacionamentos estereotipados e inflexíveis. [...] Quando a mudança exerce força suficiente em um mesmo momento sobre um sistema rígido, que pode se quebrar e se estilhaçar. O sistema ligado à vergonha não é capaz de absorver muito estresse e ainda manter sua integridade.*
>
> MERLE A. FOSSUM E MARILYN MASON, *FACING SHAME: FAMILIES IN RECOVERY*[12]

Um dos mais marcantes exemplos disso que já vi foi a família de Clara. Quando Clara chegou à idade de ir para a faculdade, a vida de sua família era muito tensa. Por uma variedade de razões, Clara tinha sido sempre a "cola" que mantinha tudo junto. Assim, a perspectiva de sua partida

---

12 Merle A. Fossum e Marilyn Mason, *Facing Shame: Families in Recovery* (Nova Iorque: W.W. Norton, 1986), p. 19.

ameaçava a própria existência da família. Apesar de ter sonhado em sair de casa para ir à faculdade, ela se convenceu de que uma faculdade comunitária local oferecia tudo o que ela realmente precisava. Morava em casa e conseguiu um emprego de meio período, o que ajudou a aliviar um pouco do estresse financeiro da família.

Ninguém nunca veio e disse: "Clara, você não pode ir. Precisamos de você aqui. Você tem que cancelar seus planos e ficar em casa". O fato é que ninguém precisava dizer nada. A mensagem veio através de centenas de sutis, mas poderosas, maneiras. Por exemplo, quando tinha 22 anos, ela se candidatou e foi aceita em uma universidade a várias centenas de quilômetros de casa. Ainda lhe ofereceram uma bolsa de estudos que teria eliminado qualquer obstáculo financeiro. Mas nesse mesmo ano, seu irmão se formou no colegial e, mesmo com bolsa de Clara, a família não tinha condições de se dar ao luxo de colocar dois filhos na faculdade. Então, Clara ficou em casa. Nunca houve qualquer discussão sobre o assunto; era exatamente a forma como todos sabiam que tinha que ser.

Hoje Clara tem 36 anos. Ela nunca foi para a faculdade, apesar de ter ajudado a pagar pela educação tanto de seu irmão quanto de sua irmã mais nova. Ela ainda mora com seus pais, onde continua a servir como um amortecedor entre eles. Clara sabe que perdeu muito, e confessa sentir alguma amargura e ressentimento ocasionais. Mas, no entanto, insiste que ela simplesmente *não podia* sair. Sua família precisava muito dela. Este é um exemplo notável de um sistema familiar suportando uma enorme pressão de fora para mudar – neste caso, o estágio perfeitamente normal de uma filha mais velha saindo de casa – e conseguindo permanecer como sempre tinha sido.

O que seria necessário para fazer a história de Clara acontecer de forma diferente? Ela não poderia simplesmente reconhecer o que estava acontecendo com ela e decidir tomar um rumo diferente? De fato, muitos dos amigos de Clara gastaram muita energia tentando levá-la a fazer exatamente isso. Muitas vezes lhe disseram que ela estava desperdiçando sua vida; que estava deixando a vida passar por ela; que iria se arrepender um dia, quando seus pais não estivessem mais ali; e assim por diante. Foi tudo em vão. Não é que Clara não reconhecesse a verdade do que seus amigos estavam dizendo. Enquanto eles falavam, ela acenava com a cabeça e dizia várias vezes: "Sim, sim... mas..." E nada mudou. Os amigos de

Clara estavam aplicando o pensamento linear à sua situação, quando era preciso o pensamento interativo – o reconhecimento de que era o sistema, não apenas um indivíduo, que precisava ser tratado.

Pense por um momento sobre como um termostato funciona em sua casa. Vamos dizer que esteja fixado em 21 graus. Se a temperatura externa cai e a casa começa a ficar fria, o termostato envia um sinal para a caldeira para aumentar o calor. Se a temperatura externa sobe e a casa começa a ficar muito quente, o termostato envia um sinal para o aparelho de ar condicionado para iniciar o envio de ar fresco através do sistema. De qualquer maneira, a temperatura interior é mantida a 21 graus.

Agora digamos que o termostato esteja em 29 graus – e digamos, ainda, que ele seja mantido trancado atrás de um painel de modo que não possa ser alterado. Mesmo no inverno, 29 graus é muito quente. Uma vez que não é possível ajustar o termostato, decidimos abrir a janela e deixar entrar um pouco de ar frio. O que vai acontecer? Quanto mais ar mais frio deixarmos entrar, mais o forno vai soprar ar quente em sua tentativa de fazer a temperatura voltar a 29 graus.

Na família de Clara, é como se o termostato estivesse em 29 graus. Quando seus amigos tentaram convencê-la a se comportar de forma diferente, é como se tentassem resfriar a casa abrindo uma janela. Outras partes do sistema apenas trabalharam muito mais para manter as coisas do jeito que estavam. A única maneira de fazer uma mudança duradoura na situação é ajustar o termostato. E a única maneira de fazer *isso* é destravar o painel que fica entre o termostato e nós.

Na situação de Clara, significa aprender o suficiente sobre seu sistema familiar para entender as causas de ser do jeito que é. Só então eles podem reconfigurar o sistema. Mais uma vez, é o sistema, não apenas os indivíduos, que devemos olhar. Então, quais são as forças no sistema que mantêm as famílias trancadas em padrões disfuncionais?

Um fator importante é a simples inércia – a tendência de ações e reações, emoções e comportamentos se manterem os mesmos. Mesmo quando uma necessidade de mudança é reconhecida, papéis e padrões estabelecidos podem ser tão difíceis de quebrar como qualquer hábito obstinado. Não só cada membro da família indivíduo tende a permanecer o mesmo, mas os diferentes membros também se *reforçam* mutuamente em seus papéis, atitudes e comportamentos habituais. É difícil tornar-se diferente quando tudo ao seu redor está trabalhando para mantê-lo o mesmo.

É claro que nem sempre reconhecemos a necessidade de mudança. Essa incapacidade, ou, em alguns casos, a recusa em reconhecer que existe um problema, vai nos impedir de até mesmo considerarmos a possibilidade de mudança. Há dois fatores principais que nos mantêm cegos para a existência de problemas e para a necessidade de mudança.

Segredos de família

Um fator é que as famílias normalmente têm segredos. Segredos de família são as coisas que aconteceram, e ainda podem estar acontecendo, sobre as quais *todo mundo sabe, mas ninguém nunca fala.*

Olhando para trás, para as várias famílias que conhecemos até agora, é fácil, na maioria dos casos, ver quais eram os segredos de família. Talvez enquanto você pensa em sua própria vida, percebe certos incidentes, pessoas ou problemas que ninguém jamais discutiu, embora fosse óbvio que todos estavam cientes deles. Talvez você possa reconhecer a parte que desempenhou na manutenção da conspiração do silêncio.

Essa conspiração foi um fator significativo na família de Richard. Ele veio para a terapia com uma grande relutância. Ele se sentia oprimido pela sensação de que estava traindo seus familiares, falando sobre seus problemas para uma pessoa de fora. "Fomos ensinados desde pequenos que problemas de família permanecem na família", explicou.

O principal item dos "problemas de família", como foi revelado, era o pai de Richard, que sofria colapsos mentais periódicos. À medida que ele desabafava sua história, contou sobre os momentos em que seu pai "enlouquecia". Entre as lembranças mais terríveis estavam os momentos em que seu pai colocava as crianças no carro e dirigia loucamente pela cidade por horas.

Após tais episódios, a mãe de Richard conseguia internar o marido em um hospital para tratamento. Enquanto ele estava lá, ela e os irmãos de Richard literalmente faziam as malas e se mudavam para outra parte da cidade, onde ninguém os conhecia ou seu terrível segredo. No momento em que seu pai saía do hospital, a família estaria em outro lugar, e seu episódio psicótico estaria enterrado no passado. Richard disse que essa sequência de acontecimentos havia ocorrido dez vezes até que ele completou 16 anos.

Finalmente, o pai de Richard ficou internado em um hospital estadual definitivamente, e permanece lá até hoje. Richard e seus irmãos o visitam regularmente. Eles se organizaram há muito tempo em um rodízio, no qual um irmão diferente vai visitá-lo a cada semana. Curiosamente, eles conseguem fazer isso sem nunca terem discutido o assunto. Richard simplesmente vai em sua vez a cada seis semanas. Ele tem feito isso fielmente durante vinte anos.

Durante todos esses anos, sempre que a família de Richard se reúne, o pai nunca é tema de conversas. Ninguém nunca comentou sobre como eles achavam que o pai estava indo. Ninguém nunca falou sobre como se sentia ao ter um pai em uma instituição psiquiátrica. Ninguém nunca falou sobre como se sentia ao ter que levantar acampamento e se mudar cada vez que o pai tinha uma crise.

Às vezes, segredos de família são enterrados ainda mais profundamente do que os de Richard. Um dia, em seu grupo de terapia, Marge contou como ela tinha acabado de descobrir, dois anos antes, que seu pai era um alcoólatra. Alguém perguntou há quanto tempo ele vinha bebendo. "Oh, toda a minha vida", disse Marge. "Na verdade, ele era um alcoólatra ativo mesmo antes de eu nascer." Marge tinha 41 anos quando compartilhou isso. Isso significava que ela havia vivido por 39 anos com um alcoólatra praticante, sem nem mesmo perceber.

O resto do grupo olhou para ela não acreditando. Como ela poderia não saber que seu próprio pai era um alcoólatra? "Era um segredo", disse Marge com um encolher de ombros. "De alguma maneira, mamãe conseguiu mantê-lo escondido. E não apenas de nós, as crianças. Ninguém na família sabia. Ninguém na cidade sabia. Eles só pensavam que ele estava muito doente." Marge percebeu que muito da "doença" de seu pai, que a tinha confundido naquela época, finalmente começou a fazer sentido, uma vez que ela entendeu o verdadeiro problema. Ela se perguntava sobre aquela doença enquanto estava crescendo. Mas sabia que a saúde de seu pai era um assunto fechado, algo que você simplesmente não perguntava.

Segredos de família são como ter um elefante na sala. Você aprende desde muito cedo que a única pergunta que *nunca* deve fazer é: "Por que temos um elefante na sala?" Se os amigos ou outras pessoas de fora perguntarem sobre isso, a resposta correta é: "Que elefante?" À medida que o elefante cresce, você coloca uma lâmpada e uma toalha de renda sobre ele e o trata como parte da mobília. Com o tempo, você terá que evitar totalmente entrar na sala. Mas nunca pergunta ou comenta sobre isso. E um amigo também não pergunta, quando visita, "Por que você tem um elefante em sua sala?", porque não quer que você pergunte quando for visitá-lo "Por que você tem um cão morto em sua sala?"

O que é comum a todas essas famílias é o compromisso de todos os seus membros para manter os segredos através de regras rígidas sobre o que pode e o que não pode ser falado. Essas regras proíbem a espontaneidade nas relações familiares; com a espontaneidade, os reais sentimentos e fatos podem ser revelados. Os membros da família criam mitos poderosos sobre suas histórias, muitas vezes deixando de fora o que, historicamente, deu origem à vergonha. As crianças dessas famílias são leais através de sua falta de questionamento sobre o passado, conspirando, assim, com as regras da família.

Merle A. Fossum e Marilyn Mason,
Facing Shame: Families in Recovery[13]

Os segredos de família são uma das principais formas pelas quais os sistemas familiares resistem à mudança. Todo mundo continua fazendo o que tem feito sempre, como se nada estivesse errado. Richard descobriu que, a fim de romper com o sistema disfuncional de sua família, ele deveria começar a falar sobre seu pai. Da mesma forma, Marge sabia que precisava aprender mais sobre o alcoolismo e sobre como o vício de seu pai a havia impactado durante seus anos de formação.

---

13 Ibid., pp. 45-46.

Mitos familiares

O oposto dos segredos de família são os mitos familiares. Mitos são *as coisas que falamos, mas nunca fazemos*. George Bernard Shaw disse certa vez que a maior parte das histórias nada mais é do que "uma mentira combinada". Mitos familiares são assim. Eles representam uma conspiração silenciosa para fingir que as coisas são diferentes do que são. Pergunte a qualquer um sobre sua família, e quase sempre a primeira coisa que você provavelmente ouvirá é um dos mitos da família.

O mais comum deles talvez seja o que diz: "Ah, nossa família era muito próxima". Quase todas as vezes que pedi às pessoas para me contarem sobre sua família, as primeiras palavras foram: "Bem, você sabe, nós somos uma família muito próxima". Então eles continuavam me falando sobre todos os problemas, mágoas e decepções que sua família lhes havia causado, descrevendo tudo, menos proximidade e calor. Mas, quando terminavam sua história, eles invariavelmente concluíam dizendo: "Mas a nossa família é muito próxima".

Existem outros mitos comuns. As pessoas vão dizer que sua família era muito amorosa ou carinhosa. Pessoas de fortes tradições religiosas, muitas vezes, dizem que sua família era muito espiritual, mesmo quando há pouca evidência disso.

Não é surpresa o fato de que os mitos familiares são frequentemente ligados a segredos de família: o que envergonha a família é o que eles tentam encobrir com um mito. Lembro-me de Anne me contando sobre sua família quando ela chegou ao hospital. Entre os vários problemas que ela descreveu, mencionou várias vezes que sua família "a apoiava muito". "Nós estamos sempre dispostos a ajudar o outro", ela dizia. Mas cerca de duas semanas depois, ela explodiu: "Eu pensei que a minha família me apoiava. Mas estou aqui no hospital há duas semanas, e nenhum deles veio me ver. Nem me telefonaram. É como se eles não quisessem admitir que eu esteja aqui".

Reconhecer que estava vivendo um mito – por mais doloroso que tenha sido – acabou sendo a chave para a recuperação de Anne. Os mitos são forças poderosas que ajudam famílias disfuncionais a ficarem presas em seus padrões doentios. Até que os enfrentem e descubram a realidade por trás deles, tudo continua o mesmo.

De onde vêm os mitos familiares? Até certo ponto, são simplesmente uma convenção social, como quando alguém pergunta: "Como você está?" E você responde: "Tudo bem, obrigado". Mas há mais do que isso. Todos nós fomos programados, de várias maneiras, a saber como é uma família "normal" ou "feliz". É como as famílias que nos habituamos a ver em programas de televisão ou a ler sobre elas nos livros escolares. Nós sabemos como uma família *deve* ser, e temos uma relutância natural em reconhecer que a nossa família não é assim. Não importa que as imagens que temos em nossa mente possam ser absurdamente irrealistas. Queremos acreditar que são verdadeiras, e que a nossa vida se compara a elas. Reconhecer o contrário – para os outros e até para nós mesmos – seria muito doloroso. Vejamos agora o motivo pelo qual as nossas expectativas para a família não estão à altura do que nós experimentamos.

Pontos-chave para lembrar:

1. Famílias funcionam como um sistema.

2. Problemas individuais são geralmente mais bem entendidos no contexto do sistema familiar.

3. Sistemas são resistentes a mudanças, especialmente os sistemas familiares doentios.

4. Família é mais do que algumas pessoas ligadas – é um sistema poderoso.

5. Para entender melhor a nós mesmos e a nossas famílias, precisamos pensar interativamente.

6. Insistir só faz com que você tenha mais do mesmo.

7. Precisamos ver como nós "pontuamos" um evento, ou uma série de eventos.

8. Segredos de família e mitos familiares ajudam a manter o status quo da família.

3

Minha família e eu

Todas as famílias são imperfeitas. Mas algumas são mais saudáveis do que outras. Como você pode medir de que maneira sua família ficou aquém do ideal, para entender melhor sua própria necessidade de cura?

Afinal, o que é uma família normal? No capítulo 1, expliquei a família em sua forma mais básica, com ênfase na *paternidade* que se expressa em um *amor incondicional* que permite o desenvolvimento de um *adulto ligado de forma autônoma*. Neste capítulo, vou expor em maiores detalhes o que quero dizer quando falo de uma família normal ou saudável. Vamos ver alguns dos desvios mais comuns dessa norma e identificar algumas das variedades de famílias saudáveis que resultam disso. Então, em capítulos posteriores, você vai aprender algumas ferramentas e técnicas que o ajudarão a aplicar essa análise à sua própria situação.

Uma família bem ajustada

Muitos psicólogos e conselheiros têm tentado descrever as características de uma família saudável. Um escritor desenvolveu uma descrição do que ele chama de família "bem ajustada".[14] Ele fala de um equilíbrio entre "autonomia" e "ligação", no qual existe um mínimo de *fusão* entre as pessoas e, ao mesmo tempo, um mínimo de *distância* entre elas. Ele também fala de um equilíbrio entre as necessidades *individuais* e *familiares*, e de

---

[14] T. F. Fogerty, "Systems Concepts and the Dimensions of Self", citado em P. J. Guerin, ed., *Family Therapy: Theory and Practice* (Nova Iorque: Gardner Press, 1976).

uma capacidade de adaptação que permite que a família se adapte a novas necessidades e circunstâncias.

Um dos indicadores-chave que irão identificar uma família bem ajustada é que *os problemas são vistos como problemas familiares, não apenas como problemas individuais*. Em outras palavras, há uma sensação de que "estamos todos juntos nisso, e *apoiamos* um ao outro em qualquer problema que apareça. Se *você* tem um problema, então *nós* temos um problema". Ao mesmo tempo, há uma insistência saudável em que as pessoas assumam a responsabilidade por suas próprias vidas, e que lidem com os outros diretamente, e não através de terceiros ou intermediários.

Na verdade, no contexto de uma série comum de valores básicos, as diferenças individuais não são apenas toleradas, são encorajadas – até mesmo celebradas. Pessoas que crescem em uma família assim podem interagir bem com os outros e aceitar uma variedade de expressões de opiniões, atitudes e emoções.

Um segundo indicador de uma família bem ajustada é que ela demonstra *respeito por membros de outras gerações*. Os jovens não se isolam dos mais velhos, nem os mais velhos se isolam das crianças e dos jovens. As pessoas são ligadas a seus pais; reconhecem e apreciam os benefícios que recebem uns dos outros, bem como os benefícios que podem proporcionar uns aos outros. Outros membros da família não são vistos como muletas emocionais a serem utilizadas ou que estão ali para que eles se apoiem, mas como recursos para aprendizagem e crescimento, para sua avaliação e satisfação.

Um terceiro indicador de uma família bem ajustada é que *as pessoas são livres para "experimentar o seu próprio vazio"*.[15] Todos nós experimentamos momentos bons e maus, momentos em que estamos bem e momentos em que estamos para baixo. É sobretudo nos tempos difíceis que geralmente nos sentimos menos aceitos pelos outros. Na família bem ajustada, as pessoas recebem espaço para experimentar e expressar até mesmo o lado negativo de suas emoções sem que os outros os julguem ou tentem "resolver" para eles, ou os encorajem a reprimir seus sentimentos. Em suma, a família bem ajustada encontrou um equilíbrio entre duas dinâmicas aparentemente contraditórias: estar perto e estar separado. Essas dinâmicas devem estar equilibradas em cada um de nós se quisermos ser saudáveis como indivíduos; e também devem estar equilibradas em nossas famílias.

---

15 Ibid.

Para uma família experimentar esses três indicadores, é preciso haver uma base sólida construída para definir a forma como seus membros se conectam uns com os outros. Essas conexões são formadas nos primeiros anos de nossa experiência e definem padrões de movimento que carregamos por toda a nossa vida, a menos que haja alguma intervenção ao longo do caminho. Nem todo mundo precisa de uma intervenção, pois alguns de nós tivemos a sorte de sermos criados em uma família na qual aprendemos a experimentar conexões saudáveis com outras pessoas. Deus ligou todos os seres humanos em conexões, mas deixou que nossas famílias determinassem o quão segura essa ligação seria. Vamos ver primeiro como é uma relação saudável.

Uma ligação segura

A maneira pela qual trabalhamos com os movimentos opostos que nossa família requer tem suas raízes no nosso desenvolvimento quando crianças. Posso ilustrar esse ponto com o nascimento de um dos meus netos. Quando Jonathan estava no útero, estava em um ambiente perfeito. Todas as suas necessidades eram atendidas antes mesmo que ele as experimentasse. O útero era um mundo seguro e tranquilo para ele. Depois, veio o nascimento, e foi como Adão e Eva sendo expulsos do Jardim do Éden. Ele deixou aquele mundo perfeito para entrar em um mundo muito imperfeito.

Minha esposa e eu fomos ver Jonathan logo depois que ele nasceu. Seus pais o haviam segurado por um tempo, e depois a enfermeira o levou para o berçário, onde iria limpá-lo. No caminho para o berçário, ela trouxe Jonathan ao quarto em que estávamos, e pudemos admirá-lo, mas sem segurá-lo. Ele ainda estava coberto com os fluidos do nascimento e precisava ser limpo. Depois de termos alguns minutos para admirá-lo, a enfermeira o levou para o berçário e o colocou sobre uma mesa especial para fazer a limpeza. Bem, primeiro ela acendeu luzes brilhantes para que pudesse vê-lo melhor. Lembre-se, ele tinha estado na escuridão por nove meses, e as luzes devem ter sido tremendamente brilhantes para ele. Em seguida, ela começou a limpá-lo. Eu sei que ela foi muito cuidadosa, mas nada nunca havia tocado sua pele antes. Depois que estava limpo, ela o esticou para que pudesse medi-lo, então o pesou e tirou a impressão do seu pezinho. Finalmente, colocou algo em seus olhos, o enrolou e o colocou em um berço onde pudemos vê-lo adormecer. Que recepção a este novo mundo!

Mas a "recepção" não tinha terminado. Poucas horas depois, Jonathan acordou chorando. Ele estava passando por sua primeira necessidade: a fome! E porque ele não sabia como comer, e sua mãe não sabia como amamentar, foi um processo trabalhoso. Eventualmente um treinador veio para ajudar sua mãe ensiná-lo a comer. Mas, finalmente, nessa primeira tentativa, a fome foi satisfeita e ele caiu no sono. E, finalmente, ele teve outra experiência nova – o que entrou em seu estômago teve que sair pelo outro lado.

Tornou-se bastante fácil de ver que a primeira tarefa de Jonathan para viver neste mundo novo e estranho era encontrar alguma maneira se sentir seguro. Se seu pai e, especialmente, sua mãe formarem uma ligação segura com Jonathan, ele vai se sentir seguro, e isso terá um efeito positivo em todos os seus relacionamentos ao longo de sua vida.

Sir John Bowlby foi uma das primeiras vozes a articular a importância da ligação segura entre uma mãe e seu bebê. Ele a descreveu como a criança tendo "uma base segura" a partir da qual pode sair e explorar o mundo, e quando começa a se sentir inseguro, pode voltar para a base – que é a relação com a mãe. De certa forma, essa base segura poderia ser comparada a uma fortaleza ou castelo. Quanto mais segura a criança está na fortaleza, mais confortável se sentirá em deixar a fortaleza e explorar a floresta ao redor.

A ligação segura requer três coisas da mãe em relação à criança. Primeiro, ela precisa estar disponível. Quando a criança precisar de algo da mãe, ela deve estar onde a criança possa encontrá-la. Se a mãe está conversando com uma amiga, ou ao telefone, isso não significa que a criança tenha o direito de interromper; mas em uma situação saudável, a mãe vai reconhecer a necessidade da criança, de alguma forma, adiando sua resposta até que tenha terminado. A mãe indisponível é aquela que está muito atarefada, ou muito ocupada com ela mesma, até mesmo para perceber que a criança precisa de alguma coisa.

Em segundo lugar, ela precisa ser compreensiva com a criança. Se ela não estiver disponível, como poderá ser compreensiva? Então ela deve estar onde a criança possa encontrá-la, e então precisa responder ao que a criança precisa. A mãe que está ao telefone, ignorando a criança, está sendo indiferente.

Em terceiro lugar, ela precisa aceitar a criança. Sentir-se aceita é extremamente importante para que a criança desenvolva uma ligação segura. Isso não significa que a mãe não possa disciplinar a criança ou expressar frustração com seu comportamento. É, na verdade, comunicar à criança o sentido contínuo de amor incondicional e aceitação no meio da disciplina ou da correção. Estes são os três componentes de uma ligação segura, e o padrão é geralmente definido no final do primeiro ano de vida de uma criança.

Obviamente, a mãe não pode ser perfeita na forma como faz essas três coisas. Na verdade, a perfeição por parte dos pais conduz a outros problemas de ligação. A mãe que exagera em como faz essas três coisas dará à criança um sentimento de direito e grandiosidade, e ela vai se tornar muito exigente com todos, especialmente com os pais. Não, a mãe só precisa ser "boa o suficiente" em estar disponível, ser sensível e acolhedora. E a maternidade "boa o suficiente" se refletirá no fato de que a criança não se sentirá enganada em qualquer uma dessas três áreas.

Bowlby descreveu um exemplo de uma ligação segura entre a mãe e a criança. Quando ele foi ao parque para observar as mães com seus filhos pequenos, percebeu que a criança que saía e ia brincar com as outras, de vez em quando, voltava para a mãe para um abraço ou toque reconfortante, ou até mesmo fazia contato visual com a mãe. É como se a criança deixasse a base segura – a mãe – e fosse explorar e desfrutar da vida. Então, quando começava a se sentir um pouco insegura, voltava para se reconectar com a base – a mãe – se tranquilizar e depois voltar para brincar com as outras crianças.

Outro exemplo foi um projeto de pesquisa chamado "situação estranha". Aqui, depois da relação mãe-filho ter sido observada em casa, a mãe e a criança eram levadas para o centro de pesquisa e convidadas a entrar em uma sala cheia de brinquedos. A criança, é claro, começava a brincar com os brinquedos. Pouco tempo depois, um estranho entrava na sala e se sentava em silêncio. A criança com a ligação segura percebia o estranho, fazia algum contato com a mãe e, em seguida, voltava a brincar. Pouco tempo depois, a mãe saía brevemente da sala. A criança parava e olhava, em seguida, continuava a brincar. Quando a mãe voltava para a sala, a criança ia até ela para um abraço ou um toque e depois voltava para os brinquedos.

Quando a criança experimenta uma ligação segura, forma a base para a segunda tarefa em sua vida. Mais ou menos em torno do oitavo ao décimo mês de vida de Jonathan, ele começou a trabalhar em sua tarefa secundária. Ele já não se contentava em apenas abraçar e ser amado; queria deixar a base segura e explorar. Ele começou a engatinhar, e depois a andar. E você já reparou que quando as crianças começam a engatinhar ou andar, elas estão sempre se afastando de nós? Afinal, você já viu uma criança perseguindo sua mãe no shopping? Não, é sempre a mãe perseguindo a criança.

Quando Jonathan chegou a essa fase, era como se estivesse dizendo: "Eu já vi o suficiente de vocês, eu sei que vocês estão aí. Eu me sinto seguro o bastante para querer ver mais do mundo". Não é o medo que está trabalhando aqui. Pode-se dizer que é mais do que uma curiosidade natural com a qual todos nós nascemos. É um impulso para a autonomia.

Agora ele não quer muita autonomia. Apenas se sente seguro o suficiente para aventurar-se a explorar o resto do mundo. Quando fica assustador, ele vem correndo de volta para a segurança de sua base. Lembro-me disso ter acontecido claramente com Jonathan quando ele tinha cerca de dois anos. Estávamos em um shopping ao ar livre, com belas áreas cheias de flores. Ele estava feliz em explorar. Quando chegou a hora de ir embora, sua mãe e seu pai o chamaram, mas ele estava envolvido no que estava fazendo e os ignorou. Sentia-se bastante seguro, obviamente. Finalmente um de nós disse: "Ei, Jonathan. Estamos indo embora. Tchau!" Ele parou na hora, levou um segundo para pensar, e logo em seguida virou-se e correu de volta para a sua "base segura".

Esses dois movimentos formam a base para todas as nossas relações como adultos, especialmente nossos relacionamentos familiares. Um movimento é o desejo de mover-se em direção ao outro, que é o movimento de amor. O outro é o desejo de se afastar, para desenvolver ou manter certo grau de autonomia ou separação. Proximidade demais e estamos enredados uns com os outros. Autonomia demais e estamos desligados uns dos outros. Famílias assumem essas características.

Quando uma dessas duas dinâmicas fica seriamente fora de equilíbrio, o resultado é uma família doentia, ou disfuncional. Bowlby e outros identificaram três estilos de ligação insegura que resultam de disponibilidade, capacidade de resposta e aceitação fora de equilíbrio ou ausentes na experiência da criança.

Ligações inseguras

A mãe, ou a pessoa que atua no papel de mãe, é a criadora principal de uma fortaleza segura para os seus filhos, especialmente nos anos iniciais de desenvolvimento. Os pais são uma parte não tão central do processo no primeiro ano de vida da criança. Crianças criadas em um ambiente relativamente estável, que equilibra ligações de amor com limites saudáveis de autonomia, vão se transformar em adultos seguros em sua capacidade de experimentar ligações seguras. Mas muitos de nós não crescemos nesse ambiente saudável. Nossa capacidade de nos sentirmos seguros em nossos relacionamentos adultos é marcada ou quebrada por nossos estilos de ligação. O que acontece quando a mãe e/ou o pai não nos forneceram uma fortaleza segura nos primeiros anos? E se a fortaleza parecia segura em alguns momentos, mas não em outros, ou se ela nunca pareceu segura?

O resultado de ligações inseguras pode levar a uma de três formas deficientes de se relacionar, ou a uma combinação delas: (1) a ligação de esquiva, (2) a ligação de ansiedade, e/ou (3) a ligação de medo. Vamos olhar para cada uma.

O estilo de ligação de esquiva

O que acontece quando, em uma família, a fortaleza segura de que a pessoa precisava não era segura, ou os pais estavam completamente indisponíveis? O que acontece quando um dos pais morre ou vai embora durante os primeiros anos de vida de uma criança? Ou quando a mãe e o pai estão emocionalmente indisponíveis, sobrecarregados ou distantes e frios? O resultado é que a pessoa se transforma em um adulto que aprendeu a ser autossuficiente.

Se o nosso estilo de ligação é de esquiva, aprendemos desde cedo a não confiar em mais ninguém. Não podemos depender de ninguém para cuidar de nós, aprendemos a ser autossuficientes. Carregamos esse estilo em todos os nossos relacionamentos adultos, especialmente em nosso casamento. Ansiamos por um relacionamento próximo e íntimo, mas ficamos desconfortáveis com a proximidade quando começamos a experimentá-lo. Nossa autossuficiência está em conflito com a nossa necessidade de conexão, e, geralmente, o comportamento de esquiva vence.

Proximidade parece controle, e questões de controle são grandes para os que experimentam o estilo de ligação de esquiva. A proximidade também exige muito de nós emocionalmente, por isso, assumir quaisquer compromissos relacionais, especialmente o compromisso conjugal, nos leva a pensar que teremos que desistir de nossa independência. Confiança é uma grande questão. Podemos confiar um pouco de nós mesmos a pessoas selecionadas, mas, no final, só confiaremos em nós mesmos. Afinal, isso é o que tivemos que fazer desde o início. Assim, nossos esforços de proximidade estão sempre dominados por comportamento de distanciamento ou de esquiva.

Na situação descrita anteriormente, a criança com um estilo de desenvolvimento de esquiva percebeu quando o estranho entrou na sala, quando a mãe saiu e quando a mãe voltou. Mas nenhum esforço foi feito para se reconectar com a mãe, pois, afinal de contas, mamãe não é realmente tão importante.

Em adultos, os que têm um estilo de ligação de esquiva são os cavaleiros solitários em nossa vida. Eles parecem querer conexão, mas se afastam muito rapidamente quando uma ligação está disponível. Alguns nem sequer acreditam querer conexão – estão felizes conectados ao seu computador, ao seu trabalho ou a algum outro objeto inanimado que não faz exigências.

O estilo de ligação de ansiedade

O que acontece com uma pessoa quando a fortaleza segura está sempre sendo consertada durante os primeiros anos? Quando ela corre para o abrigo e a segurança apenas para descobrir que uma das paredes que deveria fornecer segurança não está lá? O que deveria fazê-la se sentir segura, não faz. Talvez a mãe esteja muito doente; então ela pode estar lá, mas não está lá emocionalmente. Ou a mãe e o pai estão sempre brigando e falando em divórcio. Crianças nestas situações muitas vezes procuram a garantia de que tudo vai ficar bem. Tornam-se muito apegadas e precisam de mais apoio emocional do que eles conseguem obter.

O medo do abandono é um tema importante em seus relacionamentos. Quando adultas, pessoas que têm um estilo de ligação de ansiedade muitas vezes procuram se tornar um com seus amigos mais próximos e, especialmente, com o cônjuge. Acreditam que, se pudessem apenas estar "unidas pelo quadril", finalmente se sentiriam seguras – o cônjuge ou o amigo íntimo nunca iria embora. Mas, ao mesmo tempo, lutam com o sentimento de se acharem defeituosas lá no fundo e indignas de serem amadas. Em sua ansiedade de serem abandonadas, elas fazem o que você menos espera que fariam, são críticas em relação à outra pessoa até o ponto de quase a afastarem. Mas então, se as afastarem, não foram, realmente, abandonadas.

Os que estão em um relacionamento com pessoas de ligação de ansiedade muitas vezes experimentam suas reações imprevisíveis, às vezes querendo uma proximidade quase simbiótica e, em seguida, sem aviso prévio, sendo crítica e se afastando.

Crianças com esse estilo de ligação buscam continuamente reafirmação. Lembra-se da experiência de uma mãe, seu filho e um estranho em uma sala? Quando o estranho entrou na sala, a criança recuou para mamãe e chorou e grudou nela. A mãe pode ter incentivado a criança a voltar e brincar com os brinquedos, mas quando saiu da sala, a criança entrou em pânico. Gritou e chorou em pé ao lado da porta esperando a mãe voltar. Mas quando ela voltou, bateu nela, expressando raiva por seu abandono.

Quando adulto, quem tem um estilo de ligação de ansiedade parece mover-se entre querer desesperadamente uma ligação e afastar-se dela. Eles usam a crítica como uma forma de sabotar a ligação que almejam e estão começando a experimentar.

O estilo de ligação de medo

O estilo de ligação de medo é desenvolvido em uma criança que tem medo de correr de volta para a fortaleza supostamente segura. Para esta criança, ela nunca realmente pareceu segura. Às vezes pode ter sido, mas esses momentos são mais do que compensados pelo sentimento geral de que era insegura. O abuso verbal, emocional e, especialmente, físico, faz parte da primeira experiência de uma criança com ligação de medo. O desejo de estar ligada e perto está lá, mas o medo mantém a criança longe do que ela desesperadamente quer e precisa.

Crianças com este estilo geralmente culpam a si mesmas pela falta de segurança em sua fortaleza, e se esforçar mais para serem perfeitas, pensando que isso fará com que os adultos significativos em sua vida tornem as coisas seguras. Mas é tudo em vão. No íntimo, a criança sente-se indigna de ser amada, e o medo é a resposta básica em seus relacionamentos adultos. Elas também têm medo de serem abandonadas, por que esta tem sido uma experiência que vem se repetindo enquanto crescem.

Adultos com um estilo de ligação de medo muitas vezes se casam com alguém que é mais carente do que eles, como um indivíduo viciado, alcoólatra ou irresponsável. É claro que o resultado disso é uma continuação da falta de segurança nos relacionamentos. Como fizeram na infância, eles lutam para encobrir problemas de abandono, esforçando-se cada vez mais para fazer o relacionamento funcionar e encontrar um lugar seguro para si mesmos.

Um exemplo clássico foi o que aconteceu com uma criança com ligação de medo quando a mãe voltou para a sala. A criança começou a caminhar para a mãe com os braços estendidos, preparando-se para abraçá-la. Mas no meio do caminho, parou e virou as costas para a mãe. Ele não sabia se ganharia um abraço ou apanharia por algo.

É claro que cada um desses estilos de ligação insegura ajuda a criar diferentes estilos familiares. Vejamos brevemente como essas ligações se encaixam em alguns dos tipos mais comuns de famílias disfuncionais.

Tipos comuns de padrões familiares doentios

Em meu trabalho com famílias, às vezes as pessoas se perguntam como alguém pode entender o caos. Você pode estar pensando que, ultimamente, há tantos tipos de famílias doentias quanto existe famílias. Mas pode se surpreender ao saber que existem algumas variedades comuns de famílias doentias, e em número menor do que os tipos de famílias saudáveis. Todo sistema familiar saudável é único e variado, talvez porque eles têm um maior grau de flexibilidade; enquanto nas famílias doentias, a rigidez e a resistência à mudança permitem padrões comuns que são mais facilmente identificados.

Embora cada situação seja única, a maioria das famílias doentias cairá em uma das várias categorias reconhecíveis.[16] Se você veio de um sistema familiar doentio, há boas chances de que você seja capaz de identificar o seu tipo de família na lista que se segue. Esses tipos comuns de padrões familiares doentios são baseados em problemas no processo de ligação. Os três estilos de ligação menos segura identificados por Bowlby e outros nos levam a um desses tipos comuns de sistemas familiares.

Ilhas isoladas

De certa forma, esse tipo de família quase não tem semelhança alguma com uma "família", porque os membros individuais estão muito isolados uns dos outros. São como alguns dos grupos de ilhas no sul do Pacífico. Se você olhar de uma grande distância, ou se fotografá-los de um satélite

---

16 O conjunto particular de categorias vem de H. Peter Laqueur, "Multiple Family Therapy" (Terapia familiar múltipla) citado em Guerin, *Family Therapy: Theory and Practice*.

no espaço sideral, será capaz de reconhecer que eles, de fato, estão juntos de alguma forma. Mas se estiver em uma delas, pensaria que está sozinho no meio do oceano. As outras ilhas do grupo estão tão distantes que você não seria capaz de vê-las ao longo do horizonte.

O estilo de ligação predominante nessas famílias é o de esquiva. Porque os membros compartilham o mesmo sobrenome e o mesmo endereço, é possível ver que estão juntos. Mas em termos de dinâmica interna da vida de família, estão quase totalmente separados uns dos outros. São ilhas isoladas que vivem no mesmo lugar.

Este é provavelmente o padrão mais severamente perturbado de disfunção familiar e o que tem o impacto mais negativo sobre seus membros. Pessoas deste tipo de família são como ilhas isoladas, com poucas (se houver) relações pessoais que envolvem algum grau de apego. Quaisquer relacionamentos que eles tenham são tipicamente desprovidos de conteúdo emocional, e existem apenas para fins utilitários.

Vamos voltar para Larry, que foi emocionalmente abandonado por seus pais muito antes de eles o terem literalmente abandonado aos cinco anos, deixando-o aos cuidados de sua tia e tio. Sua nova família não era muito diferente da antiga. Larry rapidamente diria que sua tia e tio "cuidaram muito bem dele", que lhe deram uma cama quente para dormir e três refeições por dia. Mas emocionalmente, Larry foi criado em um vácuo.

No fundo, Larry ansiava por proximidade emocional – conectar-se com alguém. Mas esses anseios ficaram dentro dele. Trazê-los à superfície, e muito menos colocá-los em ação, era uma perspectiva muito assustadora, mesmo com sua esposa e filhos. Só após sua depressão ter se aprofundado a ponto de ameaçar a sua vida é que Larry conseguiu dar o passo terrível de se aproximar dos outros para iniciar a construção de pontes de sua ilha isolada para o mundo ao seu redor.

Divisão de gerações

A característica que distingue esse tipo de família é a falta de interação entre pais e filhos, e não apenas as duas gerações que vivem atualmente na mesma casa, mas também entre a mãe e o pai e os pais *deles*. Interação significativa ocorre somente dentro das gerações. Isso também é gerado predominantemente pelo estilo de ligação de esquiva ou o de ansiedade.

Curiosamente, um padrão frequente neste tipo de família é as conexões emocionais e relacionais pularem gerações. Por exemplo, as crianças de uma determinada família podem crescer isoladas de seus pais, mas experimentar um elevado grau de calor emocional e estímulo de seus avós. Quando essas mesmas crianças crescem e formam uma família, seus próprios pais – que as negligenciaram bastante – terão um forte interesse nos netos. E assim vai, geração após geração.

Rick e Beth são um exemplo. Eles tiveram três filhas. Mas tinham bem pouco envolvimento com elas. No entanto, estavam bastante envolvidos um com o outro. Trabalharam juntos no setor imobiliário e tiravam férias juntos, sem as crianças. Como resultado, suas filhas se tornaram muito próximas. Os de fora olhavam para elas com admiração; eram tão unidas, tão amorosas, apoiavam tanto umas às outras. O que esses observadores externos não sabiam é que as meninas teriam adorado que suas vidas fossem diferentes, mas não tinham escolha; não havia mais ninguém a quem elas pudessem recorrer a não ser uma à outra. Quando elas eram pequenas, os pais de Beth ficavam muito com elas. Depois que eles morreram, um revezamento entre os amigos de Rick e de Beth resolvia, até que as meninas tivessem idade suficiente para cuidarem de si mesmas, sem uma babá.

Agora, anos mais tarde, todas as três meninas estão casadas. Rick e Beth têm quatro netos e mais a caminho. Eles estão praticamente obcecados com seus netos. Têm dezenas de fotos deles nas paredes de sua casa e escritórios. Beth não trabalha mais tanto, ela passa muito tempo cuidando dos bebês. Agora, quando ela e Rick saem em férias, muitas vezes levam os netos mais velhos junto. Quanto às três filhas, elas estão muito ocupadas com seus maridos e carreiras para gastar muito tempo com seus filhos. O padrão continua doentio.

Divisão de gêneros

É semelhante à divisão de gerações, exceto que a separação acontece ao longo das linhas de gênero dentro das famílias. Os homens e meninos se unem, como fazem as mulheres e meninas. Todos da família passam o tempo juntos e fazem coisas juntos, é claro, mas bem pouca interação emocionalmente significativa ocorre além das linhas de gênero. Pode haver um estilo de ligação de ansiedade por trás disso, mas também um estilo de ligação de medo poderia explicar a divisão de gêneros.

Na maioria dos casos este padrão é encontrado em famílias com uma forte noção de papéis em função do sexo para homens e mulheres. Não há apenas "trabalho de homens" e "trabalho de mulheres", mas há um "mundo dos homens" e um "mundo das mulheres". As mulheres têm "seu lugar" – geralmente na cozinha – e espera-se que as meninas fiquem lá com elas. Os homens têm mais escolhas de onde irem juntos. (Mas eles costumam ficar longe da cozinha, uma vez que é onde as mulheres estão.)

Minha própria família era muito parecida com isso enquanto eu estava crescendo. Mesmo quando nos sentávamos para comer na mesa da cozinha, meu pai e eu ficávamos de um lado da mesa, e minha mãe e irmã do outro. Quando íamos a algum lugar do carro, os homens sentavam-se no banco da frente e as mulheres, iam trás.

Há muitas evidências de que as crianças se beneficiam de uma forte identificação com o genitor do mesmo sexo. É especialmente importante para o desenvolvimento de uma identidade de gênero e orientação sexual clara. Mas as crianças também precisam de exposição adequada ao responsável e aos irmãos do sexo oposto. Se não fizerem isso, podem crescer com medo ou desprezando o outro.

O par unido

Neste tipo de família, dois membros da família são isolados – ou melhor, eles mesmos se isolam – dos outros. Este par unido torna-se o núcleo em torno do qual o restante da família gira. O estilo de ligação de ansiedade pode estar funcionando aqui, quando dois membros carentes da família tornam-se "unidos pelo quadril do outro".

Marti, a mulher com quem nos encontramos no início deste capítulo, veio de uma família assim. No caso dela, foram ela e sua mãe que se uniram enquanto Marti estava crescendo. Logo no início, a mãe dela tinha excluído seu pai como um fator significativo na família por causa de um "lapso moral" de sua parte. A partir de então, sua mãe investiu tudo em Marti, em um aparente esforço para tirar de seu relacionamento com sua filha o que não estava disponível para ela em qualquer outro lugar. Ela dedicava o mínimo de atenção possível ao pai de Marti e às suas outras duas irmãs. Estar unida com a mãe dessa maneira produziu uma mistura de sentimentos em Marti com relação a sua mãe: amargura misturada com relutância a ser "desleal".

Nesse tipo de sistema, os outros membros percebem a família como extremamente vazia e desvinculada, como os que crescem em uma família de "ilhas isoladas". Mas as duas pessoas que são unidas percebem a família como sendo fortemente ligada. Esse tipo de família consegue manejar a tarefa extraordinária de ocupar dois extremos da escala de fixação, ao mesmo tempo.

Rainha da colina

Esta é uma família completamente dominada por uma pessoa. Pode ser qualquer um, mas na grande maioria dos casos, é a mãe. Não há dúvidas sobre onde está o poder e quem está no comando. Tudo deve passar pela mãe. Se alguém precisar de alguma coisa, recebe dela; se quiserem fazer alguma coisa, devem combinar com ela. Se tiverem um problema, levam-no à mãe – e a nenhum outro lugar.

Em algumas famílias extensas, a avó é a matriarca reinante. Nesses casos, a mãe é tão subserviente como todos os outros, mas ela sabe que virá o dia em que ela subirá ao trono. Ela está simplesmente esperando sua vez.

Mary – a menina do capítulo 1 que foi estuprada por seu irmão mais velho quando era pequena – veio deste tipo de família. Mesmo que a mãe de Mary tenha ido embora de casa, não havia dúvida de que ela estava no comando. O pai era tão impotente como as crianças. Quando Mary tentou contar o que seu irmão tinha feito e sua mãe se recusou a acreditar nela, foi o fim da discussão. Ninguém questionou a decisão de sua mãe.

O ditador silencioso

Este tipo de família é similar em alguns aspectos ao que dominado por uma "rainha da colina"; no entanto, neste caso, o controle do membro dominante sobre a família é muito mais sutil e manipulador em sua natureza. O tipo "rainha da colina" tende a ser muito aberto e arrogante em sua dominação da família, enquanto um "ditador silencioso" trabalha nos bastidores, puxando as cordas silenciosa e discretamente, manipulando habilmente as emoções dos outros.

Para o olho hábil, o ditador silencioso não é difícil de identificar. Normalmente esta é a única pessoa que se recusa a participar de aconselhamento – ou se concorda em participar, tenta desviar a conversa, ou simplesmente se recusa totalmente a falar. Quando um tema sensível é levantado, os olhos dos outros membros da família, inadvertidamente, se voltam para essa pessoa para sugestões sobre o que fazer a seguir.

Existem regras e expectativas claras e rígidas, reforçadas por um conjunto firme de papéis que os membros têm que cumprir, sem vacilar. Essa dinâmica é, provavelmente, baseada no modelo de ligação de esquiva, pois há muito pouca ligação real nesse tipo de família.

O bode expiatório da família

Já mencionamos a tendência de certas famílias de fazerem um de seus membros servir como bode expiatório, alguém que leva a culpa pelos problemas da família. A imagem do bode expiatório é traçada a partir da Bíblia. No Antigo Testamento, quando o povo judeu queria se reconciliar com Deus, eles colocavam simbolicamente seus pecados em um bode que havia sido especialmente escolhido para a ocasião. O bode, então, era sacrificado ou mandado embora, para nunca mais voltar.

Como você pode imaginar, ser um bode expiatório não é uma experiência feliz. Eu me lembro de quando Eddie entrou no hospital. Quando falei com ele sobre convidar sua família para o Dia da Família, ele hesitou, e perguntou se realmente tinha que fazer isso. Perguntei quais eram suas preocupações. "Estão todos contra mim", disse ele. "Eles me tratam como um estranho."

No entanto, quando o Dia da Família aconteceu, cerca de duas semanas mais tarde, toda a família de Eddie estava lá. Tudo parecia perfeitamente normal – por um tempo. Então, um dos nossos conselheiros começou a promover um grupo de discussão cujo objetivo era buscar o que os vários membros da família estavam pensando e sentindo abaixo da superfície. Foi a irmã de Eddie quem finalmente deixou escapar que ele "nunca se encaixa". Os outros membros da família "são ótimos juntos", disse ela. "Mas sempre que Eddie está por perto, há tensão." Ela sentou-se com um olhar calmo no rosto, como se estivesse aliviada pelo fato de que um segredo obscuro foi, finalmente, posto para fora.

Quanto mais o nosso conselheiro sondava a família, ficava cada vez mais claro que Eddie era tratado como o clássico bode expiatório da família. Quando você falava só com Eddie, ele era uma pessoa normal, agradável. Quando você falava com sua família, eles também pareciam agradáveis, pessoas normais. Mas quando você os colocava juntos, não demorava muito para ver que o que parecia bom na superfície era, na realidade, nada além disso. Havia tensões graves, e Eddie, na cabeça de todos os outros, era o culpado por todas elas. Inevitavelmente, ele tinha começado a aceitar essa avaliação da situação e desempenhava o papel atribuído a ele perfeitamente.

Até agora, nossa discussão sobre famílias normais e disfuncionais tem sido no âmbito de "conceitos", "dinâmicas" e "teorias gerais". Mas e a *sua* família? Como *ela* funcionava? Quais eram seus pontos fortes e fracos? Como essas qualidades afetaram *você*? Nos próximos capítulos, vamos aprender a usar algumas ferramentas que podem começar a ajudá-lo a compreender melhor o seu próprio sistema familiar e suas questões específicas.

Pontos-chave para lembrar:

1. Famílias saudáveis têm um senso de trabalhar em conjunto, como um sistema.

2. Quanto mais seguras forem as ligações entre as pessoas da família, mais saudáveis serão a família e os indivíduos na família.

3. Ligações seguras são baseadas na disponibilidade, capacidade de resposta e aceitação.

4. Ligações doentias são esquivas, ansiosas/ambivalentes ou cheias de medo.

5. Famílias doentias formam padrões previsíveis – famílias saudáveis têm múltiplas variações.

4

Os pecados dos pais

*Não há nada de novo sob o sol.
Os problemas que sua família experimenta com frequência
têm suas raízes nos padrões de disfunção, que são
transmitidas de geração em geração.
Uma ferramenta simples chamada de genograma pode
ajudar você a entender melhor a herança da disfunção.*

Por muitos anos, tenho dado uma matéria no Seminário Teológico Fuller intitulada "Terapia familiar e cuidado pastoral". No papel, parece um curso rápido. Há muita leitura, mas não há exames e nem trabalhos de pesquisa. O único projeto que o aluno precisa elaborar é criar um genograma de quatro gerações de sua família, e, se for casado, da família de seu cônjuge. Quando os alunos se inscrevem para a aula, não tenho certeza de quantos deles sequer saibam o que é um genograma. Mas no momento em que concluem o curso, eles não só sabem o que é, mas também foram capazes de ver o incrível valor de um genograma em ajudar a compreender a si mesmos e a suas famílias.

Uma aluna relatou descobrir que sua família tinha um grande segredo. Seu pai tinha sido casado antes. Ela estava com trinta e tantos anos e não tinha ideia de que seu pai tinha tido um casamento anterior. Descobriu quando fazia perguntas sobre um parente que a família havia descrito como a "ovelha negra". Descobri que muitas pessoas são rotuladas como ovelhas negras da família porque "falam a verdade", e esse parente era, de fato, assim. Mas isso não era tudo – havia uma criança naquele casamento secreto. Por quase 40 anos essa pessoa tinha um meio-irmão de quem nunca tinha sequer ouvido falar. Mas havia mais. Ela descobriu que não só o pai tinha feito isso, mas o pai dele também tinha feito a mesma coisa!

O genograma é uma das ferramentas mais úteis que uma pessoa pode usar para compreender a dinâmica do seu sistema familiar. É uma espécie de árvore genealógica expandida, que mapeia os aspectos relacionais e emocionais de uma família através de várias gerações. Inclui o tipo de informação que uma típica árvore genealógica iria conter – nomes, aniversários, casamentos, divórcios, mortes e outros. Mas também inclui breves descrições de membros da família, seus pontos fortes e fracos, aspectos de suas vidas que possam ter um efeito de continuidade ao longo dos anos, bem como o tipo de relacionamento que cada um tinha com os outros membros da família. Todas as informações são reunidas de maneira que torne possível identificar princípios e padrões que estiveram trabalhando através das gerações.

Se você já olhou adiante neste capítulo e viu como é um genograma, talvez esteja se sentindo um pouco intimidado por ele. Deixe-me lhe assegurar, antes de ir mais longe, que um genograma não é tão complicado quanto parece. Os vários símbolos podem ser novidade para você, mas não são difíceis de entender. E quando você estiver trabalhando com o genograma de sua própria família – como esperamos que faça no momento em que terminar este capítulo – o fato de que está trabalhando com nomes e eventos familiares, será mais fácil para você.

O primeiro passo para se libertar do passado é tornar-se consciente dos problemas que ainda existem. Identificar o que em seu passado ainda o incomoda, o afeta, o influencia ou atrapalha você.

H. NORMAN WRIGHT, *ALWAYS DADDY'S GIRL* [17]

Antes de entrar no "como" construir um genograma, vamos falar um pouco sobre o "por que". Existem três principais benefícios que podemos ter com o uso do genograma.

---

[17] H. Norman Wright, *Always Daddy's Girl* (Ventura, CA: Regal Books, 1989), p. 208.

- O primeiro é a *compreensão*. À medida que desenvolve seu genograma, você será capaz de ver e compreender sua família como mais do que apenas um conjunto de indivíduos. Será capaz de vê-la como um todo unificado, como um sistema. Será capaz de identificar padrões e tendências que podem ter caracterizado sua família durante anos, e que impacto isso tem em você até hoje. Esse entendimento aprimorado será aplicado não só à sua família como um todo, mas também às gerações específicas da família e até mesmo a indivíduos em particular.

- À medida que a compreensão aumenta, o mesmo acontece com o *potencial de mudança*. É quase impossível mudar algo que não vemos ou entendemos. Mas, uma vez que sejamos capazes de reconhecer onde estão os problemas e os pontos fracos, o potencial para transformá-los torna-se disponível para nós.

- Isso nos leva ao terceiro benefício que genogramas nos fornecem, e que representa o ponto central de todo este livro. Uma vez que comecemos a entender a dinâmica que está trabalhando em nosso sistema familiar e o potencial de mudança, seremos capazes de considerar o passo crucial que devemos tomar, se quisermos encontrar a liberdade dos efeitos do passado. Esse passo é o *perdão*.

Se conseguirmos avançar reunindo uma história mais real da nossa família, e ampliar o contexto a várias gerações, vamos ganhar uma perspectiva mais objetiva sobre os membros da família. Podemos começar a ver nossos pais, assim como outros parentes, como pessoas reais em um contexto que tem pontos fortes e vulnerabilidades – como todos os seres humanos. E se pudermos aprender a ser mais objetivos em nossa própria família, outros relacionamentos serão moleza.

HARRIET LERNER, THE DANCE OF INTIMACY [18]

---

18 Harriet Lerner, *The Dance of Intimacy* (New York: Harper & Row, 1989), p. 199.

Traçando os limites

Agora vamos olhar para algumas das dinâmicas familiares que podem ser esclarecidas por meio do uso do genograma. A primeira é a dinâmica de *limites*. Uma das melhores descrições que lemos de como os limites trabalham dentro de um sistema familiar vem do livro *Adult Children*:

Estamos falando aqui de limites psicológicos e sociais, embora, em princípio, eles sejam os mesmos limites físicos ao redor de uma propriedade, cidade, estado ou país. Para os nossos propósitos, vamos ver três tipos de limites:

1. Limites individuais: os nossos limites pessoais, que definem quem somos em relação aos outros.
2. Limites intergeracionais: limites que nos ajudam a definir quem os pais e os filhos são, por exemplo. Quando esses limites são tênues, as crianças tornam-se frequentemente um pai para seu pai.
3. Limites familiares: limites que definem a nossa família e a tornam diferente de outras famílias.

Dentro de cada tipo, podemos ter três estados de limites:

1. Limites rígidos, que são muito fortes, podem ser comparados a paredes sem portas. São, muitas vezes, impenetráveis. Não podemos ir e vir do outro lado da fronteira.
2. Limites difusos, que são muito fracos, podem ser comparados a algo como se fôssemos definir nossa propriedade traçando uma linha no chão com uma vara. Não demora muito para que o limite seja apagado. Pessoas com limites difusos podem dizer não a algo, mas mudar as suas mentes com um pouco de incentivo.
3. Limites flexíveis, que são saudáveis, podem se dobrar quando precisam. Se as circunstâncias justificarem, o "não" pode ser transformado em "sim", mas nunca sem culpa ou a sensação de estar sendo forçado a algo. Fronteiras flexíveis permitem que a outra pessoa diga "não". A pessoa que perguntou então é capaz de aceitar o "não" e encontrar outra maneira de realizar a tarefa.[19]

A forma como os limites funcionaram em sua família tem muito a ver com a forma como você se relaciona com o seu mundo atualmente. O genograma vai ajudar a identificar os tipos de limites que existiam (e ainda existem) em sua família e a forma como eles podem tê-lo afetado para o bem ou para o mal.

---

19 John and Linda Friel, *Adult Children: The Secrets of Dysfunctional Families* (Deerfield Beach, FL: Health Communications, Inc., 1988), pp. 57-63.

Os papéis que desempenhamos

A segunda dinâmica identificada com um genograma é a dos *papéis* e como eles são desempenhados. Um papel é simplesmente qualquer padrão fixo de se relacionar que nos obriga a definir ações, comportamentos e respostas. Estes são feitos por hábito, e não como uma resposta livremente escolhida em virtude da mudança das circunstâncias e situações. Quando os papéis funcionam assim, eles nos desumanizam. As pessoas não se relacionam conosco como completos, seres humanos livres com dignidade individual e com livre arbítrio, mas apenas em termos do nosso papel. Nós não somos tratados como "Dave" ou "Joan", mas como "a ovelha negra", "o bode expiatório", "o irmão criançao", e assim por diante.

Já descrevi alguns dos papéis familiares mais comuns – como o bode expiatório – que ocorrem com certa frequência em muitas famílias. Mas, no final, há tantos papéis diferentes quanto há indivíduos dentro das famílias. A questão não é elaborar uma lista abrangente de padrões de papéis familiares, mas entender os papéis que existiram em nossa própria família e como eles nos afetaram:

> Famílias moldam seus membros em papéis que eles nunca esquecerão. Embora possamos estar separados, literal ou figurativamente, de nossas famílias de origem, esses papéis principais estão indelevelmente gravados em nossas memórias. Reproduzir esses papéis repetidamente, e não apenas nas famílias que formamos, mas muitas vezes em outros grupos também. Nós somos atraídos para pessoas que jogam, e vamos jogar, os papéis que conhecemos. Às vezes, não queremos o papel que representamos quando crianças, e escolhemos outro. Mas este também nos será familiar – um papel que alguém representou em nossa família de origem.[20]

Assim, é importante saber qual é o papel (ou papéis) que representamos em nossa família, bem como os que assumimos hoje. Também é importante entender os que os outros desempenham, e como eles estão interligados. Ver o todo nos permitirá compreender melhor as partes específicas.

---

20 Mel Roman, Ph.D. and Patricia Daley, *The Indelible Family* (New York: Rawson Associates, 1980), p. 34.

As regras que seguimos

Cada sistema familiar funciona de acordo com um conjunto de regras, ou o que é conhecido no mundo dos negócios como "procedimentos operacionais padrão". Regras podem ser expressas ou tácitas. No entanto, elas existem e afetam as atividades e comportamentos da nossa família. Mesmo sem dizer uma palavra, nossa família nos permite saber o que é e o que não é aceitável, como várias circunstâncias devem ser avaliadas e respondidas, e como diferentes indivíduos devem agir e reagir em diferentes situações.

Lembra-se de Richard, do capítulo 2, cujo pai estava em um hospital psiquiátrico estadual? Richard e seus irmãos se revezavam para visitar seu pai toda semana, mas nunca conversaram sobre isso ou sobre ele. "Visitar o pai a cada seis semanas" e "nunca mencionar a existência do pai" eram ambas regras muito fortes e muito claras na família de Richard, mesmo que eles nunca tenham declarado em voz alta.

Em qualquer família há uma probabilidade de haver regras para controlar áreas como a comunicação ("Nós não falamos sobre o vício em bebida da mamãe"), a exibição de emoção ("Os homens não choram, é um sinal de fraqueza"), como limites devem ser observados ("Nós não nos abraçamos nesta família"), os tipos de pessoas que são aceitáveis ("Nós não nos casamos com pessoas assim"), e muitos mais. Muitas vezes é difícil reconhecer essas regras quando estamos vivendo em meio a elas. Mas quando damos um passo para trás e olhamos para o nosso sistema familiar como um todo, as regras de limites emergem mais claramente.

> **Regras não escritas**
>
> Crianças que crescem em famílias disfuncionais aprendem rapidamente as regras não escritas, tácitas, da casa. Aqui estão algumas que são especialmente comuns:
>
> 1. *Nós não sentimos*. Mantemos nossas emoções guardadas, especialmente a raiva (embora muitas vezes haja uma pessoa que tem permissão para expressar sentimentos abertamente, especialmente a raiva).

2. *Nós estamos sempre no controle*. Não mostramos fraqueza. Não pedimos ajuda, que é um sinal de fraqueza.
3. *Nós negamos o que está acontecendo*. Não acreditamos em nossos sentidos ou percepções. Mentimos para nós mesmos e para os outros.
4. *Nós não confiamos*. Nem em nós mesmos, nem nos outros. Não podemos contar com ninguém, não podemos confidenciar a ninguém.
5. *Nós mantemos os segredos da família*. Mesmo que contemos, ninguém iria acreditar em nós – ou é assim que pensamos.
6. *Nós estamos envergonhados*. Nós somos os culpados de tudo de ruim que acontece – e nós merecemos.

Triângulos

Estamos acostumados a pensar em relacionamentos quase inteiramente em termos de um para um: meu irmão e eu, minha mãe e meu pai, meu pai e eu, e assim por diante. Ao avaliar os sistemas familiares, geralmente achamos mais fácil entender como funciona um relacionamento se o examinarmos em termos de grupos de três, ou *triângulos*. Em vez de falar sobre "o relacionamento que tive com minha mãe", falamos sobre "a maneira como minha mãe e nós nos relacionávamos quando estávamos com o meu pai". Esse conceito é muito importante e requer mais explicação detalhada. Vamos olhar para os triângulos em detalhe no capítulo 5, para ver como eles nos ajudam a preencher os padrões revelados pelo nosso genograma.

Padrões recorrentes

Outra dinâmica familiar importante revelada pelo genograma são os *padrões recorrentes* ou *padrões geracionais*. São as características pessoais ou a dinâmica de relacionamento que se repetem de geração em geração dentro de uma família. Alcoolismo e codependência são padrões recorrentes comuns. Em parte, isso ocorre porque o álcool parece ter um componente biológico que é repassado através de nossos genes. Mas também reflete os padrões atitudinais e comportamentais que aumentam nossa vulnerabilidade para nos tornarmos alcoólatras ou sermos atraídos para alcoólatras como amigos e até cônjuges. Adultério, abandono, abuso e divórcio são todos padrões de comportamento que, às vezes, parecem ser transmitidos de uma geração para a seguinte, e esses padrões podem ser vistos usando o genograma.

> *Se nós não sabemos sobre a nossa própria história familiar, estamos mais propensos a repetir padrões passados ou negligentemente nos rebelarmos contra eles, sem muita clareza sobre quem realmente somos, como somos semelhantes e diferentes dos outros membros da família, e como podemos melhor proceder em nossa própria vida.*
> HARRIET LERNER, *THE DANCE OF INTIMACY* [21]

Dois dos padrões mais comuns que eu procuro no genograma são os que foram apresentados no capítulo 3, ou seja, a ligação e a capacidade de adaptação. As gerações passadas de uma família mostram uma tendência a ser enredadas ou isoladas, rígidas ou caóticas? Trata-se de dinâmicas de vital importância que aparecem muito claramente no genograma.

O eixo horizontal

A dinâmica familiar final destacada pelo genograma é o que é chamado de *eixo horizontal*. Pense nisso como uma espécie de linha do tempo em que foram observados vários acontecimentos-chave da vida que tendem a produzir estresse sobre o sistema familiar. Estes acontecimentos-chave incluem coisas como uma morte prematura, um divórcio, uma mudança

---

21 Lerner, *The Dance of Intimacy*, p. 118.

ou novo emprego, e outras ocorrências estressantes ou traumáticas. Essa dinâmica foi descrita da seguinte forma:

> O fluxo horizontal de ansiedade [que] emana das tensões atuais na família à medida que ela prossegue através do tempo, lidando com as mudanças inevitáveis, infortúnios e transições no ciclo de vida familiar. Com o estresse suficiente neste eixo horizontal, qualquer família vai experimentar disfunção.[22]

O *eixo horizontal* é diferente do *eixo vertical*, no qual se trata de questões atuais no seio da família que não são transgeracionais. Quando olhamos para um genograma, não podemos explicar tudo pelos padrões geracionais. Às vezes, os problemas ocorrem simplesmente porque a vida traz problemas.

Estresse horizontal não é desculpa para um comportamento disfuncional, mas compreender a natureza e a extensão desse tipo de estresse pode nos ajudar a compreender como o comportamento disfuncional surge e se sustenta.

Coleta de informações

O primeiro passo na construção de seu próprio genograma é coletar informações. Você precisará do máximo de dados possível sobre sua família, remontando pelo menos duas gerações. Se você não tem as informações para fazer isso, tome algum tempo e faça a pesquisa necessária. Converse com seus pais, se eles estiverem disponíveis e dispostos a fazer isso. Ligue para seus avós, seus tios e primos. Frequentemente haverá um membro da família (por alguma razão, é quase sempre uma tia), que terá sido designado como o historiador não oficial da família e já tem grande parte das informações que você vai precisar.

Um de nossos clientes, Bill, teve uma experiência bastante típica. Quando começou a fazer aos seus pais algumas perguntas básicas sobre seus familiares, eles se tornaram defensivos. "Por que você quer saber

---

22 Monica McGoldrick e Randy Gerson, *Genograms in Family Assessment* (Nova Iorque: W. W. Norton & Company, 1985), p. 6.

sobre isso?", eles perguntaram. "Deixe que o passado fique no passado!" Naturalmente isso só despertou a curiosidade de Bill.

Ao longo dos meses seguintes, ele conseguiu conversar com vários de seus tios e tias. Cada um foi capaz de lhe dar alguns fragmentos de informações, mas não o suficiente para formar o quadro completo. Ele estava prestes a desistir quando uma de suas tias sugeriu que ele falasse com um dos primos dela. Descobriu-se que este primo tinha pesquisado completamente seu próprio lado da família e tinha material suficiente sobre o lado de Bill para ajudá-lo a completar seu genograma.

Você pode não ser tão afortunado como Bill. Mas mesmo que seja preciso um esforço considerável para reunir os dados que você precisa, faça isso. A dificuldade vai valer a pena.

Construindo seu genograma

Depois de ter reunido as informações necessárias, é hora de começar. A maneira mais fácil é conseguir várias folhas de papel – talvez, as folhas grandes, tamanho A3. Você pode comprá-las em qualquer loja de material de escritório. É importante o uso de folhas grandes, porque genogramas tendem a crescer em todas as direções enquanto você os desenha, especialmente quando está apenas começando; e porque, quando você estiver pronto, pode mais facilmente se sentar e estudar o genograma como um todo.

Você vai precisar saber alguns símbolos básicos para fazer seu genograma. Vamos analisá-los rapidamente. Membros da família do sexo masculino são representados por quadrados, enquanto as mulheres são representadas por círculos. Um X desenhado dentro de um quadrado ou um círculo indica que a pessoa está morta. Relações próximas entre as pessoas são indicadas por linhas: uma linha horizontal sólida entre um homem e uma mulher, por exemplo, significa um casamento. Duas barras cortando aquela linha representam um divórcio. Crianças são listadas com o mais velho à esquerda e os mais jovens, à direita.

4. Os pecados dos pais

☐ ○
Homem Mulher

'41-'88 '43-'91
⊠ ⊗
Falecido
(com ano de nascimento e morte)

☐──○   ☐ c:'72 s:'86 d:'86 ○
Casamento   Divórcio
(com anos de casamento,
separação e divórcio)

☐──○
│
┌─┼─┐
☐ ○ ☐
(mais velho) (mais novo)
Filhos

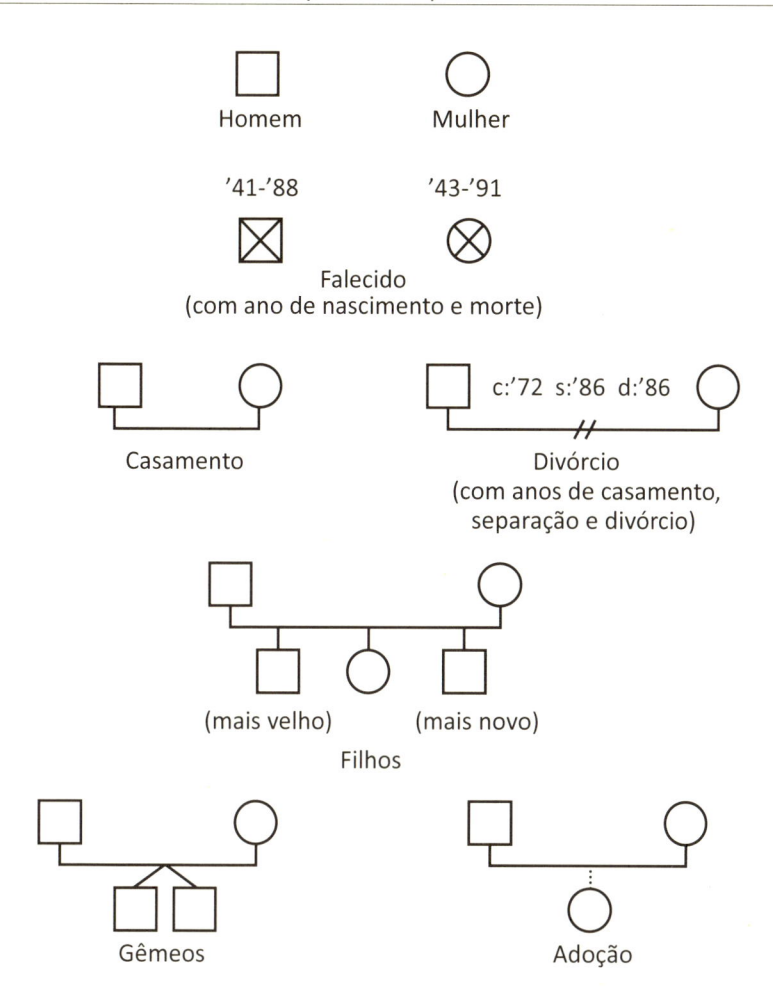

☐──○   ☐──○
│   ┊
△   ○
☐ ☐
Gêmeos   Adoção

Agora vamos começar a construir seu genograma. Comece com você e sua situação familiar imediata. Por exemplo, se você é uma mulher casada e com dois filhos, começaria assim:

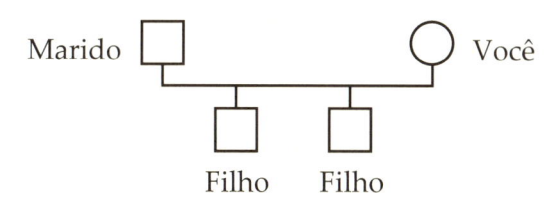

Marido ☐──○ Você
│
┌─┴─┐
☐   ☐
Filho Filho

Em seguida, desenhe o mesmo tipo de diagrama para sua família de origem. Vamos supor que você seja a mais velha de três filhos. Você tem dois irmãos mais novos, e seu pai faleceu. Se adicioná-los ao seu genograma ficará parecido com este:

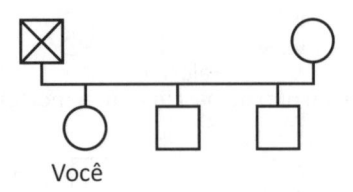

Você

Agora faça a mesma coisa para a família de origem de seu marido. Para fins de ilustração, vamos dizer que ele seja o mais novo dos dois filhos do segundo casamento de seu pai, seu pai se casou novamente após a morte da primeira esposa. Vamos também dizer que ele tinha uma filha daquele primeiro casamento. Parece muito complicado, não é? Mas quando você vir isso diagramado como parte do genograma, é realmente simples de entender:

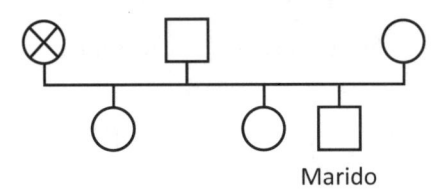

Marido

O próximo passo é adicionar a geração anterior de ambos os lados da família. Eu não vou nem tentar descrever em palavras. Mas aqui está como pode ficar, uma vez que você o tenha desenhado:

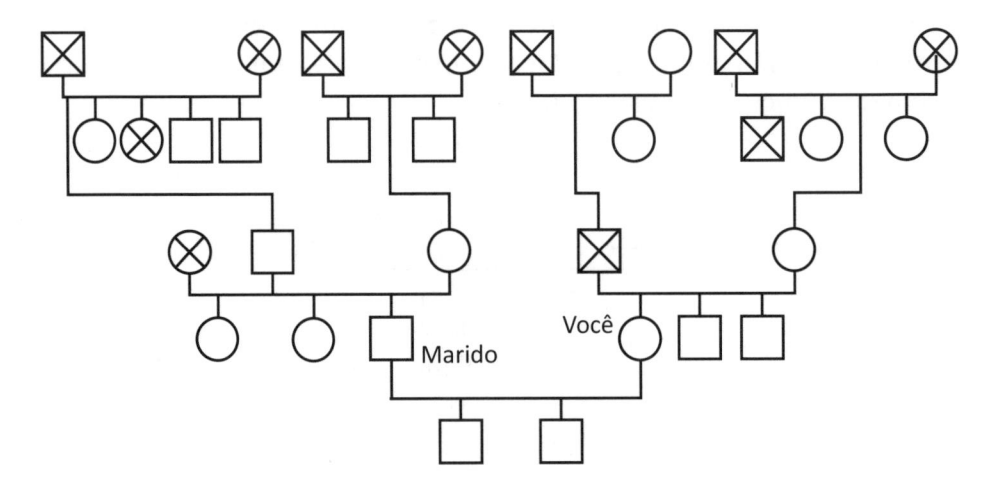

Marido Você

Agora você tem uma árvore genealógica de três gerações. Este é o núcleo do seu genograma. Não foi tão difícil, foi?

Agora volte e adicione os nomes de todos os indivíduos e as datas-chave que se relacionam a eles: nascimento, morte, casamento, divórcio e outros eventos a partir do eixo horizontal que pareça importante para você. Veja por que é importante o uso de grandes folhas de papel! Quando fazemos um genograma em nossas salas de aconselhamento, normalmente apenas colamos rolos de papel de embrulho na parede e começamos a rabiscar. A principal coisa a fazer é ter tudo lá em algum lugar. Você sempre pode voltar e desenhar uma versão mais caprichada.

Agora volte mais uma vez e adicione uma breve descrição de todas as pessoas e as relações que foram significativas, tanto na sua vida quanto na vida de sua família. No caso das pessoas, você pode anotar as principais qualidades de caráter, traços de personalidade, problemas pessoais ou papéis familiares notáveis que tiveram um impacto substancial na dinâmica familiar. Observe especialmente coisas como alcoolismo ou outras doenças, os que eram a ovelha negra da família, e assim por diante.

Para os relacionamentos, anote com uma linha reta mais grossa os que foram especialmente próximos; com uma linha ondulada os que foram particularmente tensos ou em conflito. Se você identificar algum "par unido" (veja p. 69), indique-os com uma linha dupla. Volte para a tabela na página 83 para um guia simples desses símbolos.

Um aviso: rigor é importante, mas clareza também. Algumas pessoas realmente pesquisam sua árvore genealógica e chegam a todos os tipos de fofocas intrigantes da história familiar, histórias divertidas e assim por diante. Tentar amontoar muita informação no genograma o tornará impossível de ler. Lembre-se, o objetivo é identificar certos tipos de padrões que se repetem de uma geração para a seguinte. Se você preencher muitos dados extras, não será capaz de ver a floresta além das árvores! Seguir os passos descritos aqui vai ajudá-lo a obter os dados mais importantes em seu genograma. Se você tiver informações adicionais que deseje manter, escreva-as em folhas de papel separadas.

Depois de ter terminado de construir seu genograma, sua tarefa é se sentar, olhar para as informações que ele apresenta e refletir sobre quaisquer padrões que ele revele. Algum evento-chave do eixo horizontal aparece repetidamente? Como aparecem os rompimentos de relacionamentos significativos, tais como divórcio? Existe um rastro de família "caótica" ou "enredada", ou de algum dos outros tipos de famílias disfuncionais que mencionamos no capítulo 3 (divisão de gerações ou de gênero, pares unidos, rainha da colina, e assim por diante)? Certos tipos de problemas pessoais se repetem (alcoolismo ou outras dependências, colapsos emocionais, e assim por diante)? Uma mulher, quando olhou para trás a três gerações de sua família, contou 11 suicídios! Ela nunca tinha pensado em suicídio como um problema particular de sua família, até que foi revelado por seu genograma.

Para ter uma ideia melhor de como um genograma funciona na prática, vamos olhar para alguns exemplos da vida real. O primeiro é, na verdade, uma combinação de vários casais que vieram até nós para aconselhamento ao longo dos anos.

Houve uma interessante mistura de amor, apatia e tensão no ar quando Pete e Amy começaram a contar sua história. Eles vieram até nós para aconselhamento matrimonial. As coisas realmente estavam se deteriorando em seu relacionamento há algum tempo. Eles estavam em busca de ajuda, agora que Amy tinha recentemente dito a Pete que não aguentava mais e que, a menos que as coisas mudassem, ela ia pedir o divórcio.

Em anos anteriores, Pete tinha sido um alcoólatra ativo. Por causa da bebida, ele funcionava como um membro ausente da família a maior parte do tempo. Quando ele *estava* presente, era hostil e exigente. Alguns anos antes, ele tinha parado de beber por pura força de vontade. Grande parte de sua hostilidade aberta parecia ter se dissipado. Mas o egocentrismo e a atitude exigente tinham permanecido. Até agora, o casamento de Pete e Amy consistia em pouco mais de duas pessoas que passaram a viver no mesmo endereço e que, como resultado, ocasionalmente faziam algumas coisas juntos.

Amy tinha lidado com a aridez de seu casamento dedicando-se a seus filhos, o que deu a ela um senso de propósito. Ela também gasta enormes quantidades de energia tentando agradar – ou pelo menos apaziguar – seu marido. Seu objetivo primordial era manter as coisas o mais calmas possível em casa para não provocar quaisquer reações desagradáveis em Pete.

Duas coisas precipitaram a crise atual em seu casamento. Em primeiro lugar, dois dos filhos cresceram e saíram de casa. Amy foi confrontada não só com um ninho vazio, mas também com um vazio em seu coração. Em segundo lugar, em uma tentativa de preencher esse vazio, ela tinha começado a trabalhar fora. Estava indo bem; já ganhara vários aumentos e promoções. Também estava desenvolvendo novas amizades. Seu sucesso no trabalho só aumentou sua consciência de quanto da vida tinha perdido ao longo dos anos.

Pete mal percebeu que as crianças tinham ido embora, exceto pelo fato de que a casa estava um pouco mais calma. Mas o trabalho de Amy o incomodava. Por um tempo ele tentou colocar a culpa dos problemas em seu casamento no fato de que ela estava trabalhando. Quando isso não deu resultado, ele tentou outra tática: fez alguns pequenos gestos em direção a um maior envolvimento com Amy e depois se acomodou, achando que as coisas estavam melhorando. Mas não estavam. Pete finalmente acordou quando Amy usou pela primeira vez a palavra "divórcio". Pouco tempo depois, eles estavam em nosso escritório, em busca de ajuda.

Levei-os a fazer o mesmo exercício que acabo de descrever – mapear a dinâmica do seu sistema familiar ao longo das últimas três gerações. Seu genograma me disse muito sobre por que eles chegaram àquele ponto. Uma cópia do seu genograma está na página 88, assim você pode consultá-lo à medida que formos em frente.

Primeiro, olhe para o lado de Pete da família. A dinâmica do relacionamento de seus pais era bastante semelhante à dinâmica de seu próprio casamento. Seu pai, Ronald, tinha sido um alcoólatra que dava pouca atenção à sua família na maior parte do tempo, mas era dominador quando estava por perto. Ele parecia desconfortável em expressar qualquer tipo de emoção. Por outro lado, a mãe de Pete, Sherry, era uma senhora simpática que trabalhou duro para manter a paz na família – tornando-se, de alguma maneira, manipuladora e extremamente protetora das crianças no processo. Pete era especialmente próximo de sua mãe, mas experimentava hostilidade aberta do pai.

Olhando para uma geração anterior, vemos essencialmente o mesmo padrão repetido com os avós de Pete (embora aparentemente sem o alcoolismo). Um traço que aparece de forma clara e consistente do lado da família de Pete é uma forte tendência para o rigor e ordem, que Pete tinha continuado (e até expandido) em sua própria família.

Agora vamos olhar para o lado de Amy do genograma. Ela veio de uma família em que havia muita hostilidade entre os pais. Seu pai, Bob, era muito dominador, um jogador que era muito ausente, mas cuja presença incutia medo, quando estava em casa. Por outro lado, ele podia, às vezes, funcionar como um "homem de família" que, apesar de seus outros comportamentos, conseguia transmitir que a família era importante para ele.

Eles muitas vezes faziam coisas juntos, como família, mesmo que a mãe de Amy, Pat, não fosse uma pessoa saudável fisicamente. Como resultado, a maior parte do trabalho para estes eventos familiares caía sobre Amy. A mãe podia exibir um lado desagradável, mas nunca para Amy, por quem ela parecia sentir uma proximidade especial.

Amy não foi capaz de descobrir muito sobre seus avós. Mas o pouco que conseguiu parecia indicar, em ambos os casos, uma combinação de maldade e doçura, com os homens vivendo à margem da família e as mulheres servindo como os principais pilares da vida familiar.

Genograma de Pete e Amy

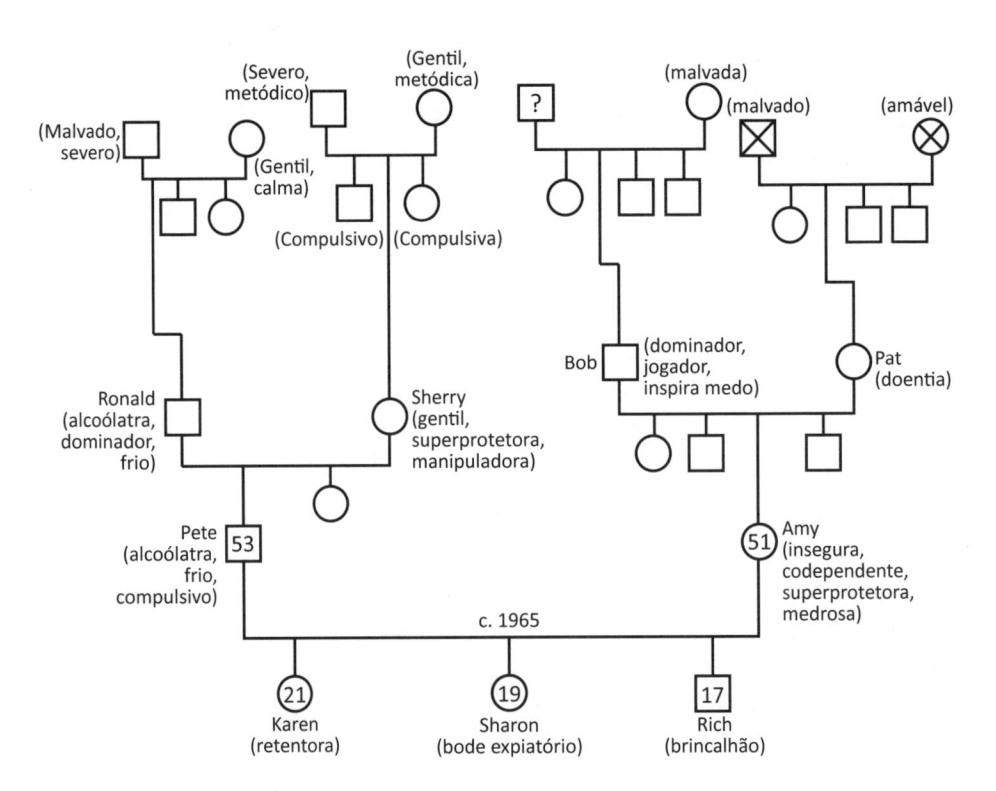

Padrões recorrentes

Quanto mais olhamos para o genograma, mais claro os padrões parecem ficar. A principal coisa que vimos foi um problema com limites intergeracionais em ambas as famílias de origem. Em cada caso, as crianças tinham se enredado nos problemas dos pais: tanto Pete quanto Amy se encontraram unidos com suas mães, na tentativa de sobreviver aos aspectos negativos da vida com seus pais. Como resultado, cada um deles foi preso a padrões que tinham aprendido ao crescer; era quase impossível para qualquer um deles fugir e desenvolver qualquer outro estilo de casamento ou vida familiar.

Pete, em especial, foi pego em dois papéis muito difíceis ao mesmo tempo. Ele foi escalado para o papel de bode expiatório por seu pai, que sutil, mas inequivocamente, comunicava a noção de que "se [ele] não causasse tantos problemas, este seria um lugar mais agradável para todos nós". Ao mesmo tempo, era esperado que ele desempenhasse o papel de cônjuge emocional com sua mãe, quando ela estava se sentindo afastada de seu marido. Os dois papéis reforçaram-se mutuamente de uma maneira perversa. Quanto mais a mãe de Pete se voltava para ele, mais ressentido seu pai se tornava. Inversamente, quanto mais duramente seu pai o tratava, mais a mãe tentava proteger o "homenzinho". A maneira que Pete teve de lidar com a tensão resultante foi retirar-se em si mesmo emocionalmente e, à medida que envelhecia, afogar as mágoas em álcool.

Amy, por outro lado, foi claramente ensinada a assumir o papel de "facilitadora", aquela cuja estabilidade e responsabilidade tornam possível para os outros serem instáveis e irresponsáveis. Ela era a única de quem era esperado que mantivesse a calma em meio às tensões do casamento de seus pais. Ela era a pessoa que iria tentar consolar sua mãe e seu pai depois que eles brigavam. Ela era a pessoa que iria tentar fazer a família agir como uma família, quando parecia que tudo estava se desfazendo. Era uma tarefa difícil para uma menina realizar. Mas o medo de perder sua família e ficar sozinha forçou Amy a um esforço quase sobre-humano de equilibrar todas as emoções conflitantes em sua família. Isso acabou sendo um ótimo treino para o que ela experimentou com Pete.

Pete e Amy aprenderam algumas lições comuns de suas famílias de origem. Ambos aprenderam, por exemplo, que a mãe é a fonte de sustento e que ao pai, como provedor material, é permitido ser emocionalmente distante a maior parte do tempo e abertamente dominador quando está em cena. Ambos também aprenderam, de forma muito clara, a regra: "Nós não falamos sobre os nossos problemas".

Eles também aprenderam algumas lições que acabaram sendo contraditórias. Por exemplo, Pete aprendeu com sua educação que um casamento e uma família poderiam funcionar com muito pouco tempo compartilhado. Amy, por outro lado, aprendeu com sua família que não importa o quanto os problemas sejam ruins, vocês ainda se reúnem, fazem coisas como família e agem como se tudo estivesse bem.

> *Cerca de 85 por cento de nós acabam por se casar com alguém muito semelhante, na dinâmica da personalidade, ao nosso progenitor do sexo oposto. [...] Damos continuidade ao que ficamos acostumados na infância.*
> PAUL MEIER E FRANK MINIRTH, *FREE TO FORGIVE: DAILY DEVOTIONS FOR ADULT CHILDREN OF ABUSE*[23]

Quanto mais claramente formos capazes de ver a dinâmica das famílias nas quais Pete e Amy cresceram, mais facilmente poderemos entender por que eles tinham o tipo de casamento que tinham. Pete simplesmente repetiu o padrão que tinha visto moldado por seu pai, mostrando pouco interesse em sua esposa e filhos. Enquanto bebia cada vez mais, a carga sobre Amy para manter a família unida ficava mais pesada.

O afastamento de Pete da família desencadeava em Amy o mesmo medo do abandono que ela tinha experimentado quando criança. Ela, muito naturalmente, esgueirou-se novamente para o papel familiar do facilitador, tomando sobre si a responsabilidade total para a realização de coisas juntos, servindo como única fonte de educação das crianças. Uma vez que nem Pete, nem Amy, sabiam como comunicar o que estavam sentindo e experimentando, os padrões que tinham aprendido na

---

23 Paul Meier e Frank Minirth, *Free to Forgive: Daily Devotions for Adult Children of Abuse* (Nashville, TN: Thomas Nelson, Inc., 1991), June 21.

infância foram repetidos na idade adulta. As mágoas sem solução do passado nunca foram resolvidas, apenas reproduzidas e intensificadas.

À medida que eu trabalhava com Pete e Amy, ajudando-os a compreender a dinâmica dos respectivos sistemas familiares, duas coisas começaram a acontecer. Em primeiro lugar, o foco começou a se voltar para suas famílias de origem. Eles já tinham percebido alguns paralelos entre si e seus pais. No entanto, não tinham avaliado como seus avós tinham moldado a vida de seus pais. Ver como padrões disfuncionais poderiam transitar de uma geração para a seguinte deu-lhes uma ideia melhor do que eles realmente estavam lidando.

Em segundo lugar, tornou-se assustadoramente claro para ambos que eles ainda estavam operando sob as mesmas regras e desempenhando os mesmos papéis que tinham em suas famílias de origem. Ficaram atônitos com a precisão com que eles tinham conseguido reproduzir em seu próprio casamento e família a dinâmica que conheceram na infância.

Não é incomum a insatisfação de descobrir que a esposa sente isso muito antes do marido, como foi o caso de Pete e Amy. Os homens geralmente não estão prestando muita atenção a questões relacionais. Muito do que fizemos com eles no aconselhamento se concentrou em esclarecer, de forma aberta e em conjunto, os tipos de regras familiares que eles *queriam* estabelecer para sua família. Eles também precisavam discutir quais papéis teriam que ser abandonados e como eles poderiam ser substituídos por papéis mais adequados e flexíveis, tanto em sua relação com o outro quanto em seu relacionamento com seus filhos.

Os descendentes de Abraão

Agora vamos considerar um segundo exemplo. Este é tirado da Bíblia. Trata-se de Abraão e as gerações que o seguiram.

Alguns comentários à medida que começamos. Em primeiro lugar, é óbvio que eu não sei muito sobre Abraão e seus descendentes, como normalmente saberia sobre as pessoas que ainda estão vivas e que me procuram para aconselhamento. Não posso fazer a Abraão e seus familiares as muitas perguntas que eu gostaria, a fim de entender seu sistema familiar.

Assim, devo ter cuidado com os perigos que existem sempre que tentamos analisar as pessoas que não estão mais vivas.

Ao mesmo tempo, porém, Abraão e seus descendentes oferecem um exemplo útil de como o genograma funciona. A Bíblia realmente dá uma grande quantidade de informações sobre eles (se você quiser saber mais, leia o livro de Gênesis, capítulos 12 a 50). E, como veremos, o genograma ajuda a ilustrar algumas das dinâmicas familiares que desempenharam um papel importante na história bíblica.

Para começar, Abraão e sua esposa Sara tiveram tentativas frustradas de ter filhos por muitos anos. Em desespero, Sara finalmente sugeriu (de acordo com o costume da época) que Abraão tomasse sua serva, Agar, e tivesse um filho com ela. Um filho nasceu, Ismael. Naqueles dias, tudo o que pertencia a uma serva era considerado propriedade de sua senhora. Assim, Ismael foi considerado filho de *Sara*.

É interessante notar que, embora a sugestão de Sara que Abraão dormisse com Agar tenha sido motivada por ela, o que não era tão incomum em sua cultura, o resultado foi muito semelhante ao que acontece em um caso extraconjugal. Sara e Agar estavam em guerra uma com a outra, tanto que duas vezes Agar fugiu, uma vez antes de Ismael nascer e mais uma vez depois que ele nasceu. E Abraão se afastou do conflito, não querendo acrescentar nada ao que Sara já estava experimentando.

Alguns anos mais tarde, no entanto, a própria Sara deu à luz um filho, que tinha o nome de Isaque. Abraão e Sara eram, na verdade, pais de dois filhos. A tensão se desenvolveu rapidamente na família quando Sara começou a rejeitar Ismael. Ela dizia para si mesma: "Isaque é *meu*, eu o dei à luz. Mas Ismael não é *realmente* meu. Ele pertence a Agar". Finalmente, os ciúmes e o ressentimento de Sara cresceram a tal ponto que ela convence Abraão a mandar Agar e Ismael embora para sempre.

Aqui vemos o primeiro exemplo de um padrão que se repetiria nas gerações subsequentes. Os pais elegeriam favoritos. Neste caso, eles concordam em conjunto que o favorito é Isaque. Ismael é rejeitado: primeiro, ele é rejeitado emocionalmente por Sara e, depois, literalmente por Sara e Abraão.

Vamos dar uma olhada em como o genograma representaria essa primeira geração da família de Abraão:

Genograma: Abraão, Agar, Sara, Quetura / Ismael, Isaque

(Abraão se casou com Quetura depois que Sara morreu)

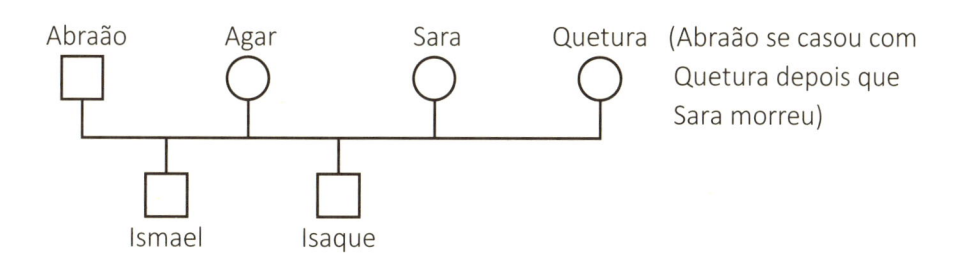

Isaque e Rebeca

Agora vamos olhar para a próxima geração. Isaque encontra Rebeca e se apaixona. Eles se casam, e Rebeca dá à luz gêmeos, Esaú e Jacó. Aqui está como seu genograma ficaria:

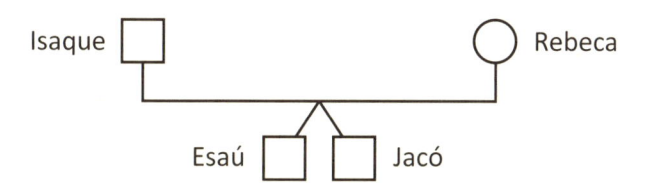

Genograma: Isaque e Rebeca / Esaú e Jacó

Como Isaque foi criado em uma família na qual eleger favoritos levara a tão trágicas consequências – o banimento do seu próprio meio-irmão – você pensaria que ele ficaria contra essa dinâmica destrutiva. Na verdade, embora tenha assumido uma forma um pouco diferente nesse caso, no final ele acabou sendo vítima do mesmo problema.

Os dois filhos, Esaú e Jacó, se transformaram em tipos muito diferentes de homens. Esaú era um homem ruivo, que gostava de viver ao ar livre; Jacó era mais tranquilo e gostava de ficar em casa. Isaque começou a favorecer Esaú. Rebeca favorecia Jacó. Será que Isaque reconhecia a dinâmica doentia que estava desenvolvendo em sua família? Será que ele via isso como uma repetição da dinâmica que ele mesmo tinha experimentado em sua infância? Será que ele e Rebeca nunca falavam sobre isso? Nós não sabemos, é claro, embora não haja nenhuma evidência que indique que ele o tenha feito, e muita que indica que "nós não falamos sobre os nossos problemas" era uma forte regra tácita na família de Isaque. Em qualquer caso, o favoritismo dividia a família ao meio.

Jacó e Raquel

Agora vamos construir o genograma para a família de Jacó. A história conjugal de Jacó é um pouco complicada. Ele se preparou para se casar com sua amada Raquel, mas foi enganado por seu tio para se casar com Lia em seu lugar. Ele furiosamente confrontou seu tio, que lhe disse para esperar uma semana e permitiu que ele se casasse com Rachel também. Ele agora tinha duas esposas, cada uma das quais tinha uma serva, e Jacó teve filhos com as quatro. Aqui está como o genograma que representa Jacó, suas mulheres e seus 13 filhos:

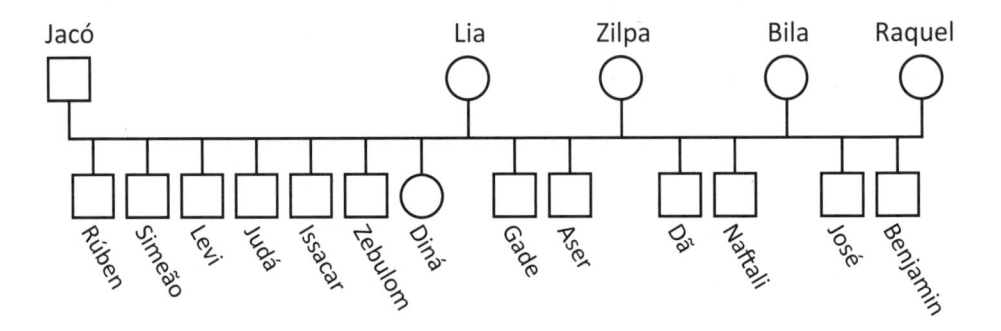

[Genograma: Jacó casado com Lia, Zilpa, Bila e Raquel. Filhos: Rúben, Simeão, Levi, Judá, Issacar, Zebulom, Diná, Gade, Aser, Dã, Naftali, José, Benjamin]

Mais uma vez o padrão de favoritismo continua na família de Jacó. Ele tem duas mulheres competindo por sua atenção, cada uma das quais tem algumas crianças delas próprias e algumas por meio de suas servas. Nesse caso, uma vez que Raquel era a esposa favorita, Jacó pega seu primogênito, José, como seu filho favorito.

O genograma completo para a família de Abraão está na página 95. Você pode ver os padrões que têm se reproduzido de uma geração para a próxima? Por exemplo, em cada geração, um dos filhos teve que deixar a família. O filho de Abraão, Ismael, foi forçado a sair por causa do ciúme de Sara. O filho de Isaque, Jacó, teve que sair por causa do medo por sua vida: seu irmão, Esaú, jurou matá-lo depois que Jacó o enganou em seu direito de primogenitura. O filho de Jacó, José, foi obrigado a sair por causa do ciúme de seus irmãos, que o venderam como escravo.

Cada geração apresenta também uma divisão de algum tipo entre os cônjuges, que cria uma semelhança entre as gerações. Abraão se juntou a

Isaque contra Ismael. Isaque se juntou a Esaú contra Rebeca e Jacó. Jacó se juntou a José contra todos os seus outros filhos. Você pode ver como cada geração experimentou problemas que tiveram suas raízes na dinâmica familiar das gerações anteriores? Essa é uma ocorrência muito comum e que o genograma nos ajuda a ver muito claramente.

Genograma de Abraão

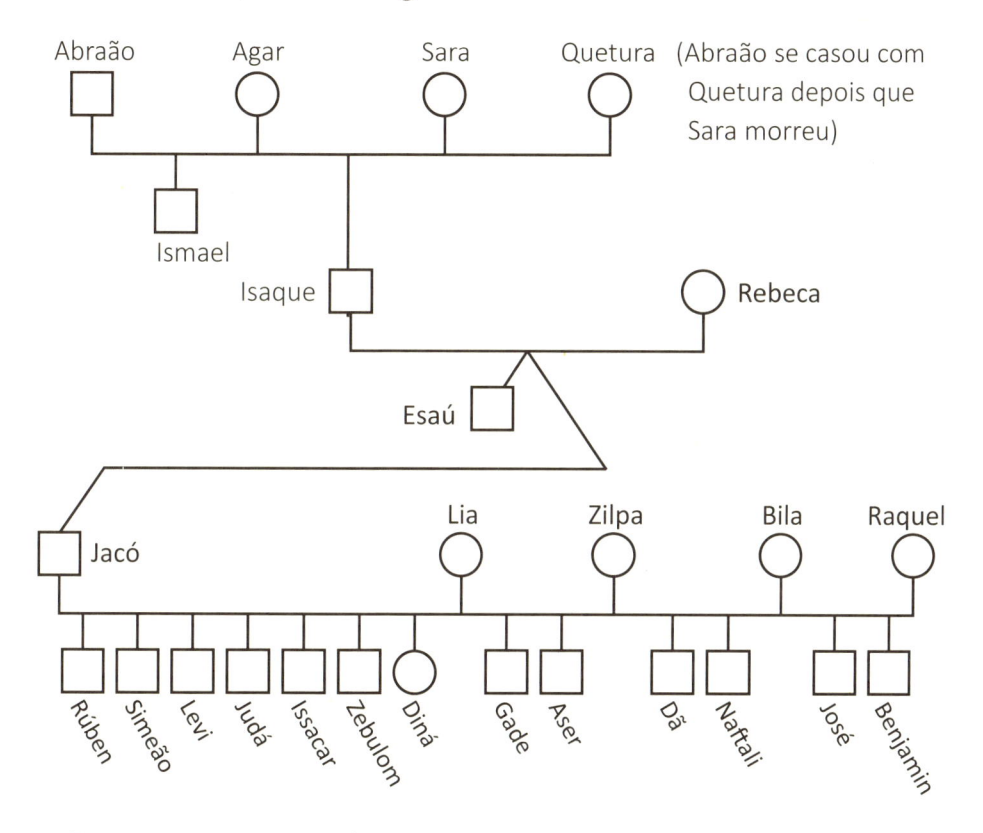

Abraão — Agar — Sara — Quetura (Abraão se casou com Quetura depois que Sara morreu)

Ismael (filho de Abraão e Agar)

Isaque (filho de Abraão e Sara) — Rebeca

Esaú e Jacó (filhos de Isaque e Rebeca)

Jacó — Lia, Zilpa, Bila, Raquel

Filhos de Jacó: Rúben, Simeão, Levi, Judá, Issacar, Zebulom, Diná, Gade, Aser, Dã, Naftali, José, Benjamim

Espero que agora você possa ver o valor de fazer um genograma de sua própria família. Há um padrão anterior na família de Abraão, que terminou com Isaque. Duas vezes Abraão mentiu sobre Sara, dizendo que ela era sua irmã, e nas duas vezes isso levou a sérias consequências para o Faraó (veja Gn 12.10-20) e para o rei Abimeleque (veja Gn 20.1-17). Um dia Isaque faz a mesma coisa – mentiu, dizendo que Rebeca era sua irmã. Então o rei Abimeleque viu Isaque acariciando Rebeca e o confrontou em sua mentira (veja Gn 26.1-11). Aparentemente, o rei Abimeleque tinha sido enganado por Abraão, mas não seria enganado por Isaque. Esse padrão terminou com Isaque – não há nenhuma menção de que Jacó tenha feito algo similar.

Há ainda mais uma ferramenta que irá adicionar profundidade à informação em seu genograma, e é capaz de olhar para os relacionamentos familiares de três vias.

Pontos-chave para lembrar:

1. O genograma lhe dá compreensão sobre suas próprias ações e comportamentos.

2. Também aumenta seu potencial de mudança, mostrando-lhe que você precisa perdoar.

3. Limites no sistema familiar podem ser rígidos ou difusos – nenhum deles é saudável.

4. Limites saudáveis são sempre flexíveis.

5. Um genograma ajuda você a ver seu papel na família, e ajuda a identificar as regras da família.

6. Seu genograma pode lhe mostrar os padrões geracionais recorrentes em sua família.

5

Relacionamentos de três vias

Costumamos pensar nos relacionamentos em termos de interações entre duas pessoas. Para um terapeuta familiar, no entanto, eles acontecem em grupos de três, e são chamados de triângulos. Mapear os triângulos em sua família pode ajudá-lo a compreender as dinâmicas que fizeram de você quem você é.

Como mencionei no capítulo 4, os pesquisadores de sistemas familiares descobriram que a melhor maneira de estudar o que se passa nos relacionamentos de uma pessoa é olhar para o que são chamados de grupos de três pessoas, ou *triângulos* relacionais.

Não é o que a maioria de nós imagina. Se quisermos entender, por exemplo, a maneira pela qual mãe e filha interagem, provavelmente diríamos que a coisa lógica a fazer seria nos concentrarmos apenas nas duas. O que fazem quando estão juntas? Como se relacionam? Como se comunicam?

Por muitos anos os pesquisadores operaram exatamente dessa forma e, de fato, aprenderam uma série de coisas úteis sobre relacionamentos. Mas eles logo começaram a achar que o funcionamento interno de um relacionamento era verdadeiramente desbloqueado quando uma terceira pessoa era adicionada ao quadro. Quando você olha para uma pessoa dentro do contexto de uma relação de três vias, recebe muito mais informações sobre a qualidade da relação e sobre os indivíduos que compõem o triângulo.

A terceira pessoa

Vamos supor que duas pessoas tenham se apaixonado tão profundamente que só têm olhos uma para a outra. Durante meses, eles bloqueiam todos os outros de suas vidas. Podemos estudar certos aspectos da relação enquanto estão neste contexto. Mas, em grande parte, eles estão em um mundo próprio; há muito sobre o seu relacionamento que não seremos capazes de descobrir até que eles sejam forçados a interagir com o "mundo exterior".

Por exemplo, suponhamos que os nossos dois pombinhos tenham um amigo em comum que é totalmente contra seu relacionamento. Quando os três estão juntos, é bem provável que vejamos uma dinâmica muito diferente surgir. Veremos como cada um deles se relaciona com o amigo, como eles se relacionam entre si na presença do amigo e – o mais importante – como eles lidam com os desafios que seu amigo está, implícita ou explicitamente, levantando em seu relacionamento. Todas essas são dinâmicas muito importantes, que nunca teríamos a chance de observar se olhássemos apenas para as duas pessoas originais.

> *Sistemas de duas pessoas são inerentemente instáveis. A ansiedade e o conflito não vão ficar contidos entre as duas partes por mais do que um curto período de tempo. Uma terceira parte irá rapidamente "ser triangulada" (ou irá, ela mesma, "triangular-se" na relação). Esse processo funciona automaticamente, como uma lei da física, sem consciência ou intenção.*
>
> HARRIET LERNER, THE DANCE OF INTIMACY [24]

Assim, olhar para esses "triângulos" nos dá uma perspectiva nova e útil dos relacionamentos. Por um lado, a terceira pessoa fornece um ponto de referência de fora com o qual o relacionamento pode ser comparado. No caso dos nossos dois amantes de olhos cintilantes, trazer o amigo cético para a cena os leva para fora do "mundo próprio" e nos ajuda a medi-los no mundo real.

---
24 Harriet Lerner, *The Dance of Intimacy* (Nova Iorque: Harper & Row, 1989), p. 151.

A terceira pessoa em um triângulo também pode servir para revelar dinâmicas escondidas em um relacionamento. Muitos maridos e esposas, por exemplo, se acostumam a se relacionar um com o outro de acordo com padrões estabelecidos, muitas vezes com uma série de segredos, mitos e regras tácitas em operação. Quando uma terceira pessoa vem e não sabe dos segredos, mitos e regras (ou sabe e simplesmente se recusa a ser conivente), o casal é subitamente forçado a lidar com realidades que, de outra maneira, seriam peritos em ignorar ou contornar. Triângulos ajudam a explodir a tampa de nossos sistemas de negação.

Talvez isso esteja ligado ao chamado "problema da sogra". O que acontece com o casal recém-casado quando uma das mães vem visitar? De repente, surgem perguntas incômodas, tais como com quem está a lealdade quando a mãe está em casa? A pressão que isso coloca sobre o casal traz à tona muito do que já está acontecendo no casamento.

Mapeando os triângulos

Por estas razões, descobri que examinar as relações triangulares em uma família é uma das melhores maneiras de compreender a dinâmica desse sistema familiar. Depois de completar o genograma da família, o próximo passo é mapear os triângulos. Este capítulo irá ajudá-lo a compreender como os relacionamentos de três vias funcionam, e como mapear os triângulos em seu próprio sistema familiar.

Isso pode soar e parecer muito complicado. Mas, como você vai ver, os conceitos não são tão difíceis de entender, e as recompensas de se confrontar com eles valem a pena. Nossos triângulos serão desenhados usando dois símbolos básicos: uma linha reta traçada entre duas pessoas, e uma linha ondulada traçada entre duas pessoas:

Pessoa ———————— Pessoa   Pessoa ∼∼∼∼∼∼∼∼ Pessoa

Uma linha reta indica uma relação de *conexão ou atração*. A linha ondulada indica uma relação de *aversão ou ausência de conexão*. Duas pessoas que ficam confortáveis juntas e se sentem atraídas uma pela outra seriam ligadas por uma linha reta. Duas pessoas que não se dão bem juntas ou que são simplesmente incapazes de "se conectar" uma com a outra estariam ligadas por uma linha ondulada.

Outra maneira de pensar nas linhas é vê-las representando a presença ou ausência de uma corda amarrando as duas pessoas juntas. A diferença entre uma linha reta e uma ondulada é semelhante à diferença entre duas pessoas que "não podem ficar separadas" e duas pessoas que "não podem ficar juntas".

Muitas vezes, uma relação linear será marcada pela harmonia e atração, enquanto uma relação de linha ondulada será marcada pela discórdia, até mesmo por conflitos e, principalmente, por uma evitando a outra. Naturalmente, nós tendemos a pensar de uma relação linear como aquela em que as duas pessoas se dão bem, e uma relação de linha ondulada como aquela em que não se dão bem.

Mas nem sempre é assim que funciona! Há pessoas que permanecem fortemente ligadas umas às outras em um relacionamento, mesmo quando essa relação é caracterizada por uma grande quantidade de conflitos. Provavelmente todos nós sabemos de casais que só parecem felizes quando estão brigando. Isso pode realmente estar mais perto da verdade do que você pensa.

O exemplo mais extremo desse tipo de relacionamento com o qual eu já me deparei tinha a ver com os pais de um homem chamado Brock. Eles haviam se divorciado há mais de 20 anos quando eu o conheci, e ambos tinham rapidamente se casado novamente. Mas, de acordo com Brock, ao longo desses 20 anos, nem um dia tinha se passado sem que eles tivessem uma briga por telefone. "Eles ainda se falam?", eu perguntei, incrédulo. "Todos os dias?"

"Todos os dias, sem exceção", disse Brock. "E isso não é tudo. Na verdade, eles seguem um ao outro por todo o país."

"O que quer dizer, eles seguem um ao outro por aí?", perguntei.

Brock explicou que, logo após seu divórcio e novo casamento, o pai de Brock e sua nova esposa se mudaram para uma cidade diferente. Menos de uma semana depois, a mãe de Brock e seu novo marido se mudaram para a mesma cidade. Brock não tinha ideia de como ou por que isso aconteceu do jeito que aconteceu. Mas ele disse que, ao longo dos últimos 20 anos, um ou outro de seus pais haviam se mudado mais de meia dúzia de vezes. Cada vez era apenas uma questão de semanas até que o outro se mudasse para a mesma área. O maior período de tempo que ficaram em cidades separadas foi cerca de um mês.

Como eu disse, este é um caso extremo, mas ilustra o ponto dramaticamente. Teríamos que diagramar o relacionamento entre os pais de Brock com uma linha reta. Eles estão claramente ligados um ao outro e aparentemente incapazes de se desligar. No entanto, sua relação consiste em nada mais do que conflito há mais de 20 anos.

Do mesmo modo, é possível para uma relação de linha ondulada ser relativamente pacífica em sua natureza. A linha ondulada pode representar um relacionamento marcado, não por conflitos, mas pela distância (emocional ou geográfica), indiferença, frieza, separação, ausência (como acontece com um pai que fica 10 meses por ano viajando a negócios), ou simplesmente por não estarem na mesma sintonia. A linha ondulada muitas vezes indica a ausência de uma conexão emocional sólida, não apenas a presença de conflito. Tenho muitas vezes usado uma linha ondulada para descrever a relação entre, por exemplo, um pai e um filho que nunca brigaram ou argumentaram em nada, simplesmente porque nunca tinham conseguido criar qualquer tipo de vínculo significativo.

Normalmente, quando falamos de um triângulo, estamos lidando com uma relação entre três pessoas de carne e osso que realmente interagem regularmente. Às vezes, porém, a "terceira pessoa" em um relacionamento pode ser mais figurativa, como quando dizemos: "Você é como sua mãe" ou "Você me faz lembrar tanto de seu pai quando faz isso". O fantasma de um terceiro ausente pode ser uma presença muito real em um relacionamento.

Quatro tipos de triângulos

Juntando as várias combinações de linhas retas e onduladas, os relacionamentos produzem quatro tipos de triângulos:

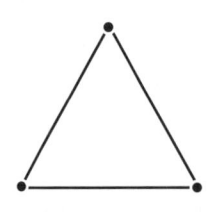

O primeiro triângulo é composto de todas as linhas retas. Ele é aquele em que todas as três pessoas estão solidamente ligadas umas às outras e, na maioria dos casos, podem ficar juntas confortavelmente. Este é o tipo mais agradável de relacionamento triângulo para todos os envolvidos.

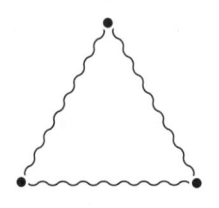

O segundo triângulo é composto de todas as linhas onduladas. Ele representa três pessoas que não se dão bem em nada ou que são totalmente incapazes de se conectar com as outras. Obviamente, ser parte de um triângulo assim seria muito desagradável para todos.

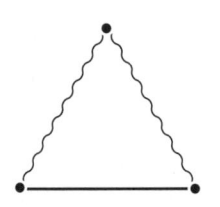

O terceiro triângulo tem uma linha reta e duas onduladas. Ele reflete o que acontece quando duas pessoas se unem uma com a outra e contra a terceira. Exemplos disso podem ser quando dois irmãos se unem para importunar uma irmã mais nova, ou quando uma mãe e filha se unem contra o pai.

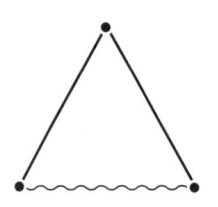

O quarto triângulo é composto por duas linhas retas e uma linha ondulada. Isso ocorre quando uma pessoa está tentando manter unidas as outras que estão em desacordo, por exemplo, uma mãe que tenta manter a paz entre pai e filho.

O princípio do equilíbrio

Qualquer um destes triângulos pode existir entre qualquer grupo de três pessoas em um determinado momento. Mas apenas dois desses tipos são estáveis e duradouros. À medida que os relacionamentos crescem em intimidade e intensidade, e à medida que continuam durante longos períodos de tempo, as relações de três vias, inevitavelmente, gravitam para um ou o outro desses dois tipos. Chamamos esses triângulos de "equilibrados", porque eles serão estáveis ao longo do tempo.

O primeiro triângulo *equilibrado* é composto por três linhas retas. É fácil ver por que esse triângulo é capaz de se manter ao longo do tempo. Todos os envolvidos estão confortáveis uns com os outros; não há nenhuma razão para que isso mude.

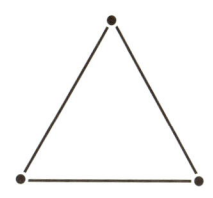

O triângulo composto por todas as linhas onduladas é *desequilibrado*, quase por definição. Portanto, é instável. Como poderia ser de outra forma? Uma relação de três pessoas que não se dão bem não é realmente uma relação; são obrigadas a se afastarem ou – o mais provável – se autodestruirão.

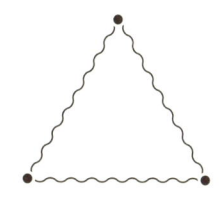

O terceiro triângulo, em que dois se aliam contra um, também é *equilibrado* e será estável ao longo do tempo. Apesar de não representar um arranjo muito feliz – pelo menos não para a pessoa estranha que está de fora – é capaz de resistir por muito tempo. Na verdade, às vezes a relação entre as duas partes "alinhadas" ganha muito de sua força através da sua aversão mútua pela terceira pessoa. É como aquele ditado: "O inimigo do meu inimigo é meu amigo".

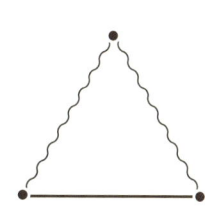

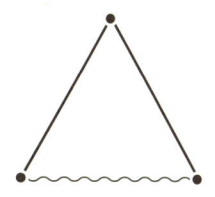

O quarto tipo de triângulo, no qual uma pessoa tem um bom relacionamento com outras duas pessoas que não gostam uma da outra, é, por natureza *desequilibrado*, e, portanto, instável ao longo do tempo. Pode não ser imediatamente óbvio por que este último triângulo é desequilibrado. Na verdade, a maioria de nós provavelmente se encontra nesse tipo de situação, às vezes. Podemos, por exemplo, ter dois colegas de trabalho, aos quais consideramos nossos amigos, que não suportam um ao outro. Tal situação pode permanecer inalterada por tempo indeterminado?

Pode, mas apenas enquanto os três têm relações impessoais e relativamente estruturadas – como colegas de trabalho em um grande escritório. Se vocês três fossem morar juntos em um pequeno apartamento, as coisas mudariam em breve.

Aqui está o porquê. Vamos dizer que você seja o único escalado para o papel de pacificador. Mais cedo ou mais tarde, uma das duas coisas vai acontecer. Ou você vai se cansar do esforço de manter os outros juntos e unir-se a um deles contra o outro, ou um deles vai se irritar com seus esforços de pacificação e voltar-se contra você! De qualquer maneira, a relação torna-se "dois contra um", o que contribui para um triângulo equilibrado. (Há, é claro, uma terceira possibilidade: os três podem ficar fartos uns com os outros e, nesse caso, a relação se rompe por completo.)

Triângulos desequilibrados podem durar em situações de curto prazo ou impessoais. Mas em configurações mais intensas de longo prazo (e dentro da família, acima de tudo), todas as relações triangulares, mais cedo ou mais tarde, caminham para uma posição de equilíbrio.

Realmente vemos esse tipo de dinâmica ocorrer ao nosso redor o tempo todo. Vamos dar um exemplo simples. Imagine que você é o pai de uma menina de seis anos. Um sábado você convida a melhor amiga de escola de sua filha para vir à sua casa passar a tarde. Também convida a melhor amiga da igreja. Essas duas crianças não se conheciam antes.

As coisas vão bem por um tempo. Mas logo a amiga de escola monopoliza sua filha e diz: "Eu pensei que fosse sua melhor-melhor-melhor amiga. Eu sou?" Sua filha a tranquiliza, dizendo que, é claro, ela é sua melhor amiga. Imediatamente a menina corre para a outra convidada e diz: "Eu sou a melhor-melhor-melhor amiga dela, e você não é!"

Isso imediatamente faz com que a amiga da igreja vá correndo para sua filha e pergunte: "Não sou eu sua melhor-melhor-melhor amiga?" E, mais uma vez, sua filha diz: "Claro que você é". Agora temos o tipo de situação representada pelo primeiro triângulo desequilibrado na página 105.

Como qualquer pai sabe, em pouco tempo é quase certo que uma das duas coisas aconteça. Qualquer uma das duas amigas vai se sentir magoada e começar a choramingar que quer ir para casa, ou *ambas* as convidadas se tornarão "melhores amigas" *uma da outra* e irão ignorar sua filha. Temos agora a situação representada pelo segundo triângulo equilibrado.

As crianças raramente têm a habilidade relacional e a maturidade para resolver esse tipo de situação, de tal forma que *todos* acabem sendo amigos, mesmo com a ajuda dos pais. Quando isso acontece, nós ficamos geralmente tão espantados, que comentamos sobre isso com os outros! Nove em cada dez vezes, o que acontece é que dois se unem contra um. Essa é a natureza desse tipo de triângulo, e a razão pela qual consideramos que é um triângulo desequilibrado.

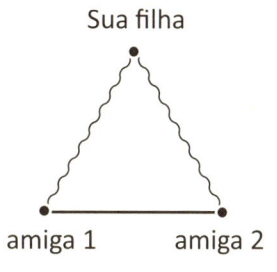

O poder profético dos triângulos

Este princípio do equilíbrio é válido com um notável grau de consistência e tenacidade. Minha experiência (e de outros teóricos de sistemas familiares) mostra que, ao longo do tempo, em um ambiente fechado e íntimo como a família, *todos* os relacionamentos de três vias, inevitavelmente, resolvem-se em um dos padrões de triângulo equilibrados e, portanto, estáveis:

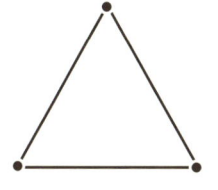

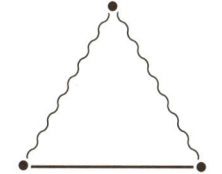

Não só isso, mas a característica de qualquer relação de duas vias dada (seja ela uma relação de linha reta ou ondulada) permanecerá a mesma, não importa que terceira pessoa for adicionada.

Às vezes uma pessoa vai dizer: "Eu e meu irmão sempre nos demos muito bem". Mas então uma coisa interessante acontece. Quando eu desenho um triângulo para incluir sua mãe, há uma linha reta entre ele e seu irmão. A mesma coisa acontece quando desenho um triângulo para incluir sua irmã. Mas quando eu tento adicionar seu pai, ele diz: "Bem, nós três nunca poderíamos ser colocados juntos. Nesse caso, você teria que colocar uma linha ondulada entre meu irmão e eu".

Minha resposta seria: "Algo não está certo aqui. A experiência mostra que a qualidade de seu relacionamento com seu irmão deve permanecer a mesma, não importa qual terceira pessoa seja incluída". Eu, então, investigo mais profundamente para ver se o indivíduo não está idealizando sua relação com o irmão nas duas primeiras definições, ou errado em estimar o impacto negativo de seu pai no terceiro cenário.

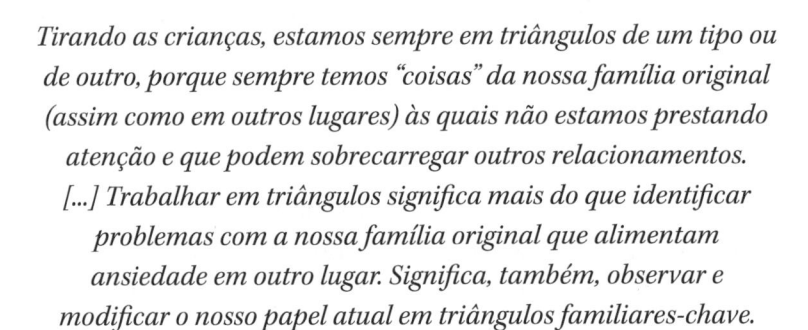

Tirando as crianças, estamos sempre em triângulos de um tipo ou de outro, porque sempre temos "coisas" da nossa família original (assim como em outros lugares) às quais não estamos prestando atenção e que podem sobrecarregar outros relacionamentos. [...] Trabalhar em triângulos significa mais do que identificar problemas com a nossa família original que alimentam ansiedade em outro lugar. Significa, também, observar e modificar o nosso papel atual em triângulos familiares-chave.

HARRIET LERNER, THE DANCE OF INTIMACY[25]

Dinâmicas ocultas

A consistência do princípio do equilíbrio é tão confiável que, muitas vezes, podemos aplicá-lo exatamente dessa forma, para "desmascarar" as dinâmicas escondidas nos relacionamentos. Por exemplo, certa vez lidei

---

25 Ibid., p. 160.

com uma mulher chamada Betty, cuja mãe havia se divorciado e casado novamente quando ela era jovem. Betty sabia que não se dava bem com a mãe, que sempre foi distante e a criticava demais. Mas ela acreditava que sua mãe e seu padrasto tinham um relacionamento sólido. E insistia que se sentia próxima de seu padrasto também. Quando ela desenhou um triângulo para representar esse relacionamento, ele saiu assim.

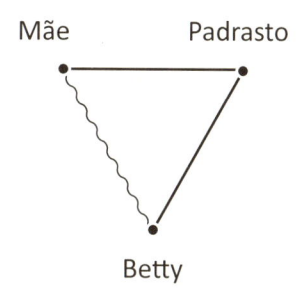

```
        Mãe          Padrasto
          •─────────────•
           \           /
            \         /
             ~       /
              ~     /
               ~   /
                \ /
                 •
               Betty
```

Quando mencionei que o triângulo não era equilibrado, e sugeri que Betty desse uma olhada mais a fundo nos relacionamentos envolvidos, ela imediatamente se tornou defensiva, especialmente sobre seu relacionamento com seu padrasto. "Mas é assim que tem sido!", ela insistiu. Outros membros do grupo de Betty começaram a fazer algumas perguntas de sondagem. Como ela se sentiu quando sua mãe se divorciou? Como ela realmente sentiu quando seu padrasto apareceu pela primeira vez em cena?

As respostas cada vez mais agitadas de Betty pareciam indicar que havia mais coisas acontecendo do que parecia à primeira vista. Uma imagem do padrasto começou a emergir – a de um homem genial, mas distante, que fornecia as coisas materiais para sua família, mas que parecia manter sua enteada longe emocionalmente. Começamos a perguntar se ela não poderia estar idealizando seu relacionamento com o padrasto. Garantimos a ela que teria sido perfeitamente compreensível, dado o seu afastamento de sua mãe e o trauma da separação de seu pai após o divórcio, agarrar-se a uma relação idealizada com seu padrasto como uma maneira de se proteger de sentir-se como uma órfã emocional.

Enquanto nós continuamos a falar, Betty, de repente, começou a chorar. "Mas ele era um homem bom", ela soluçou, "um *bom* homem. Só porque ele costumava..."

"Costumava o que, Betty?", perguntei gentilmente.

Foi então que as memórias dolorosas começaram a aparecer na superfície. O padrasto de Betty tinha se aproveitado sexualmente dela. Não de maneira extrema, e só por um breve período; mas o abuso sexual foi, no entanto, muito real. As lembranças eram tão dolorosas que ela as tinha guardado cuidadosamente enterradas há anos, o tempo todo dizendo a si mesma com veemência que seu padrasto era "um homem bom", que a amava. Claro que, em muitos aspectos ele *era* um bom homem, e ele a amava. Mas também tinha abusado dela de uma forma que lhe tinha causado um grande estrago. Enfrentar essa verdade, ainda criança, era simplesmente muito ameaçador.

Betty percebeu que não era desleal reconhecer a verdade sobre seu passado; e enfrentá-lo não iria destruí-la. Na verdade, trazer isso à tona permitiu-lhe lidar abertamente com o que tinha acontecido, e provou ser a chave para superar a depressão que a afligia há anos.

Vamos dar uma olhada em como mapear os triângulos funcionam na prática. No capítulo 4, foi desenvolvido um genograma para um casal que chamamos de Pete e Amy. Ao examinarmos a dinâmica de sua família e de suas respectivas famílias de origem, três conjuntos de relações destacam-se claramente.

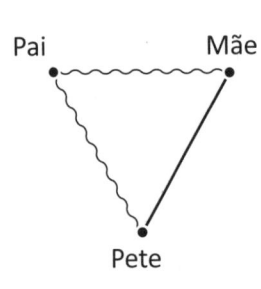

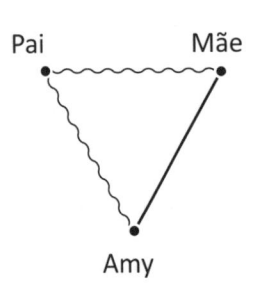

Na família de Pete, vimos que seu pai era um alcoólatra que estava emocionalmente distante, tanto de sua esposa quanto de seu filho. Ao mesmo tempo, Pete teve uma relação estreita com sua mãe. Esta relação de três vias, quando diagramada, reflete um triângulo clássico equilibrado.

A família de origem de Amy exibia um padrão semelhante. Seu pai, como vimos, era um homem dominador, que afastava tanto sua esposa quanto seus filhos. A mãe de Amy, embora não seja uma pessoa especialmente amorosa, no entanto, parecia dar a Amy uma atenção especial. Mais uma vez, a relação entre esses três formam de um triângulo equilibrado.

Em ambos os casos, vemos exatamente a mesma configuração: uma coalizão entre a criança e sua mãe, com o pai deixado de fora. Como tanto Pete quanto Amy experimentaram esse padrão enquanto cresciam, não é de admirar que tenham visto o mesmo padrão de desenvolvimento em sua própria família. Eles não duplicaram conscientemente o padrão que tinham experimentado com as crianças, mas toda a sua experiência de vida tende a andar nessa direção. Sem resistir conscientemente a essa dinâmica (algo que não se podia esperar que fizessem, até que, pelo menos, fossem capazes de reconhecer sua existência), era simplesmente o padrão mais natural para eles usarem. Isso é exatamente o que aconteceu.

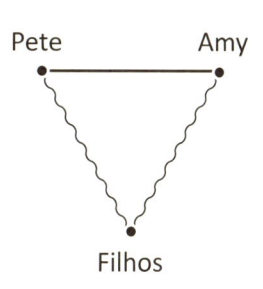

Poderíamos, é claro, ir muito mais longe na nossa análise dos triângulos na família de Pete e Amy. Eles têm três filhos; poderíamos desenhar um triângulo separado representando cada uma das diferentes relações de três vias representadas entre os cinco. (Para aqueles cuja matemática está um pouco enferrujada, haveria 10 triângulos no total.) Seria de esperar que descobríssemos que cada triângulo seria equilibrado, e que cada um se entrosava com os outros em termos de relações de "linha reta" ou "linha ondulada". Mas este olhar rápido é suficiente para demonstrar como os triângulos podem ser úteis para ilustrar a dinâmica familiar.

Abraão, Isaque e Jacó

Podemos também usar triângulos para compreender melhor algumas das dinâmicas das famílias descendentes de Abraão. Nós construímos um genograma para Abraão e seus descendentes no capítulo 4. Traçar os triângulos nos ajuda a entender melhor o que aconteceu entre alguns dos personagens principais.

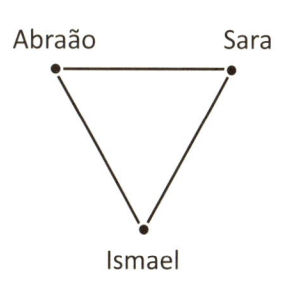

No início, quando Ismael nasceu, tudo pode ter parecido bem na família de Abraão. Representaríamos com um triângulo equilibrado de todas as linhas retas. Mas quando adicionamos Agar, dois dos triângulos ficam desequilibrados. Isso explicaria a tensão entre Sara e Agar, que causou a saída de Agar. Mas por quase 20 anos esta família viveu com essa tensão.

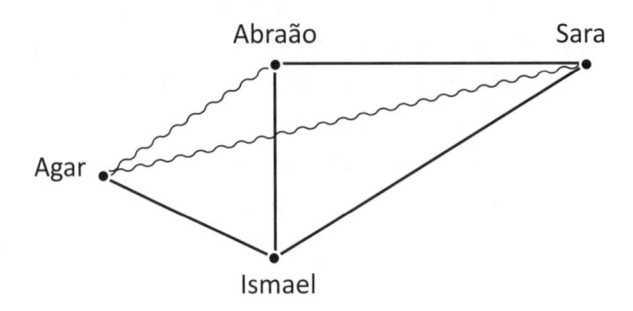

As coisas ficaram mais complicadas quando Isaque nasceu. Sara, como vimos, rejeitou Ismael e fez de Isaque seu favorito. Isso comprometeu Abraão. Para ele, manter-se fiel a Ismael teria afastado Sara – e, presumivelmente, Isaque. Aqui está como representaríamos a situação daí resultante.

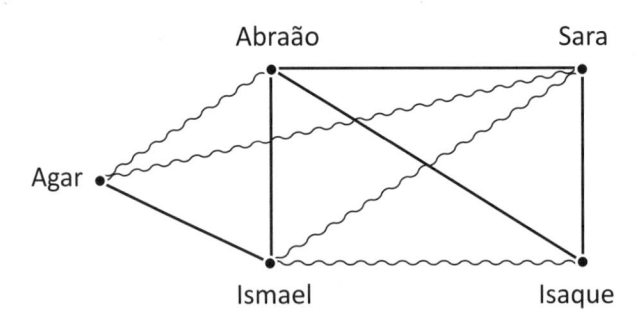

Observe que sobrepusemos os dois triângulos de Abraão e Sara para mostrar as inter-relações entre as quatro pessoas. Observe também que os triângulos estão em equilíbrio. Por outro lado, Abraão tinha outra escolha. Ele poderia aliar-se a Sara em rejeitar Ismael. Isso, na verdade, foi o que ele fez. E também resultou em um conjunto de triângulos equilibrados. Todos estão felizes porque Agar agora está fora do quadro.

```
        Abraão                    Sara
          •────────────────────────•
          │╲                      ╱~
          │ ╲                    ╱ ~
          │  ╲                  ╱  ~
          ~   ╲                ╱   ~
          ~    ╲              ╱    ~
          ~     ╲            ╱     ~
          ~      ╲          ╱      ~
          ~       ╲        ╱       ~
          •────────────────────────•
        Ismael                   Isaque
```

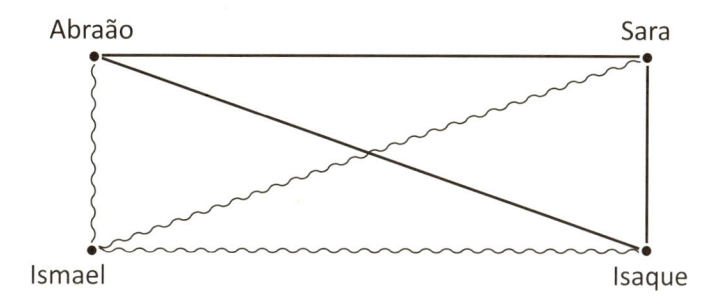

Agora vamos olhar para a família de Isaque. No início, Isaque e Rebeca tiveram um belo relacionamento romântico. Em seguida, as crianças vieram e as coisas ficaram complicadas. Isaque, como vimos, foi atraído para o seu filho primogênito, Esaú. Rebeca, por outro lado, favorecia Jacó. O princípio do equilíbrio sugere que precisamos agora colocar uma linha ondulada entre Isaque e Rebeca. De fato, quando lemos sobre sua interação após os truques de Jacó sobre Esaú por seu direito de primogenitura, podemos ver o distanciamento entre eles.

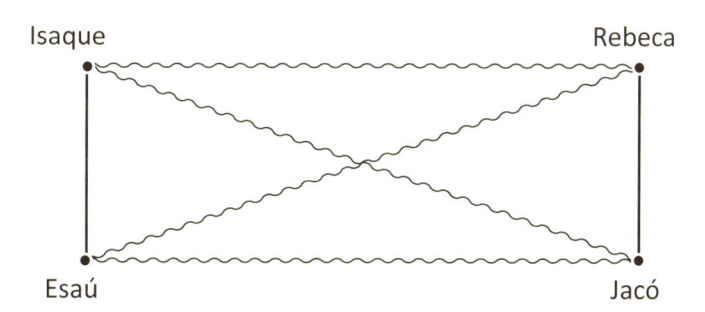

```
        Isaque                   Rebeca
          •~~~~~~~~~~~~~~~~~~~~~~~~•
          │~~~                  ~~~~
          │    ~~~           ~~~
          │       ~~~     ~~~
          │          ~~~~~
          │       ~~~     ~~~
          │    ~~~           ~~~
          │~~~                  ~~~~
          •~~~~~~~~~~~~~~~~~~~~~~~~•
         Esaú                     Jacó
```

Agora vamos seguir a árvore genealógica através da família de Jacó. Lembre-se que Jacó tinha planejado se casar com Raquel, mas como resultado do ardil de seu tio, ele também acabou casado com Lia. Nós só podemos presumir que sua relação com Lia tenha sido um pouco tensa, e que a relação entre Lia e Raquel também era conturbada.

```
            Jacó
             •
            / \
           /   \
          /     \
         /       \
        •~~~~~~~~~•
       Lia       Raquel
```

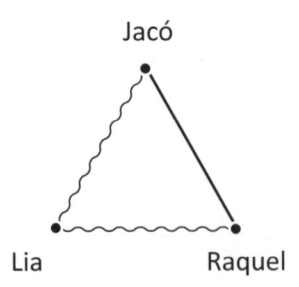

Se Jacó tinha uma favorita entre suas esposas, também era suscetível a ter favoritos entre os filhos de suas esposas. Ele iria favorecer o filho de Raquel, José, e afastar-se, pelo menos um pouco, dos filhos de Lia e sua serva e dos dois filhos nascidos da serva de Raquel. Mais uma vez, isso é, de fato, o que acontece. Aqui está como representaríamos essa situação complexa usando triângulos:

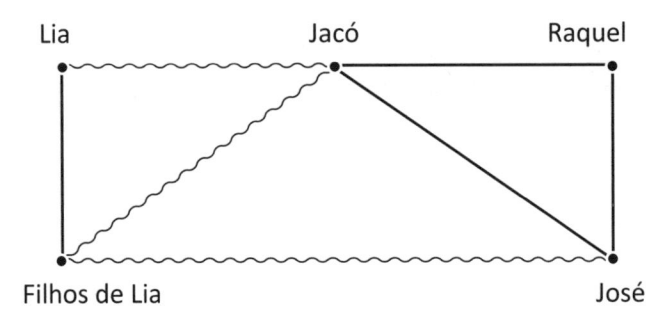

```
    Lia          Jacó         Raquel
     •~~~~~~~~~~~~•~~~~~~~~~~~~•
     |          / |           /
     |         /  |          /
     |        /   |         /
     |       /    |        /
     |      /     |       /
     |     /      |      /
     |    /       |     /
     |   /        |    /
     |  /         |   /
     | /          |  /
     |/           | /
     •~~~~~~~~~~~~~~•
  Filhos de Lia       José
```

Neste caso, temos três triângulos de ligação, refletindo as cinco partes que estamos considerando. Observe que todos os três triângulos estão em equilíbrio, e as relações particulares entre duas pessoas permanecem consistentes de um triângulo para o próximo.

Mais uma vez, não estamos tentando ler mais sobre as histórias de Abraão e de seus filhos do que, na verdade, está na Bíblia. Mas nos é dito muito sobre este clã entrelaçado. Traçar os triângulos nos ajuda a ver e compreender algumas das dinâmicas que estão em funcionamento. Nesse caso, vemos um padrão de favoritismo dos pais se repetindo em uma geração após a outra. As diferentes formas pelas quais cada geração resolve as tensões que isso cria têm repercussões ao longo dos anos.

Mapeando o *seu* triângulo

Sem dúvida, você pode ver que traçar os triângulos para uma família pode se tornar um processo bastante complicado. Até certo ponto, isso é simplesmente uma questão de números. Quanto mais pessoas envolvidas, mais triângulos haverá. Certa vez eu trabalhei com uma família que teve 15 filhos. Se tivéssemos trabalhado cada combinação de três vias possíveis, teríamos que desenhar 455 triângulos! Você pode ver porque a chegada de cada criança adicional torna a vida familiar muito mais complexa!

Traçar os triângulos também é complicado, porque, como vimos, a dinâmica das relações nem sempre é clara e simples, e nem sempre é o que parece ser à primeira vista. Pode ser difícil organizar completamente os triângulos para a sua família sem a ajuda de um conselheiro experiente.

Mesmo assim, você pode aprender muito sobre sua família traçando os triângulos na medida em que você *seja* capaz de fazê-lo. Volte para o genograma que você construiu no capítulo 4. Começando com uma folha de papel, primeiro desenhe triângulos para representar quaisquer relacionamentos de três vias que você tenha certeza de que entende. Faça isso tanto para a sua própria família quanto para as gerações anteriores, se puder. Em seguida, veja se pode criar outros triângulos com base nas informações dos que você acabou de desenhar.

O que os triângulos lhe disseram? Eles o ajudaram a compreender onde os pontos de conflito potencial em sua família podem estar? Você é capaz de detectar padrões de uma geração para a próxima, como os que vimos em nossos exemplos? Mais importante de tudo, eles o ajudaram a ver mais claramente como a dinâmica de sua vida familiar tem afetado *você*? Será que eles apontam relações particulares que não funcionaram bem, indivíduos particulares, cujo impacto em você foi prejudicial de alguma forma?

Se assim for, sua tendência pode ser a de ficar com raiva ou decepcionado com tais indivíduos. Isso seria uma reação compreensível. Mas o nosso objetivo não foi simplesmente apontar quem fez o quê a quem, de modo que a culpa e a amargura pudessem tem um alvo mais preciso. Em vez disso, nosso objetivo tem sido o de obter uma imagem mais clara de onde o dano reside *para que você possa responder a ele de forma construtiva*.

E agora?

Até agora, concentrei nossas energias em compreender como as famílias funcionam – em particular, como elas, às vezes, "dão errado". Vimos como o nosso sistema familiar é importante para fazer de nós quem somos. Vimos como é uma família "normal", ou saudável, e analisamos algumas das maneiras mais comuns pelas quais as famílias falham nisso e tornam-se disfuncionais. Também olhamos para alguns dos papéis, regras, mitos e segredos que possam ter existido em sua própria família.

Se você elaborou um genograma de sua família e desenhou os triângulos para o maior número de relacionamentos que conseguiu, agora deve ter uma ideia mais clara do que deu certo e o que deu errado em sua própria família. Você pode muito bem ter visto várias dinâmicas que o afetaram negativamente, e cujo impacto você ainda pode sentir até hoje.

Na maioria dos casos, examinar nossas famílias dessa forma nos aponta para certas pessoas em nosso passado que parecem "vilões". Suas fraquezas, suas limitações, sua incapacidade de fazer coisas que deveriam ter feito, terem feito coisas que *não* deveriam ter feito – tudo pode ter contribuído para as dificuldades que ainda estão conosco em nossas vidas hoje. O "vilão" pode ser um pai ou outra figura adulta. Pode ser um irmão ou irmã. Algumas pessoas até mesmo acabam com raiva de Deus, por *permitir* que coisas ruins aconteçam a elas.

Mas o importante não é só descobrir onde estão os problemas e quem são os vilões. O importante é o que fazemos com esta informação, agora que a temos. O que quer que tenha sido feito para nós quando éramos crianças, agora somos adultos, e devemos *assumir a responsabilidade* por nossas atitudes e ações. O que quer que outros possam ter feito no passado, o que importa é *o que fazemos hoje.*

Não é suficiente para nós rotularmos os outros como vilões e culpá-los por todos os nossos problemas. Precisamos entender o que foi feito a nós, para que possamos assumir a responsabilidade por nossas vidas como adultos, e encontrar a liberdade do nosso passado dói. Não podemos mudar o que aconteceu conosco. Mas podemos aprender a responder ao que nos aconteceu de uma forma que nos ajude a superar as influências negativas do passado.

Como você pode aprender a responder de tal forma que possa começar a experimentar a liberdade do perdão? E aqueles que o magoaram? Eles também podem ser libertados de sua dor? Na parte dois, você vai descobrir que pode haver libertação para você e para os outros, se você e eles aprenderem a lição do perdão.

Pontos-chave para lembrar:

1. Para entender os relacionamentos, você precisa olhar para eles no contexto de três pessoas no sistema.

2. Relações de três vias são descritas como os triângulos no genograma.

3. Há quatro maneiras possíveis pelas quais três pessoas podem se relacionar.

4. Existem duas maneiras de um triângulo ser estável ao longo do tempo.

5. Há duas maneiras pelas quais três pessoas interagem que estão cheias de tensão e instabilidade.

6. Compreender seus triângulos de relacionamento pode prever problemas e padrões potenciais.

7. Triângulos de relacionamento ajudam a expor dinâmicas ocultas em um sistema familiar.

8. Os triângulos em seu genograma o ajudam a entender onde o trabalho do perdão começa.

Parte 2

A liberdade do perdão

6

Perdoando os outros, libertando a nós mesmos

Depois de perceber o quão profundamente as pessoas de sua família podem tê-lo machucado, perdoá-los pode parecer a última coisa que você quer fazer. Mas, na verdade, o perdão é fundamental para sua saúde espiritual e emocional. É a chave para se libertar da dor do passado.

Quando Marti, que conhecemos no capítulo 3, veio pela primeira vez pedir ajuda, ela não tinha intenção alguma de trazer sua mãe para o quadro. Estava lutando com insegurança e medo, que ela não relacionava com problemas dentro de sua família. Mas, à medida que conversávamos (e especialmente à medida que construímos seu genograma e mapeamos os triângulos que representam suas relações familiares), a conexão se tornou cada vez mais evidente, especialmente em relação a sua mãe. Marti estava em seus quarenta anos, mas ainda era menina, em termos de seu relacionamento com a mãe.

Quanto mais exploramos essa área, mais Marti tomava consciência de como sua mãe havia causado dano a ela, e mais a raiva que ela tinha trancada dentro dela vinha à tona. Um dia, ela se virou para mim e perguntou: "Aonde isso tudo vai me levar, esta terapia? Onde isso vai dar?"

Eu a estudei calmamente por um momento antes de responder. "Você realmente quer saber?", perguntei finalmente.

"Sim!", ela retrucou. "Sim, eu realmente quero saber!"

"Bem, Marti", eu disse, "em última análise, se tudo correr bem, você vai chegar ao ponto no qual poderá perdoar sua mãe pelo mal que ela lhe fez".

"Perdoá-la?", ela gritou. "*Perdoá-la*? Eu *nunca* vou perdoá-la! Nunca!"

A reação de Marti não era tão incomum. As pessoas, muitas vezes, recuam diante da ideia do perdão. Não é difícil perceber por que. A fase inicial do aconselhamento muitas vezes segue pelas linhas da primeira parte deste livro, com uma exploração profunda das maneiras pelas quais nossas dinâmicas familiares trabalharam contra nós. Uma vez que as pessoas tenham uma imagem clara do dano que os outros têm causado a elas, é fácil ver por que perdoar essas pessoas pode não ser a primeira coisa que vem à sua mente. "O que você quer dizer?", gritam. "Depois de tudo que a pessoa fez para mim? Depois de toda a dor e confusão que ela me causou? Você espera que eu a *perdoe*, simples assim?"

Minha resposta é sempre: "Eu entendo por que você está reagindo dessa maneira. Eu sei que em sua mágoa e raiva, perdoar os que lhe causaram dor pode ser a última coisa que você queira fazer. Na verdade, eu *não* espero que você os perdoe 'simples assim'. Perdoar os outros não é uma coisa fácil. É preciso tempo e esforço. Mas acho que você vai ver que, no fim, você *deve* perdoar se quiser ser verdadeiramente livre. O perdão liberta você, e não a outra pessoa".

> *O perdão quebra o ciclo. Ele não resolve todas as questões de culpa e de justiça; ao contrário, muitas vezes, evita essas questões. Mas ele permite que os relacionamentos comecem novamente. Nisso, diz Solzhenitsyn, somos diferentes de todos os animais. Não é a nossa capacidade de pensar que nos torna diferentes, mas nossa capacidade de nos arrependermos e de perdoarmos. Só os seres humanos podem realizar esse ato mais antinatural, e, fazendo isso, só eles podem desenvolver relacionamentos que transcendem a lei inexorável da natureza.*
>
> PHILIP YANCEY, *"AN UNNATURAL ACT"*[26]

---

[26] Philip Yancey, "An Unnatural Act", *Christianity Today* (Abril 5, 1991), p. 37.

Como Marti, você pode ter sido ferido profundamente por algumas pessoas importantes na sua vida. Como resultado de ter trabalhado nos exercícios encontrados na Parte 1, você pode estar mais consciente do que nunca do quanto foi ferido. E seus sentimentos em relação a eles pode ser qualquer coisa, menos misericordiosos e inclinados ao perdão. No entanto, vou incentivá-lo ao dever nobre e difícil de perdão, porque a longa experiência tem me mostrado que é a única maneira de alcançar a liberdade genuína dos efeitos nocivos do passado. É a única maneira de acabar com os problemas de seu passado.

Por que perdoar?

Temos que aprender a perdoar os que nos feriram: esta é a mensagem deste livro. O perdão é importante por, pelo menos, duas razões. Vamos discuti-los com mais detalhes à medida que avançamos. Por enquanto, vamos apenas observar o que eles são.

Em primeiro lugar, e muito importante para a nossa discussão atual, o perdão é importante para o nosso próprio bem. Às vezes eu choco as pessoas, dizendo-lhes que precisam aprender a ser "egoístas" sobre o seu perdão. Muitas vezes, olham para mim, incrédulas. "O que você quer dizer?", perguntam. "Você quer que eu seja egoísta? Mas o egoísmo é errado, não é?"

De fato, é. E eu não quero ser entendido muito literalmente, como se devêssemos viver nossas vidas de um modo totalmente "primeiro eu". Mas há uma forma adequada de cuidar de nós mesmos, que pode incluir o perdão.

É semelhante ao que acontece quando você pega um avião e a comissária de voo explica como usar a máscara de oxigênio que cai em seu colo se o avião perde a pressão da cabine. Ela diz que, se você estiver viajando com uma criança ou alguém que precise de ajuda, deve colocar primeiro sua própria máscara no lugar, e *depois* ajudar a outra pessoa. Da mesma forma, se vamos ter uma preocupação amorosa para os outros – e certamente deveríamos – precisamos também ter uma preocupação amorosa com nós mesmos. O egoísmo diz: "Primeiro eu; quem se importa com você?" O cuidado consigo mesmo apropriado diz: "Eu vou cuidar de mim *para que eu possa* cuidar de você".

Em segundo lugar, o perdão é importante para o amor de Deus. Todo erro é uma ofensa, em primeiro lugar contra um Deus sábio e amoroso, que não quer ver nenhuma de suas criaturas prejudicada e que leva para o lado pessoal quando são injustiçados. Como veremos, uma parte importante de nossa capacidade de elaborar o nosso próprio perdão é retirada do perdão que o próprio Deus nos mostrou.

Cancelando a dívida

Exatamente o que significa perdoar alguém? Será que significa ignorar o que ele ou ela fez? Fingir que nunca aconteceu – esquecer? Abafar as coisas do lado de fora, enquanto a raiva e a mágoa continuam a ferver por dentro?

Não. O perdão é mais simples e mais complexo do que isso. A melhor maneira que eu conheço de entender o perdão, na verdade vem do mundo bancário. Vamos dizer que você vá ao banco e tome um empréstimo. Agora você deve dinheiro ao banco, e tem toda a intenção de reembolsar. Mas vamos também dizer que algo imprevisto surge: uma calamidade financeira ou um grave problema de saúde, algo que faz com que seja impossível para você manter seus pagamentos do empréstimo.

O que o banqueiro faz? Ele poderia simplesmente insistir que você pague o empréstimo de qualquer maneira. "Eu não me importo com seus problemas", ele poderia dizer. "Só me pague o que me deve." Ele poderia manter essa dívida pairando sobre sua cabeça para o resto de sua vida.

Ou ele pode, se estivesse preocupado com seu saldo e já feito todo o possível para cobrar a dívida, decidir libertá-lo de sua obrigação. "Estou cancelando a dívida", ele poderia dizer. "Você não me deve nada. De agora em diante, considero que estamos 'quites' ". Na terminologia bancária, é chamado de *perdoar* o empréstimo. É exatamente o que somos chamados a fazer nas nossas relações com os que nos fazem mal. É claro que, quando um banco faz isso, há consequências em termos de ficha bancária – ficaremos um longo tempo sem poder começar outro empréstimo. Mas o empréstimo original é cancelado – perdoado.

Esse é o mesmo conceito do entendimento bíblico do perdão. Em Colossenses 2.13, Paulo escreve: *Antigamente vocês estavam espiritualmente mortos por causa dos seus pecados e porque eram não judeus e não tinham a lei. Mas agora Deus os ressuscitou junto com Cristo. Deus perdoou todos os nossos pecados.* Agora, se eu fosse capaz de interagir com Paulo, poderia perguntar: "Como é que Deus fez aquilo?" E Paulo responde no versículo seguinte: *Ele acabou com essa conta, pregando-a na cruz* (v. 14).

Quando Paulo diz: *Ele acabou com essa conta*, está descrevendo a nossa dívida. Aqui não é o dinheiro; é a dívida do nosso pecado. E como o servo em Mateus 18, é uma dívida que não podemos pagar. Assim, para Paulo – e para Deus – a dívida está cancelada. E para que saibamos que está realmente cancelada, Paulo diz que ela foi "pregada na cruz". Esse é o entendimento bíblico do perdão. De fato, a principal palavra grega utilizada para o perdão no Novo Testamento significa "cancelar uma dívida".

Quando alguém nos faz mal, quando nos causa dor, muitas vezes nos sentimos como se essa pessoa tivesse tirado algo que pertencia a nós – nossa paz, nossa alegria, nossa felicidade, nossa dignidade – e que agora ela nos deve alguma coisa. Somos como um banqueiro mesquinho, segurando uma promissória contra alguém que nunca poderá nos pagar. "Eu não me importo com seus problemas", dizemos. "Você me fez sofrer, e vai pagar". Mas quando nós perdoamos a pessoa, simplesmente a libertamos de sua dívida. Não temos que fingir que a dívida nunca existiu. Apenas a perdoamos: "Você não me deve nada".

Quem se beneficia?

O perdão tem três beneficiários, ou aspectos. Primeiro, tem a ver com a outra pessoa. Isso é evidente. Mas em segundo lugar, também tem a ver com Deus, que é – para estender um pouco a nossa analogia – o credor final, aquele a quem todas as nossas "dívidas" são, em última análise, devidas. E, finalmente, tem a ver *conosco*. Quando liberamos os outros de suas dívidas, também nos liberamos dos efeitos dolorosos do que eles nos fizeram. É um paradoxo, mas é absolutamente verdadeiro; quando alimentamos amargura contra os outros, ela *nos* corrói. A única maneira de tirar o veneno do nosso sistema é através do perdão.

Eu disse há pouco que o perdão tem a ver com Deus. Na verdade, o perdão está intimamente ligado à própria essência de Deus. Ele mesmo é, por natureza, inclinado ao perdão e quer que sejamos também. Há lugares na Bíblia nos quais somos incentivados a mostrar perdão a outros:

> Perdoa as nossas ofensas como também nós perdoamos as pessoas que nos ofenderam (Mt 6.12)
>
> E perdoem uns aos outros, assim como Deus, por meio de Cristo, perdoou vocês (Ef 4.32).
>
> Não fiquem irritados uns com os outros e perdoem uns aos outros, caso alguém tenha alguma queixa contra outra pessoa. Ainda como o Senhor perdoou vocês, perdoem uns aos outros (Cl 3.13).

O que se destaca nessas passagens é que o perdão começa com Deus. Ele não diz: "Perdoe, ou então..." Ele diz: "Perdoe os outros *como eu os perdoei*". A razão pela qual podemos mostrar misericórdia para com os outros é porque ele tem sido misericordioso conosco. Na verdade, quase se poderia dizer que a misericórdia que mostramos aos outros é a misericórdia que ele mostra a nós. Simplesmente a recebemos e transmitimos. Em outras palavras, o nosso *perdão* flui do nosso *perdão*.

Em resposta a uma pergunta de um de seus discípulos, Jesus contou essa história. Pedro perguntou: "Quantas vezes devo perdoar aqueles que me machucam?" Em outras palavras: "Até que ponto vai este negócio de perdão? Certamente há um limite para isso, certo? Quero dizer, se alguém simplesmente continua me machucando, eu não tenho que continuar perdoando, tenho? Com certeza, chega um momento em que eu digo: 'Agora chega!' "

A resposta de Jesus deixa claro, porém, que não há limite para o perdão. O número de vezes que alguém nos ofendeu não é a questão. Se a outra pessoa merece o perdão não é a questão. *Como nós respondemos à graça de Deus* é a questão. Nós mostramos misericórdia com os outros, porque ele tem sido misericordioso conosco.

Alguém já disse que o perdão é um "processo unilateral". Isso significa que é algo que fazemos por nós mesmos, não importando se a outra pessoa responde. Tantas vezes dizemos: "Eu vou perdoá-lo *se ele*..." ou "Eu nunca vou perdoá-la *até que ela*..."

Mas não há "ses" ou "atés" no perdão. É algo que fazemos por nós mesmos, mesmo que a pessoa que estamos perdoando não saiba ou não se importe que estejamos fazendo isso.

É importante entender isso porque nos liberta para perdoar. Podemos obter a maravilhosa libertação que vem com o ato de perdoar os outros, mesmo sem sua colaboração!

> *O perdão envolve deixar pra lá. Lembra-se de jogar cabo de guerra quando era criança? Enquanto as partes em cada ponta da corda estão puxando, você tem uma "guerra". Mas quando alguém solta, "deixa pra lá", a guerra acabou. Quando você perdoa seu pai, está soltando a sua ponta da corda. Não importa o quão forte ele possa puxar do outro lado, se você tiver soltado sua ponta, a guerra acabou para você.*
>
> H. Norman Wright, *Always Daddy's Girl*[27]

Reconhecendo nossas necessidades

Jesus fala sobre outro aspecto do perdão quando está jantando na casa de um proeminente líder religioso, um fariseu chamado Simão. Eles estão sentados e conversando quando uma mulher da cidade faz uma aparição não programada. Leia o que acontece em seguida. *Naquela cidade morava uma mulher de má fama. Ela soube que Jesus estava jantando na casa do fariseu. Então pegou um frasco feito de alabastro, cheio de perfume, ficou aos pés de Jesus, por trás. Ela chorava e as suas lágrimas molhavam os pés dele. Então ela os enxugou com os seus próprios cabelos. Ela beijava os pés de Jesus e derramava o perfume neles* (Lc 7.37s).

Desnecessário dizer que Simão fica chocado. Jesus percebe a indignação de Simão e conta a história de dois homens que estavam em dívida com um financiador. (Vale a pena notar, a propósito, que naqueles dias um financiador *não* era o equivalente de nossos administradores de

---

[27] H. Norman Wright, *Always Daddy's Girl* (Ventura, CA: Regal, 1989), pp. 235-236

poupança e empréstimos modernos. Era mais parecido com o que chamaríamos de um agiota. Atrasar seus pagamentos podia ser um negócio arriscado.) Um dos homens devia 50 moedas de prata; o outro devia 500. Surpreendentemente, o agiota decidiu perdoar os débitos. Jesus pergunta a Simão: *"Qual deles vai estimá-lo mais?" Eu acho que é aquele que foi mais perdoado!, respondeu Simão* (vv. 42s).

Jesus parabeniza Simão por dar a resposta correta. Então ele ressalta que Simão não realizou alguns dos costumes que eram considerados parte do dever de um bom anfitrião naqueles dias. *"Você está vendo esta mulher? Quando entrei, você não me ofereceu água para lavar os pés, porém ela os lavou com as suas lágrimas e os enxugou com os seus cabelos. Você não me beijou quando cheguei; ela, porém, não para de beijar os meus pés desde que entrei. Você não pôs azeite perfumado na minha cabeça, porém ela derramou perfume nos meus pés."* (Lc 7.44-46).

Você sente a ferroada nessas palavras? Jesus está dizendo a Simão: "Eu sei que ela fez coisas indizíveis. Mas ela também sabe disso, e reconhece a maravilha da misericórdia de Deus para com ela. É por isso que está mostrando tanto amor e devoção. Por outro lado, Simão, você mal me mostrou a hospitalidade mais básica quando cheguei à sua casa como um convidado. Talvez seja porque você ainda não percebeu o quanto Deus tem sido misericordioso com você. Ou você acha que não tem necessidade da misericórdia de Deus? Que você não é, em sua própria maneira, tão carente como esta pobre mulher?"

A questão é que *todos nós* somos pessoas que precisam da misericórdia de Deus – na verdade, todos nós somos pessoas que *receberam* a misericórdia de Deus. A chave para nós é reconhecê-la e deixá-la moldar a forma como tratamos os outros. Devemos deixar que a nossa *perdoabilidade* se expresse em *perdão*.

O processo do perdão

O processo do perdão começa sempre com uma decisão. É um ato da vontade, algo que escolhemos fazer porque sabemos que é saudável e certo, embora possamos não nos sentir assim no momento. Eu *escolho* tomar o caminho que leva ao perdão. Eu *decido* trabalhar para liberá-lo da dívida que tem comigo.

Em segundo lugar, o perdão torna-se então um processo que envolve libertar *a nós mesmos* dos efeitos emocionais do que foi feito a nós. Quando alguém nos magoou profundamente, é uma coisa a dizer para a pessoa: "Eu te perdoo". Podemos dizer isso com grande seriedade, e até mesmo com sinceridade. Mas a dor, o ressentimento, a confusão causada pela ação errada da pessoa ainda está lá. Às vezes temos que trabalhar com os nossos sentimentos antes que possamos concluir o processo de cancelamento da dívida. Muitas vezes achamos que, mesmo depois de ter tomado a decisão de perdoar, as nossas emoções se levantam novamente e nos fazem querer voltar a impor a dívida.

Por exemplo, digamos que você tenha feito algo que me machucou. Para dar um exemplo simples, vamos dizer que, ao visitar minha casa, você quebra um vaso que está na minha família há anos. Você se desculpa e pede perdão. Agora, o que eu faço? Em primeiro lugar, mesmo que eu ainda esteja me sentindo triste com a perda do meu vaso – e ainda sentindo raiva de você por quebrá-lo – eu sei que a coisa certa a fazer é perdoar. E assim eu faço.

Neste momento, em certo sentido, a dívida foi cancelada. Eu o perdoei, e é isso. Mas em outro sentido, eu provavelmente ainda tenho algum trabalho a fazer. Eu posso olhar para o local na prateleira onde o vaso costumava estar e me sentir chateado porque a minha herança de família foi destruída. Eu posso descobrir que ainda estou irritado com você por destruí-lo. Com o tempo, percebo que estou mais uma vez lhe imputando a "dívida" que você acarretou quando quebrou meu vaso, mesmo que eu o tenha perdoado.

Agora, o que eu faço? Volto à minha decisão – eu o liberei da dívida que você tem comigo – eu o perdoei. Mas agora tenho que trabalhar com todos os meus sentimentos sobre o que aconteceu. Dou validade à minha perda. Aceito a realidade dos meus sentimentos. Estou triste por seu descuido. Estou irritado com a perda de algo que era importante para mim. Fico triste com o fato de que o vaso se foi. Preciso "trabalhar" com esses sentimentos várias vezes antes que eu possa, finalmente, deixar pra lá a minha raiva e sentir que o perdoei completamente.

Isto é o que chamamos de *processo* do perdão, o processo pelo qual eu não só liberto *você* emocionalmente, mas também encontro libertação *para mim*. Com o tempo, pode acontecer que praticamente *toda* a amargura e mágoa são deixadas de lado. Eu ainda tenho uma lembrança mental do que aconteceu (estou ciente de que você, descuidadamente, quebrou meu vaso), e ainda estou ciente das consequências negativas que resultaram do que você fez (meu vaso nunca poderá ser substituído). Mas o que aconteceu entre nós não é mais uma "questão viva" na forma como eu penso em você e me relaciono com você, ou na maneira que eu vivo minha vida. Esta é a terceira parte do processo de perdoar – fechei o livro. A dívida está totalmente cancelada. Concluí o processo de perdão. (Teremos mais a dizer mais tarde sobre a questão de perdoar e esquecer.)

Os seis passos do perdão

Vamos olhar para a forma como o processo triplo de perdão funciona em termos práticos. Uma vez que tenhamos tomado a decisão de perdoar, há seis passos principais que vamos experimentar. Vamos analisá-los brevemente aqui. Nos próximos capítulos, vamos olhar mais de perto algumas das questões e problemas que podem surgir à medida que começamos o processo de trabalho.

1. Reconheça a ferida

"Tudo bem", Gail suspirou. "Estou pronta. Eu posso finalmente admitir minha raiva pelo que meus pais fizeram comigo. Estou cansada de ficar com minha cabeça confusa, indo e voltando entre inventar desculpas para eles e negar que alguma coisa tenha acontecido, em primeiro lugar. Meu pai me molestou e eu sinto uma raiva incrível dele. Sinto a mesma raiva da minha mãe, porque deixou isso continuar por todos esses anos. Pronto. Foi o que aconteceu, e é assim que me sinto sobre isso."

Após mais de um ano de terapia, fazendo parte de um grupo de apoio para adultos que tinham sido molestados quando crianças, Gail estava envolvida no processo de libertar seus pais, e ela mesma, das garras do que tinha acontecido no passado.

O processo de perdão começa quando sentimos algum tipo de dor, mágoa ou ferida. Precisamos responder a algumas perguntas: O que aconteceu? Quem fez isso? Que efeito isso teve sobre mim? Precisamos trabalhar duro para nos confrontarmos com o que aconteceu. Muitas vezes, estamos conscientes da dor e da mágoa, mas enterramos profundamente a *causa* desses sentimentos. Temos dificuldade em lembrar o que realmente aconteceu, porque parte de nós realmente não quer se lembrar do que aconteceu. Mas lembrar é importante.

Lá atrás, no Capítulo 1, conhecemos Larry, cujos pais o haviam literalmente abandonado quando ele tinha cinco anos. Mesmo que rapidamente tenha se tornado claro que ambos os seus pais tinham sido alcoólatras e ele tenha sido maltratado de muitas maneiras, Larry tinha, de alguma forma, conseguido colocar a culpa em si mesmo por tudo o que tinha acontecido. Ele estava no fim de suas forças, emocionalmente e em todos os outros sentidos.

Então, um dia na clínica, ele e seu grupo de terapia estavam ouvindo uma apresentação sobre a diferença entre "mal feito *por* nós" e "mal feito *para* nós". Larry, de repente, saltou da sua cadeira. Pela primeira vez, percebeu que tinha sido ferido, que haviam pecado *contra* ele. Essa percepção desencadeou uma série de memórias. Pela primeira vez, ele foi capaz de se lembrar de coisas que aconteceram com ele na infância, e entendê-las corretamente. Ele, finalmente, reconheceu as feridas que tinham sido feitas nele quando criança.

Larry disse mais tarde: "De repente eu percebi que eu tinha passado a vida transformando toda a minha mágoa e sentimentos de raiva em confissões de coisas que eu tinha feito de errado. Confessei até mesmo coisas que eu *sabia* que não tinha feito, por via das dúvidas". Lembrar-se do passado foi o primeiro passo crucial para Larry se confrontar com ele.

Então, é aqui que o processo começa. Talvez você queira pegar uma folha de papel e fazer uma lista dos "males feitos contra mim". Seja preciso e objetivo. O objetivo não é chafurdar na autopiedade, mas estabelecer uma base de entendimento para os passos que vêm a seguir. Leve o tempo necessário para fazer uma lista tão completa quanto possível. Rever seu genograma ajudará a identificar prováveis padrões de "males feitos contra mim", que são característicos de sua família em particular.

2. Identifique as emoções envolvidas

À medida que você se torna ciente das feridas que experimentou em sua vida, também deve tentar identificar os sentimentos associados a essas feridas. Para a maioria de nós, três tipos de emoções vão predominar.

Medo. As emoções que associamos a feridas passadas geralmente serão uma combinação do que nós sentimos quando a ferida ocorreu pela primeira vez e o que estamos sentindo agora. Os sentimentos da infância, quando muitas das feridas ocorreram, geralmente serão dominados pelo medo. Não é difícil perceber por que. Geralmente, os que nos feriram quando éramos crianças, eram adultos; as pessoas que, muitas vezes, procurávamos e respeitávamos. Era natural para nós ter medo delas e, muitas vezes, trouxemos o medo para nossa experiência atual.

Culpa e vergonha. Os filhos adultos de famílias disfuncionais, *às* vezes, parecem ter uma banca no mercado da culpa. A maior parte é falsa culpa. Encontramos maneiras de nos culpar por nossos problemas, mesmo por coisas que não fizemos, assim como Larry. Esclarecer exatamente o que aconteceu ajuda a jogar fora esse tipo de falsa culpa.

Também ajuda a lidar com a vergonha. Culpa e vergonha não são a mesma coisa. Colocando de maneira simples, culpa tem a ver com *o que fizemos*, e vergonha tem a ver com *quem somos*. Quando fazemos algo errado e nos sentimos mal, isso é culpa. Quando concluímos que somos uma pessoa terrível por causa do que fizemos, isso é vergonha.

Precisamos ter cuidado para não deixar que ações pecaminosas levem a autodefinições vergonhosas. Se eu perder a calma, não me ajuda dizer: "Sou apenas uma pessoa colérica que nunca consegue manter a boca fechada".

A vergonha nos faz querer nos esconder dos outros para que não descubram "como realmente somos". Nós nos convencemos de que há algo intrinsecamente errado conosco. A vergonha quase sempre acompanha a culpa. É importante reconhecer ambos os sentimentos e lidar com cada um de forma adequada.

Raiva. Quando começamos enfrentar as coisas prejudiciais que têm sido feitas a nós, e com os sentimentos de medo, culpa e vergonha que essas feridas têm produzido, geralmente não demora muito até que a raiva venha à tona. Muitas pessoas se espantam com a quantidade de raiva

– "ira" não é uma palavra muito forte – que têm carregado, bem lá no fundo, por anos e anos.

A raiva não é necessariamente uma coisa ruim. *Existe* tal coisa como a raiva justa. Muitas vezes, é uma reação perfeitamente adequada quando somos feridos. No aconselhamento, acho importante que as pessoas sejam capazes de identificar sua raiva. Ela limpa sua visão e as ajuda a ver a verdade. Também torna mais fácil para elas continuar com o processo de perdão.

3. Lamente o que foi perdido, expressando sua mágoa e raiva

Trato isso como um passo separado, porque é muito importante. Não é suficiente simplesmente identificar o que estamos sentindo. Também precisamos, de alguma maneira, expressar nossos sentimentos, especialmente a nossa raiva.

Se você descobriu que havia veneno em seu estômago, não é suficiente apenas saber que está lá, ou mesmo saber exatamente que tipo de veneno era. Você quer se livrar dele! Isso é o que a palavra "expressar" realmente significa. Significa "pressionar para fora", como espremer o suco de um limão. "Expressar" nossas emoções destrutivas é importante porque as "tira do nosso sistema", de modo que não possam nos envenenar por mais tempo.

Há várias coisas concretas que podemos fazer para expressar nossos sentimentos. Uma delas é simplesmente falar com um amigo de confiança. Certifique-se de encontrar alguém que esteja disposto a ouvir sem tentar resolver os problemas.

Outra forma de expressar sentimentos é escrevê-los. Pegue uma folha de papel e comece a escrever: "Hoje, sobre essa situação, eu me sinto..." Em seguida, complete a frase com o máximo de detalhes possível. Não pare para refazer ou reescrever. O objetivo não é produzir uma peça duradoura de literatura, mas exteriorizar seus sentimentos. Uma vez que você termine de escrever, talvez queira compartilhar o que escreveu com um amigo. Algumas pessoas acham que é mais fácil interagir com os outros sobre temas sensíveis, se puderem "trabalhar a partir de um script".

Uma variação dessa técnica é escrever uma carta para a pessoa que o machucou, indicando o que aconteceu e como ele fez você se sentir. Um homem que conheço escreveu uma carta a seu pai há muito falecido, desabafando o desapontamento e a mágoa que sentiu quando seu pai morreu. À medida que escrevia, ele se deu conta de que estava realmente sentindo raiva de seu pai por abandoná-lo justamente quando mais precisava dele. Escrever a carta o ajudou a organizar seus pensamentos e esclarecer suas emoções. Algumas pessoas escrevem uma série de cartas assim, uma para cada pessoa que os prejudicou no passado.

É extremamente importante que você *nunca* envie essas cartas para as pessoas a quem se dirigem. Essa não é a intenção de escrevê-las. Você não ganha nada por "ir à forra". Seu objetivo ao escrever essas cartas é ajudar a esclarecer seus sentimentos e emoções. Às vezes você pode sentir a necessidade de enviar algo para a pessoa envolvida. Se fizer isso, deve ser uma versão muito revisada, que tenha ficado em sua mesa sem enviar por algumas semanas enquanto você trabalha com suas expectativas em relação a enviar a carta.

Se você não gosta de escrever, pode falar com uma cadeira vazia na qual você imagina que a outra pessoa está sentada. Diga à pessoa o que você se lembra e o que está sentindo. Algumas pessoas acham útil trocar de lado – em sentido figurado (ou mesmo literalmente) sentar-se na outra cadeira e tentar compreender as reações e respostas prováveis da outra pessoa.

Conversar com uma cadeira vazia pode parecer um pouco ridículo, como falar com você mesmo. Mas, na verdade, falar com nós mesmos é uma maneira muito importante de expressar nossos sentimentos. O fato é que todos nós falamos a nós mesmos constantemente, mantemos um monólogo em constante execução dentro de nossas cabeças. Tornar nossa autoconversa explícita nos ajuda a entender o que está acontecendo lá dentro.

Quando ouvimos algo muitas vezes, ao longo de um período de tempo suficientemente longo, tendemos a acreditar naquilo. Este tipo de repetição pode trabalhar contra nós, como quando estamos constantemente dizendo a nós mesmos: "Que idiota eu sou". Mas também pode trabalhar *para* nós. Uma autoconversa saudável pode nos ajudar a mudar e crescer. A regra para isso é simples: faça declarações positivas, no tempo presente, que reforcem os valores, atitudes e autoconceitos que você está tentando desenvolver. Não diga o que você vai fazer no futuro; apenas reafirme o que já é verdade. "Eu sou uma pessoa que vale a pena, porque Deus me ama e me aceita. Estou trabalhando para perdoar meus pais e ficar livre das feridas do meu passado".

4. Estabeleça fronteiras para se proteger

Fronteiras são os limites. Eles são como uma cerca que colocamos em nossa casa para definir onde nossa propriedade começa e termina, e para mantê-la separada da propriedade de outras pessoas. Quando crianças, nossos limites pessoais eram frequentemente violados. O abuso físico e sexual são violações óbvias. Outras maneiras pelas quais os pais podem ter ignorado os limites pessoais de seus filhos incluem: abrir a porta e entrar no banheiro quando a criança está lá; um pai entrar no quarto de uma filha adolescente, enquanto ela está se vestindo; um pai abrir gavetas ou olhar papéis de uma criança sem a permissão dela, ou mesmo ler o diário trancado de uma criança.

Alguns pais veem isso como seu "direito". Mas cada uma dessas atitudes é uma violação de um limite importante. Se isso aconteceu quando era criança, tornou difícil para você, como um adulto, estabelecer limites adequados em seus relacionamentos. Você pode até ter que ser convencido de que tem o direito de estabelecer limites para si mesmo.

Em nossa discussão anterior sobre os tipos de famílias disfuncionais, aprendemos sobre a escala de fixação. Vimos que algumas famílias estão "desligadas", o que significa que os membros vivem como ilhas isoladas, com quase nenhum envolvimento um na vida do outro. Outros são "totalmente envolvidos", significando que estão tão emaranhados um no outro que se torna impossível dizer onde a identidade de cada membro termina e começa. Ao trabalhar com o processo do perdão, que muitas vezes torna-se necessário para uma pessoa estabelecer algumas novas fronteiras, para dar a si mesma espaço para trabalhar.

Muitas vezes, estes limites têm a ver com a forma como nos relacionamos com os outros, ou a nossa maneira de deixá-los relacionar-se conosco. Por exemplo, podemos decidir: "De agora em diante, vou me recusar a aceitar as sugestões de minha mãe sobre o que eu deveria usar, ou como eu vou arrumar o meu cabelo, ou como vou limpar a minha casa". Ou: "Eu vou ouvir o conselho que meu pai me dá sobre como estou criando meus filhos, mas não me permitirei sentir que tenho que fazer tudo o que ele diz".

Em muitos casos, estabelecer limites significa que precisamos ficar fisicamente longe de outros membros da família, seja por um tempo, seja para sempre. Lembro-me de Penny, de 22 anos, que havia entrado e saído de vários centros de saúde mental, no momento em que ela veio nos pedir ajuda. Cada vez que ela ia para o hospital, fazia um progresso notável. Mas dentro de alguns meses de sua libertação, precisava voltar.

Quando construímos seu genograma e mapeamos as relações triangulares em seu sistema familiar, tornou-se óbvio que Penny ocupou o papel de bode expiatório em sua família. Quando ela estava longe deles, ficava bem. Mas assim que voltava para sua família, ela recaía em seus antigos problemas.

Penny decidiu que precisava viver separada de sua família por um tempo. Alugou um apartamento para ela. Quando foi liberada do hospital, foi para lá em vez de ir para casa. Ela explicou a sua família o que estava fazendo e prometeu escrever-lhes um cartão postal toda semana para que eles soubessem como ela estava. Eles não gostaram do arranjo e tentaram sabotá-la, mas Penny ficou firme.

Passaram-se três meses antes que Penny sentisse que seria capaz de começar a se relacionar com a família novamente. Ela começou a fazer telefonemas periódicos, tendo o cuidado de limitar a sua frequência e duração, e revendo os tipos de tópicos que iria e não iria falar com seus pais. Certa vez, quando Penny tentou impor um limite que tinha definido, dizendo ao pai que não queria falar sobre um determinado tópico com ele, ele ficou com raiva e desligou na cara dela.

Penny estava em angústia. Ela tinha feito a coisa certa? Lutou com a tentação de ligar novamente para seu pai e pedir desculpas a ele. Mas então, pensou muito bem em tudo e decidiu que ela tinha razão para ter feito o que fez. No dia seguinte, seu pai ligou para *ela*. Ela estava exultante: "Pela primeira vez", disse ela, "ele me tratou como se eu fosse uma pessoa real. É como se ele tivesse começado a aceitar o fato de que eu sou adulta, e que tenho limites".

A maioria das pessoas acha que alguns limites são apenas temporários. Dão um pouco de espaço extra enquanto trabalham algumas dificuldades particulares. Outros limites, no entanto, tornam-se permanentes. Eles ajudam a fazer uma mudança para melhor, de maneira duradoura, na dinâmica do nosso sistema familiar.

5. Cancele a dívida

Agora é hora de perdoar – de cancelar a dívida. Esta é a terceira parte do processo de três partes para perdoar. Em primeiro lugar, tome a decisão de perdoar. Em segundo, processe as emoções relacionadas ao perdão e estabeleça limites apropriados, se necessário. Em terceiro, tome a decisão de finalizar o perdão.

À medida que trabalhamos com nossas feridas e emoções, podemos ter sentido uma sensação de que alguém nos deve algo. Essa é uma experiência útil, porque nos ajuda a identificar onde estamos segurando nossas promissórias emocionais e onde precisamos perdoar.

Muitas vezes ajuda o ato de perdão a tomar uma forma concreta, tangível. Por exemplo, algumas pessoas escrevem "cancelado" nas cartas que escreveram para vários membros da família. Eu sei de outras pessoas que as queimaram ou até mesmo enterraram suas listas de feridas para mostrar que todas essas injustiças estão agora mortas e enterradas.

Mais uma vez, pode parecer estranho se envolver nesse tipo de exercício. Mas a minha experiência diz que ele pode ser útil. Tais ações deixam a pessoa com a memória de um momento definido quando, de forma tangível e concreta, cancelou suas dívidas. A pessoa não precisa ser incomodada pelo pensamento persistente de que *Talvez eu realmente não os tenha perdoado*, ou *Talvez não tenha sido realmente completo*. Ela sabe que aconteceu, que foi real. Se isso descreve o que você está pronto para fazer, também pode ajudar a falar sobre o seu ato de perdão com alguém que vai entender.

6. Considere a possibilidade de reconciliação

No início, eu disse que o perdão é unilateral; é algo que você pode fazer sozinho, sem que a outra pessoa precise cooperar com ele ou até mesmo estar ciente disso. A reconciliação é diferente. Se duas pessoas que tenham se afastado uma da outra vão se reconciliar, ambas devem estar envolvidas. Posso desejar me reconciliar com você; mas se você se recusa a se reconciliar comigo, não há nada que eu possa fazer a não ser esperar e torcer para que o seu coração mude.

Vamos olhar para a reconciliação em mais detalhes posteriormente. Por enquanto, vamos apenas observar que a reconciliação é o resultado ideal do processo de perdão, quando isso é possível. Mas nem sempre é. Lembre-se, seis passos irão ajudá-lo no processo de perdão:

Os seis passos do perdão

1. Reconheça a ferida.
2. Identifique as emoções envolvidas.
3. Lamente o que foi perdido, expressando sua mágoa e raiva.
4. Estabeleça fronteiras para se proteger.
5. Cancele a dívida.
6. Considere a possibilidade de reconciliação.

O perdão é um processo que leva a perdoar todos os que o magoaram (incluindo, como veremos, você mesmo!). Ele também leva você a buscar e aceitar o perdão daqueles que *você* possa ter ferido. Se o perdão é verdadeiro, você vai estar disposto a vê-lo se mover em ambas as direções: de outros em relação a você, de você para com os outros. O perdão é a chave para a liberdade dos efeitos do seu passado.

Pontos-chave para lembrar:

1. O perdão é importante para o seu próprio bem – você é quem mais se beneficia.

2. O perdão é importante para o bem de Deus – ele nos mostrou como perdoar.

3. A definição de perdão é "cancelar a dívida".

4. O verdadeiro perdão vem de você ser perdoado.

5. Você deve saber o que está perdoando – não há atos encobertos de perdão.

6. Perdoar envolve lamentar pelo que foi perdido.

7. O perdão ocorre no contexto de limites saudáveis.

8. Você pode perdoar e não se reconciliar, mas não pode se reconciliar sem perdoar.

7

Perdoando e esquecendo

Nós todos conhecemos o velho ditado "perdoe e esqueça". Mas esquecer das coisas ruins que aconteceram com você é exatamente a coisa errada a fazer. Você deve trabalhar duro para se lembrar – e aceitar – o que aconteceu, a fim de que possa realmente perdoar.

Myra começou a chorar. Eu raramente ouvi alguém chorar tão profundamente. Estava perdido e não entendi essa explosão súbita; não tinha ideia do que tinha causado isso. Então me sentei em silêncio e esperei.

"Eu não posso, é isso", ela disse. "Eu simplesmente não posso".

"Você não pode o quê?", perguntei gentilmente.

Silêncio. Até agora, em nossas conversas, eu tinha descoberto que o pai de Myra tinha abusado dela, física e sexualmente, desde seus 11 anos, até que ela fugiu de casa aos 17 anos. Mais tarde, Myra havia se casado com um bom homem chamado Greg, um viúvo com um filho. Eles agora tinham uma filha. O casamento era bom. Eles pareciam uma família feliz.

Myra tinha chegado a mim para aconselhamento, porque queria se livrar da amargura e do ressentimento que sentia por seu pai. Tínhamos nos encontrado algumas vezes, e ela parecia estar enfrentando sua infância infeliz. Mas hoje, antes mesmo de começar, as lágrimas começaram a fluir.

"Myra, *o que* você não pode fazer?", perguntei novamente. Ela lentamente levantou a cabeça e olhou para mim com os olhos cheios de lágrimas. "Eu não posso esquecer o que ele fez comigo", ela soluçou. "Eu tentei. Eu realmente tentei. Mas não posso!" Ela enterrou a cabeça entre as mãos e chorou baixinho.

Esperei um momento, e então disse simplesmente: "Mas, Myra, você não tem que esquecer".

Ela olhou para mim de novo, um olhar perplexo no rosto. "Diga isso de novo", disse ela.

"Você não tem que esquecer o que seu pai fez com você", eu repeti.

"Mas... então como eu posso... quero dizer...", ela gaguejou.

"Myra, quem lhe disse que você tinha que esquecer o que aconteceu?"

Ela se encostou na cadeira, muito confusa agora. "Porque – porque a Bíblia diz que sim. Não é?"

"Eu nunca li isso em lugar algum da Bíblia", eu disse.

"Mas... deve. Quero dizer... as pessoas da igreja... todo mundo diz..."

"Eu sei", eu disse. "Todo mundo diz: 'Perdoe e esqueça'. Esse é um ditado muito antigo, e é encontrado na maioria das culturas, Myra. Mas definitivamente não vem da Bíblia. E, para dizer a verdade, não é um bom conselho. Você não deve esquecer o que aconteceu. Eu quero que você se *lembre*".

Myra apenas ficou sentada lá. Ela, obviamente, não sabia o que fazer com o que eu estava dizendo.

"Ouça", eu disse. "Alguma vez você já queimou os dedos?" Ela balançou a cabeça em silêncio. "E isso machuca, não é?" Ela balançou a cabeça novamente. "Bem, Myra, o que aconteceria se você logo se esquecesse de como dói, ou de como você fez isso?"

"Acho que eu estaria sujeita a queimar os dedos de novo", disse ela. Eu podia ver a luz do entendimento começando a aparecer em seus olhos.

"É exatamente isso", eu disse. "Essa é uma das coisas que a nossa memória faz por nós. Ela nos ajuda a aprender com o passado, de modo que não tenhamos que repetir erros dolorosos."

"Agora, Myra", eu disse, "nós já conversamos muito sobre perdoar seu pai. Eu já lhe disse o quão importante é o perdão. Mas escute-me: eu quero que você perdoe o seu pai, mas eu não quero que você esqueça o ele fez. Perdoar não tem nada a ver com esquecer. Você entendeu? *Perdoar não tem nada a ver com esquecer*".

É fácil ficarmos confusos. A Bíblia diz repetidamente que Deus é capaz de perdoar e esquecer. Por exemplo, Deus diz: *Pois eu perdoarei os seus pecados e nunca mais lembrarei das suas maldades* (Jr 31.34). O escritor de Hebreus repete: *Não lembrarei mais dos seus pecados nem das suas maldades* (Hb 10.17). Mas nunca diz que devemos fazer o mesmo. Nós não podemos. Só ele pode. Uma razão pela qual Deus pode esquecer é que não há nada que ele precise se lembrar para aprender. Muitas vezes existe uma grande quantidade de informações importantes que podemos aprender por lembrar, mesmo que nós não queiramos nos lembrar.

Eu entendi como Myra se sentia. Eu me senti da mesma forma muitas vezes. Nós todos já nos sentimos assim, não? Queremos nos livrar da dor de coisas prejudiciais que aconteceram para nós, e achamos que a maneira de fazer isso é nos livrando da memória dessas coisas. Se pudermos trabalhar em nós mesmos para acreditar que o incidente doloroso nunca aconteceu, então ele não pode mais nos machucar.

Ou pode? O fato é que, muitas vezes, os efeitos nocivos de feridas anteriores ficam conosco, *quer nos lembremos conscientemente das feridas propriamente ditas ou não*. É por isso que dizemos que lembrar, não esquecer, é a chave para o perdão. Somente quando entendemos bem claramente o que, de fato, aconteceu conosco, podemos lidar com isso de forma eficaz.

Podemos fazer conexões entre as atuais dificuldades e as experiências dolorosas do nosso passado. A forma como um amigo nos trata hoje pode desencadear memórias da forma como nossos pais ou irmãos nos tratavam anos atrás. Essas memórias, por sua vez, podem revelar conexões com outras mágoas do passado. Muitos dos problemas que as pessoas trazem ao aconselhamento são causados por coisas em seu passado que precisavam se lembrar claramente antes que pudessem lidar com eles.

Veja a Carol, por exemplo. Por tanto tempo quanto consegue se lembrar, ela se sentiu abandonada e traída. É uma pessoa muito disciplinada, especialmente nos relacionamentos. Evita dar muito de si para os outros. Sempre que alguém lhe promete algo, imediatamente começa a esperar que a pessoa falhe com ela.

Quando se casou, apenas seis meses depois ela começou a ser atormentada por temores de que seu marido iria deixá-la. Começou a suspeitar de que ele estivesse se encontrando com outras mulheres e o acusava disso regularmente. Se ele se atrasava um pouco que fosse para chegar em casa, ela exigia uma prestação de contas de seu tempo. Não surpreendentemente, o marido começou a se encontrar com outras mulheres, e acabou por deixá-la.

Cinco anos mais tarde, Carol conheceu Randy. Eles se apaixonaram. Randy percebeu que ela parecia um pouco possessiva, mas não deixou que isso o incomodasse – no início. Conforme o tempo passava, porém, o comportamento desconfiado e possessivo de Carol foi se agravando mais e mais. Finalmente, Randy se cansou. "Eu preciso de um pouco de espaço!", ele gritou durante uma discussão. "Eu preciso ser capaz de viver a vida sem ter que lhe dar satisfações a cada minuto".

Carol percebeu que estava novamente à beira de destruir um relacionamento que significava muito para ela, por causa de atitudes e ações que ela não entendia nem controlava. Foi quando ela veio pedir ajuda.

Enquanto conversávamos sobre os antecedentes familiares de Carol, ela finalmente foi capaz de se lembrar um pouco da dor de sua infância. Carol cresceu em uma família com dois pais que trabalhavam. A mais velha de três filhos, ela acabou assumindo grande parte da responsabilidade por seus dois irmãos. Via pouco seus pais, exceto nos fins de semana. Então, seus pais se divorciaram, e seu pai se mudou para fora do Estado.

"Sabe, eu sempre tentei não pensar em tudo isso", disse ela. "Deixar tudo para trás, entende? Acho que eu não gosto de pensar sobre a infância miserável que eu tive. Mas agora vejo a conexão entre o que aconteceu naquela época e o que acontece comigo agora. Eu nunca superei ser abandonada pelos meus pais, não é?"

Essa lembrança foi o início do processo de cura para Carol. Ao se lembrar de suas feridas do passado, ela começou a ser capaz de identificar e liberar sentimentos negativos. Carol vai sempre se lembrar como seus pais falharam com ela e a prejudicaram quando era mais jovem. Mas essas feridas não vão incapacitá-la mais. Porque ela estava disposta a se lembrar delas, foi capaz de superá-las.

> *Você saberá que o perdão começou quando se lembrar de quem o machucou e sentir o poder de desejar-lhes o bem.*
>
> LEWIS B. SMEDES, *FORGIVE AND FORGET: HEALING THE HURTS WE DON'T DESERVE* [28]

É assim que funciona o perdão. O passado ainda está conosco, mas agora está realmente no passado. Ele não tem mais controle sobre o que acontece no presente. Seu poder de dominar nossas vidas acabou. Perdoar não significa esquecer, mas tira do passado seu poder de nos machucar.

Um amigo psicólogo certa vez disse: "Aqueles que tentam isolar-se do passado não têm futuro". O que ele quis dizer foi o seguinte: quando ignoramos o passado, ou tentamos esquecê-lo, seu poder sobre nós, na verdade, se torna mais forte. Algo "daquela época" continua sem solução e interfere com a nossa capacidade de funcionar no presente.

O perigo de esquecer

Sandy estava extremamente perturbada, e com razão. Seu pai tinha acabado de ser preso por molestar a filha dela, de oito anos. Enquanto conversávamos sobre sua dor com o que aconteceu à sua filha, pareceu-me que havia algo faltando.

Eu a interrompi e perguntei: "O que você não está me dizendo?"

Em seguida, as comportas de suas emoções se abriram e ela chorou amargamente. Finalmente conseguiu pronunciar as palavras: "Ele fez o mesmo comigo quando eu tinha essa idade!"

Quando ela recuperou o controle de suas emoções, perguntei-lhe: "Como você lidou com o que ele fez com você?"

Ela me contou sobre ter procurado um conselheiro cristão e trabalhado com a dor do que seu pai tinha feito a ela, e então ela o havia perdoado.

---

28 Lewis B. Smedes, *Forgive and Forget: Healing the Hurts We Don't Deserve* (New York: Harper & Row, 1984).

Ela disse: "Eu pensei que, como o havia perdoado, eu tinha que agir como se nunca tivesse acontecido". Isso é esquecer.

Eu permaneci em silêncio, e então ela disse: "Acho que porque eu esqueci, não protegi minha filha".

Às vezes é perigoso esquecer. Deus nos permite lembrar, para que possamos aprender alguma coisa no processo. Quando esquecemos, deixamos de aprender o que é importante.

Costumo ilustrar este ponto em meus seminários, pedindo aos participantes para imaginarem que há alguém na plateia que gosta de falar comigo, o palestrante, mas cada vez que se aproxima de mim, pisa no meu pé. Ele fica muito preocupado com isso, mas descobriu que, se ele pisa no meu pé e depois pede desculpas, eu o perdoo, e, em seguida, sua ansiedade desaparece. Agora podemos ter uma conversa agradável.

Após a quarta vez que isso acontece, quando ele vem falar comigo, eu digo: "Isso é perto o suficiente". (Você pode ver que eu aprendo devagar.)

Ele me olha com espanto e diz: "Dave, o que há de errado?"

Eu respondo: "Eu me lembro de você. Você é o único que gosta de pisar no meu pé".

Ele diz para mim: "Mas pensei que você tinha me perdoado".

Eu respondo: "Ah, eu o perdoei, mas aprendi algo sobre você. Você gosta de pisar no meu pé. Meu pé dói, e eu não quero que você pise de novo".

É claro que agora ele está novamente muito ansioso para conversar, mas isso é outra questão. Lembrei-me dessa pessoa e protegi meu pé.

A falta de confiabilidade da memória

O oposto do esquecimento pode ocorrer quando tentamos muito nos lembrar das coisas. Isso pode ser tão perigoso como a nossa tentativa de esquecer. No processo de tentar demais se lembrar, a pesquisa mostrou que sua mente pode criar memórias de coisas que nunca aconteceram. Ou sua mente pode adicionar a uma memória algo que não aconteceu. Pesquisadores descobriram que cada vez que me lembro de algo que aconteceu, pode e provavelmente será diferente do que a vez anterior que me lembrei do fato.

Uma maneira de pensar sobre gravar uma memória é que ela requer ajustar as conexões entre os neurônios em nosso cérebro. (Temos cerca de 100 bilhões de neurônios em nosso cérebro.) Esses neurônios se comunicam entre si pelo envio de mensagens através das aberturas estreitas entre os neurônios, chamadas sinapses. Quando arquivamos em nosso cérebro algo que queremos nos lembrar, ele tem que criar substâncias nestas sinapses para construir um "caminho de memória". Durante anos, acreditou-se que uma vez que um caminho de memória fosse construído, nunca mudava. Mas estudos mais recentes têm mostrado que recordar uma memória em particular, cria em nosso cérebro um processo muito semelhante como quando a memória foi gerada pela primeira vez. E é por isso que cada vez que nos lembramos de algo, pode haver algumas pequenas diferenças em comparação com a última vez.

Em outros estudos, foi demonstrado que, quando se faz perguntas sugestivas a uma pessoa sobre uma memória, de maneira que gere nela algumas dúvidas sobre o que está lembrando, quando perguntado mais tarde sobre a memória, a pessoa muitas vezes incorpora as ideias que foram sugeridas na entrevista.

É por isso que, em nossa busca para recuperar o passado, precisamos ter cuidado. Se tivermos manchas brancas nas nossas memórias de infância, é importante saber que, às vezes, elas permanecerão manchas brancas. Se pressionarmos muito para lembrar, podemos pensar que o que pensamos são memórias recuperadas, mas não são memórias verdadeiras. São criações do nosso cérebro imaginativo. Nossa cura só pode ser construída sobre o que sabemos com certeza.

Existem maneiras pelas quais você pode ajudar a si mesmo a lembrar-se dos fatos. Você pode conversar com seus irmãos para ver o que eles se lembram, especialmente seus irmãos mais velhos, se os tiver. Você pode olhar álbuns de fotos antigas e ver se algumas das fotos tiradas durante os períodos em branco de sua memória podem desencadear algo. Eu tive pessoas que trouxeram seus velhos álbuns de fotos para a sala de aconselhamento, onde olhamos as fotos juntos. É interessante o que outra pessoa pode ver em uma foto nossa em uma determinada idade.

É claro que a melhor maneira pela qual você pode proceder quando não consegue preencher as lacunas em sua memória é começar com as coisas que você está fazendo no presente que estão gerando sofrimento em sua vida. Carol começou com os comportamentos com os quais estava lutando no presente – seu ciúme, sua insegurança e sua insistência em saber cada movimento que seu marido fazia quando ele não estava com ela. A partir disso, ela voltou no tempo para outras situações que precederam seus casamentos nas quais lutou com temores semelhantes. À medida que se lembrava de emoções semelhantes em seu passado, ela foi capaz de conectar seus medos a experiências anteriores e, finalmente, preencheu o suficiente das lacunas em sua memória para se concentrar em seus problemas com o pai.

Tentando esquecer

Amigos bem-intencionados muitas vezes nos estimulam a tentar esquecer as coisas ruins que aconteceram. "Apenas deixe escorrer, como a água nas costas de um pato", dizem eles. "De qualquer maneira, não vale a pena perder seu tempo e energia com a pessoa que feriu você". Quando as pessoas dizem isso, estão na verdade dizendo que a nossa dor interior é trivial. Ora, nossa dor pode realmente parecer pouco significativa para outra pessoa. Mas, na realidade, para nós pode ser bastante profunda, especialmente quando entendemos as raízes dessa experiência dolorosa. Se assim for, temos que aprender a nos lembrar de maneira curativa, e não tentar esquecer.

De qualquer maneira, tentar esquecer o que nos aconteceu é praticamente impossível. É como tentar não pensar em alguma coisa. Tente isto: pelos próximos 30 segundos não pense em elefantes cor de rosa. Pense em alguma coisa que você gosta, mas não em elefantes cor de rosa.

Você pode fazer isso? Se você for como muitas pessoas, gastou todos os 30 segundos dizendo a si mesmo: "Eu não vou pensar em elefantes cor de rosa. Eu não vou pensar em elefantes cor de rosa. Eu não vou pensar em elefantes cor de rosa". O resultado, é claro, é que o próprio esforço para não pensar em elefantes cor de rosa tornou impossível pensar em qualquer outra coisa!

Tentar esquecer funciona exatamente da mesma maneira. Quanto mais você diz para si mesmo: "Eu não vou me lembrar do que meu pai fez para mim quando eu era mais jovem", mais firmemente a memória será plantada em sua mente.

Há uma palavra para o que acontece quando tentamos esquecer memórias dolorosas em vez de lidar com elas diretamente. A palavra é "negação". Quando negamos o que aconteceu conosco, nós realmente não o esquecemos, no sentido de tirá-lo inteiramente do nosso sistema. Nós apenas o embalamos e armazenamos em nosso congelador emocional. É como mentir para nós mesmos: ao dizer a nós mesmos que algo ruim não aconteceu, quando é claro que sabemos que aconteceu – estamos apenas nos enganando.

Esse autoengano nunca dura, e não nos livra das consequências prejudiciais do passado. Embora as memórias dolorosas sejam enterradas, ainda estão lá, continuam a ter seus efeitos sobre nós – como Carol descobriu.

"Você não vê?", disse Judy. "Se eu não me lembro, então é como se nada tivesse acontecido. Foi assim que eu levei minha vida por um longo tempo. Eu apenas não me lembrei..."

"Ou não *quer* se lembrar", acrescentou Alice. "Às vezes, apenas dói demais se lembrar."

"Se eu me convencer de que isso nunca aconteceu, então eu nunca terei que lidar com isso, não é?", disse Carrie. "Esse foi o meu método por muitos anos."

Essas três mulheres eram membros de um grupo que se reunia semanalmente para terapia. Todas as oito mulheres vieram de passados abusivos. Quatro haviam sido abusadas sexualmente. Todas tinham conhecido o trauma de crescer em famílias gravemente doentias. Quando o grupo começou, seis das oito mulheres tinham apenas vagas lembranças de suas vidas antes dos 10 anos. À medida que finalmente reconheceram, haviam empregado uma estratégia inconsciente para lidar com a dor do passado.

A perda de memórias de infância é bastante comum entre os adultos que foram gravemente feridos durante seus anos de crescimento. É, naturalmente, uma forma de negação. Mas a negação *pode* ser um processo útil no momento da ferida ou abuso. Especialmente quando somos jovens, pode ser nosso único meio de lidar com uma situação que não podemos compreender. "E deu certo", como Carrie disse uma vez. "Nós sobrevivemos, não foi?" Mas, enquanto a negação pode ser um artifício útil durante o trauma de infância, torna-se uma armadilha prejudicial mais tarde. Como adultos, não precisamos mais bloquear nossas memórias. Muito pelo contrário, muitas vezes precisamos de ajuda para descobrir a verdade e entrar em contato com o que aconteceu, e perdoar aqueles que nos causaram dor.

O processo de integração

As crianças vêm ao mundo sem medo da vida e nenhum preconceito contra os outros. Sua tarefa inicial, como vimos anteriormente, é formar uma ligação com uma figura que vai fazer do mundo um lugar seguro e de confiança – geralmente, a mãe. Em seu processo de pensamento subdesenvolvido, elas absolutizam as coisas: tudo é completamente bom ou completamente mau, tudo é certo ou tudo é errado. Elas não têm noção de nada além dos extremos. Mãe, é claro, completamente boa em sua visão. Ela é amorosa e carinhosa, a fonte inesgotável de tudo o que precisam e querem.

Mas no momento em que chegam à fase de engatinhar, começam a fazer algumas descobertas muito surpreendentes sobre a mãe. Começam a perceber que a maravilhosa fornecedora de todas as suas necessidades é a mesma pessoa que não veio para alimentá-las quando estavam com fome, ou não trocaram sua fralda quando estavam desconfortáveis.

Antes dessa descoberta, a pessoa que não fazia essas coisas estava simplesmente "lá fora". Não havia nenhuma identidade para a pessoa. Agora elas começam a fazer a conexão de que esta pessoa não identificada é a mesma mãe que é tão boa em cuidar deles. Começam a ver alguma maldade na mãe.

Crianças são assim confrontadas com um dilema terrível. Precisam desesperadamente que a mãe seja boa, a fim de manter o seu mundo assustador seguro. Como a mãe, que é – que deve ser – completamente boa, pode ser má? Crianças resolvem esse dilema, colocando a culpa – a maldade – em si mesmas.

Se o desenvolvimento emocional da criança progredir adequadamente, ela vai resolver esse dilema por um processo conhecido como *integração*. Durante esse processo, a criança vai começar a juntar coisas que pareciam incompatíveis para ela. Mãe não é apenas a "progenitora perfeita personificada"; ela é boa *e* má, certa *e* errada.

Esse processo de integração continuará enquanto nenhum trauma ou interferência acontecer. As crianças vão, gradualmente, entender que os pais são humanos. São capazes de cometer erros, de ficar com raiva, de fazer coisas erradas, mantendo-se capazes de amar e cuidar delas.

O que muitas vezes acontece com as crianças de famílias doentias é que o processo de integração entra em curto-circuito. Elas não desenvolvem a capacidade de ver que seus pais têm boas e más qualidades. Continuam a operar a partir de uma crença inconsciente de que as coisas devem ser completamente boas ou completamente más. Como veremos a seguir, isso resulta na rejeição dos pais ou – o que é muito mais provável – na idealização doentia dos pais.

Preto e branco?

As crianças não são capazes de reconhecer os efeitos nocivos decorrentes do comportamento disfuncional dos pais, especialmente em relação à sua mãe. Elas atribuem a "maldade" que experimentam em sua mãe a si mesmas.

Isso ajuda a ilustrar algo chamado "desvinculação", que é um dos mecanismos de defesa mais antigos que se desenvolve em crianças. É mais ou menos o oposto da integração: a incapacidade de ver que as boas e más qualidades podem coexistir na mesma pessoa.

"Levei muito tempo para perceber que a vida não era apenas preto ou branco", disse um homem. "Eu finalmente descobri que também existem áreas cinzentas. Na verdade, aprendi que a vida tem todos os tipos de vermelhos e verdes, e amarelos também."

Como vimos, uma das primeiras coisas que fazemos na vida é dividir a realidade em completamente bom e completamente mau. Se formos capazes de amadurecer emocionalmente, vamos ver que a vida não é tão facilmente categorizada. Somos capazes de integrar experiências aparentemente contraditórias. Quando somos impedidos de amadurecer emocionalmente, continuamos a forçar tudo em uma das duas categorias: completamente bom ou completamente mau. Quando os nossos pais estão em questão, a pressão é quase irresistível para considerá-los "completamente bons", apesar de seus problemas.

Não é difícil ver por que, quando olhamos para os pais através dos olhos de uma criança pequena:

- Os adultos são maiores.
- Os adultos são mais inteligentes.
- Os pais têm poder.
- Os pais podem machucar as crianças.

Se aceitarmos essas noções sobre os nossos pais – e quando crianças, nós realmente não temos outra escolha – então temos que concluir que eles sabem o que é melhor para nós, e que estão sempre certos. Essa tendência de ver nossos pais sempre como completamente bons é chamada de *idealização*.

A idealização muitas vezes ocorre em famílias que são muito religiosas, especialmente nos tipos de lares religiosos que atraem limites muito rígidos para definir atitudes e comportamentos aceitáveis e inaceitáveis. O alto valor que é colocado na família e no respeito pelos pais faz com que seja quase impossível para as crianças registrarem as falhas e fraquezas de seus pais.

Isso ficou claro para mim pela experiência de um pastor amigo meu, em Atlanta. Ele tinha 23 anos e tinha acabado de se instalar em sua primeira igreja. Desejando conhecer seus novos membros, fez combinou para visitar todos eles em suas casas.

Um dia, ele visitou três irmãs, todas solteiras, todas com quase sessenta anos. Elas moravam juntas em uma grande casa construída por seu pai. Ele morreu quando elas eram jovens, e sua mãe as tinha criado. Ela tinha falecido há pelo menos 15 anos na época em que o meu amigo pastor entrou em cena. Mas, como ele descobriu, ela ainda era uma presença poderosa em suas vidas.

As irmãs levaram o pastor para a sala de estar, que era dominada por uma grande pintura de uma mulher de meia-idade. "Essa é a nossa mãe", uma das irmãs disse em voz baixa.

"Uma santa", disse a segunda irmã.

"A mãe perfeita", acrescentou a terceira.

Por cerca de 40 minutos a conversa girou em torno da mãe angelical. O jovem pastor nunca tinha encontrado nada parecido, e ele ficou estarrecido com sua adoração. No entanto, ele não podia acreditar que alguém pudesse ser assim *tão* maravilhoso.

Mais tarde, ele mencionou sua experiência a um dos membros mais velhos da congregação, que se tornou um amigo e confidente. O homem riu. "Ora, a mãe delas era tão má como uma mulher pode ser", disse ele. "Conduzia suas vidas como uma ditadora. Acho que ela nunca as deixava namorar ou desenvolver quaisquer amizades verdadeiras."

Os filhos adultos que praticaram esse grau de desvinculação e idealização tendem a ser conduzidos pelo medo. Primeiro, há o medo de ser abandonado. "Eu estava sempre com medo de que minha mãe nos deixasse", uma mulher lembrou. "Quando fazíamos algo ruim, ela ameaçava sair e nunca mais voltar. Lembro-me de muitas tardes quando corri para casa depois da escola com medo de que a casa estivesse vazia quando eu chegasse lá. Ela nunca realmente nos deixou, mas eu sempre temia que ela o fizesse."

Essas crianças também temem a perda de controle ou perda de autonomia. Para crianças que estão crescendo em uma família disfuncional, o controle é muito importante. É a única resposta para o caos que as rodeia. O problema, claro, é que nenhum de nós pode controlar a vida totalmente, e, quanto mais tentamos, mais fora de controle nos sentimos. Mas o medo de perder o controle nos leva a nos esforçarmos mais, apesar do sofrimento e frustração que isso causa.

Culpando a nós mesmos

Crianças precisam da proteção dos adultos em suas vidas, alguém que possa amá-los e ajudar a orientá-los para o mundo ao seu redor. Quando crianças crescem em lares doentios; quando essas necessidades básicas não são satisfeitas; quando são abusadas, negligenciadas, exploradas ou enganadas, elas sofrem dano e seu desenvolvimento sofre um curto-circuito.

A culpa por tudo isso tem que estar em algum lugar. Se uma criança idealiza seus pais, a criança torna-se o único alvo disponível. As crianças crescem pensando que *elas* são más. Mesmo que outros tentem dizer-lhes que são boas, interiormente, elas não acreditam nisso. Como poderia ser verdade? As outras pessoas simplesmente não percebem quão terríveis elas realmente são. "Eu tenho dificuldade sempre que alguém diz: 'Eu te amo' ", explicou uma mulher. "Em nossa família, sempre que eu ouvia essas palavras, isso significava que estavam prestes a se aproveitar de mim."

A reação normal a esse tipo de ferida deveria ser raiva. Mas como crianças em ambientes nocivos são frequentemente proibidas de expressar a raiva – ou são muito jovens ainda para perceber o que está acontecendo com elas – reprimem seus sentimentos e negam as lembranças do que lhes aconteceu.

Mas mesmo quando a negação exclui a origem da dor, os sentimentos de raiva, desamparo, desespero, desconfiança, medo de rejeição, abandono, ansiedade e dor ainda estão presentes. Podem aparecer como distúrbios psicológicos ou em comportamentos autodestrutivos como o abuso de substâncias tóxicas ou suicídio. Quando esses filhos adultos se tornam pais, podem se vingar em seus próprios filhos pelos maus-tratos que receberam na infância. Ou suas emoções negativas não resolvidas podem encontrar expressão em atos destrutivos contra os outros, mesmo levando a um comportamento criminoso.

Quando se permite que a negação continue na vida adulta, ela abre a porta para muitos problemas. A resposta para esses problemas é nunca esquecer. É se lembrar que torna a cura e a liberdade possíveis.

*Nem tudo que se enfrenta pode ser modificado, mas nada
pode ser modificado até que seja enfrentado.*
JAMES BALDWIN

Aceitação

A chave para se lembrar é a *aceitação*. Precisamos aceitar a realidade do que aconteceu conosco, para que possamos lidar com isso. Um homem disse que seu pai batia nele pelo menos duas vezes por semana, enquanto ele estava crescendo. Mais tarde, quando já era um adulto vivendo por conta própria, ele ia visitar seu pai e tentava não se lembrar das coisas terríveis que haviam acontecido nos anos passados. Mas ele não conseguia. Pensava nos lugares onde as agressões aconteciam, o cinto que seu pai tinha usado e até mesmo a lâmpada que tinha caído e quebrado durante um incidente. "Tentar não lembrar não ajudou", disse ele. "Ele me batia. Aquilo aconteceu."

Aceitar a realidade do que aconteceu no passado é especialmente difícil – e especialmente importante – para vítimas de abuso sexual. Um homem disse: "Eu fiquei pensando que devia estar inventando isso. Minha irmã mais velha nunca teria feito tais coisas comigo". Ele tentou durante anos se convencer de que os ataques nunca aconteceram. Mas não deu certo. No final, ele teve que dizer: "Ela fez isso. Aconteceu. Eu posso aceitar isso agora".

Este homem aceitou a realidade de sua dor. Ele aprendeu que não poderia haver liberdade sem essa aceitação. O perdão só pode ocorrer depois de termos reconhecido e aceitado que existe algo a ser perdoado.

Devemos aceitar o fato de que nos machucamos. Nós sofremos por causa das ações de outra pessoa. O pior é que essa "outra pessoa" é geralmente muito próxima a nós, alguém com quem temos uma ligação forte e duradoura: nossos pais, nossos irmãos, nossos cônjuges, nossos filhos, nossos amigos. Ocasionalmente quem nos machuca é alguém mais distante, ou alguma entidade impessoal, como uma organização. A escolha é sempre a mesma: aceitar a realidade ou negá-la. Negá-la – reprimi-la, guardando-a dentro de nós – só intensifica o ressentimento e interrompe o processo de cicatrização.

O que aconteceu conosco, aconteceu. Nossos pais nos machucaram. Nossos amigos nos decepcionaram. Nossos vizinhos nos trataram mal. Nossos colegas de trabalho nos enganaram. Não podemos mudar esses fatos. Eles permanecerão assim por toda a eternidade. Mas com a ajuda de Deus, nós *podemos* mudar o *significado* desses fatos. Isso acontece por meio do processo do perdão.

Em seu livro *Importe-se o bastante para confrontar*[29], David Augsburger diz: "O perdão é uma jornada de muitos passos". Essa pequena frase resume muito do que eu tenho dito. Por mais que quiséssemos que o perdão fosse rápido e fácil, é um processo. É uma jornada que pode ter muitos passos. O primeiro – escolher perdoar, escolher não ficar com a promissória emocional – é importante e não deve ser menosprezado. Mas os outros passos também são importantes, e não devemos passar por cima deles.

Podemos aprender muito com o perdão. Ser ferido por alguém nos ensina a nos protegermos e desconfiarmos dos outros. O perdão, porém, apresenta-nos uma escolha de como responder. Podemos eliminar o que aconteceu, estendendo um perdão superficial, terminando amargos e ressentidos. Ou podemos escolher o caminho do verdadeiro perdão e aprender lições ao longo do caminho que vão moldar nossas vidas para melhor.

Se formos levar a sério os princípios de Deus, veremos que o perdão não é opcional; é essencial. O que é opcional é se vamos escolher o caminho rápido e fácil do perdão superficial, ou o mais difícil, mas mais gratificante caminho do perdão genuíno.

Muitos judeus celebram a *Kristallnacht* (Noite dos Cristais) todos os anos em novembro, no aniversário da noite de 1938, quando os nazistas quebraram os vidros das sinagogas por toda a Alemanha. Há alguns anos, participei de um culto *Kristallnacht*. Entre os que falavam estavam dois sobreviventes dos campos de concentração nazistas.

---

29 David Augsburger, *Importe-se o bastante para confrontar: como entender e expressar seus sentimentos mais profundos em relação aos outros.* (Cristã Unida, 1992) (N. de Tradução)

A primeira a falar, uma mulher curvada com um rosto profundamente enrugado, contou em uma voz calma e controlada as terríveis desumanidades que sofrera. Ela chorou só quando contou como o marido e o filho tinham sido enviados para as câmaras de gás, enquanto ela ficou parada, observando, impotente. Quando concluiu, ela endireitou-se, olhou para nós e disse: "Nós perdoamos os alemães. Mas não podemos esquecer nunca".

Eu pensei comigo mesmo: *ela entende o que* é o *perdão*. Não tem nada a ver com esquecer. O poder reside no fato de que nós perdoamos *mesmo que ainda nos lembremos*. Se pudéssemos realmente esquecer, não poderíamos perdoar. Como podemos perdoar uma ofensa que não estamos nem mesmo cientes de ter sofrido? O poder do perdão é que, mesmo em face da realidade inescapável, ele nos liberta da raiva interior, do ressentimento, da busca por vingança que nos corrói e, no final, irá nos destruir se não perdoarmos.

Pontos-chave para lembrar:

1. Não é uma característica humana perdoar e esquecer.

2. Pode ser perigoso esquecer.

3. Memórias podem não ser confiáveis, por isso precisamos ter cuidado com nossas lembranças.

4. Olhar para o que não está funcionando em sua vida hoje lhe dá pistas sobre experiências anteriores que foram dolorosas e tiveram efeito sobre você.

5. Lembrar pode ser doloroso, mas a meta é a aceitação.

8

O que a raiva tem a ver com isso?

Muitas pessoas ficam desconfortáveis com a raiva. Foram ensinadas que ficar com raiva é sempre errado – que "pessoas legais" não ficam com raiva. Na verdade, a raiva é uma reação humana normal quando se é ferido. E trabalhar sua raiva é uma parte importante do perdão.

Você concorda ou discorda da seguinte afirmação: *Sem raiva, a maior parte do perdão é superficial. O perdão genuíno inclui quase sempre a raiva.*

Uma longa experiência em ajudar as pessoas a lidarem com questões familiares disfuncionais me leva a *concordar* com essas afirmações. No entanto, isso incomoda muitas pessoas. Elas tendem a ter certa desconfiança com a raiva e ficam especialmente desconfortáveis ao conectá-la com algo como o perdão. Mas o fato é que a raiva e o perdão tendem a estar intimamente ligados. Na maioria dos casos, não podemos perdoar verdadeiramente até que tenhamos lidado com a nossa raiva. Dito de outra maneira, trabalhar com a raiva é muitas vezes um passo crucial no processo de perdão.

Muitas ideias confusas circulam sobre a raiva. Muitos de nós fomos educados para acreditar que toda raiva é errada, até mesmo pecaminosa. Mas a raiva é um fato da vida. Ela acontece conosco. Nós a experimentamos. O que fazemos então? Muitos de nós fazemos jogos de palavras com ela. Dizemos que estamos "um pouco irritados" ou "fora de si" ou "um pouco chateados". Não medimos esforços para evitar vir a público e dizer: "Eu estou simplesmente *louco de raiva*".

Mas o fato é que muitas vezes nós *estamos* simplesmente loucos de raiva, e não há necessariamente nada de errado com isso. A emoção da raiva, em si, não é errada. Deixe-me dizer isso novamente, para ter certeza de que você entendeu: a emoção da raiva, em si, não é errada. Ela apenas é. É parte do "equipamento padrão" que vem com ser um ser humano. Está lá para ajudar a nos proteger quando somos ameaçados. É o que *fazemos* com a nossa raiva que faz com que seja certa ou errada, boa ou má, saudável ou doentia.

Podemos *usar* nossa raiva de forma errada, ou *expressá-la* de maneira doentia. Um exemplo simples é quando perdemos as estribeiras com alguém que amamos sem justa causa. A raiva doentia nos separa das pessoas que amamos e com quem queremos estar.

Mas também podemos usar nossa raiva para fins saudáveis. Por exemplo, a raiva pode nos estimular a superar algum desafio ou obstáculo. Quem entre nós não teve a experiência de ficar bravo com algum problema difícil, e descobrir que a energia produzida por essa raiva nos leva a superar o problema?

> *A raiva saudável nos leva a fazer algo para mudar o que nos fez ficar com raiva; ela pode nos dar energia para tornar as coisas melhores. O ódio não muda as coisas para melhor; ele torna as coisas piores.*
>
> LEWIS B. SMEDES, *FORGIVE AND FORGET: HEALING THE HURTS WE DON'T DESERVE*[30]

Podemos ter dificuldade em aceitar a noção de que a raiva é uma parte normal, inevitável da vida. Fomos cuidadosamente ensinados que a raiva é sempre errada, que as pessoas boas não ficam com raiva.

Absurdo. O simples fato da questão é que as pessoas boas ficam com raiva o tempo todo. O problema é que essas pessoas muitas vezes não

---

30 Lewis B. Smedes, *Forgive and Forget: Healing the Hurts We Don't Deserve* (New York: Harper & Row, 1984), p. 21.

percebem que estão com raiva, ou não *sabem* o que fazer com sua raiva. Falaremos mais sobre esses problemas à medida que avançarmos.

Mas, para repetir o que dissemos antes: a raiva não é errada, em si e por si. A capacidade de sentir e expressar a raiva é parte do que significa ser um ser humano saudável. Quando nos deparamos com alguém que parece ter perdido a capacidade de sentir ou expressar raiva, ou que se tornou especialista em guardar sua raiva dentro de si, reconhecemos isso como um problema, e não como uma virtude.

Raiva como uma virtude

Boas pessoas ficam com raiva. Até mesmo Jesus ficou. Leia esta passagem do Evangelho de Marcos:

> Jesus foi outra vez à sinagoga. Estava ali um homem que tinha uma das mãos aleijada. Estavam também na sinagoga algumas pessoas que queriam acusar Jesus de desobedecer à Lei; por isso ficaram espiando Jesus com atenção para ver se ele ia curar o homem no sábado. Ele disse para o homem: "Venha cá!" E perguntou aos outros: "O que é que a nossa Lei diz sobre o sábado? O que é permitido fazer nesse dia: o bem ou o mal? Salvar alguém da morte ou deixar morrer?" Ninguém respondeu nada. Então Jesus olhou zangado e triste para eles porque não queriam entender. E disse para o homem: "Estenda a mão!" O homem estendeu a mão, e ela sarou. Logo depois os fariseus saíram dali e, junto com as pessoas do partido de Herodes, começaram a fazer planos para matar Jesus.(Mc 3.1-6)

Aqui encontramos Jesus confrontando um homem aleijado que quer ser curado. É inacreditável que um grupo de líderes religiosos não queira que Jesus o cure, porque, de acordo com seu entendimento da lei de Deus, é o dia errado da semana. Vemos Jesus responder à situação com toda a gama de emoções humanas. Certamente ele deve ter sentido compaixão para com o homem com a mão atrofiada. Mas o que ele sente em relação aos líderes religiosos? A Bíblia diz que estava "triste porque não queriam entender". Também diz que ele olhou para eles *zangado*.

Aqui, novamente, vemos a raiva saudável que serve a um bom propósito. Jesus a usa para comunicar seu desagrado aos líderes religiosos. Também parece usá-la para energizar a si mesmo a fim de passar por cima de sua oposição e curar o homem.

Paulo também escreveu algumas coisas úteis sobre a raiva. Grande parte do conteúdo de suas cartas no Novo Testamento tem a ver com sabedoria para a vida diária. Em uma carta à igreja de Éfeso, Paulo diz que todos os cristãos pertencem, de alguma forma, a um só povo. Ele, então, passa a dar conselhos práticos sobre como viver juntos como parte de uma família unida, incluindo as seguintes palavras: *Por isso, deixando a mentira, fale cada um a verdade com o seu próximo, porque somos membros uns dos outros. Irai-vos e não pequeis; não se ponha o sol sobre a vossa ira, nem deis lugar ao diabo.* (Ef 4.25-27 – RA)

Observe a frase "irai-vos e não pequeis". Essa frase também pode ser traduzida como: "Fique com raiva, mas não peque". Paulo parece estar dizendo:

- Há uma diferença entre "raiva" e "pecado".
- É possível ficar com raiva, *sem* pecar.
- Há momentos em que é realmente bom para nós ficar com raiva, desde que não pequemos ao fazê-lo.
- Alguns momentos de raiva podem ser pecado, e alguns não.

A frase "não deixem que isso faça com que pequem" é, na verdade, uma citação de Salmos: *Irai-vos e não pequeis; consultai no travesseiro o coração e sossegai* (Sl 4.4 – RA).

A imagem de deitar nas nossas camas à noite, em silêncio, buscando nossos corações, ajuda a dar sentido à advertência de Paulo: "Não se ponha o sol sobre a vossa ira". Por um lado, podemos tomar isso literalmente. Paulo adverte que a raiva é uma força destrutiva, tanto em termos de nossa saúde espiritual quanto de nossos relacionamentos, e devemos ter como nossa prioridade lidar com isso. Se possível, devemos tentar esclarecer o que quer que esteja entre nós e a pessoa com quem estamos zangados. Isso nem sempre é possível, é claro. Talvez você tenha visto o desenho do casal cochilando no escritório do conselheiro matrimonial. O marido levanta a cabeça e, com olhos vermelhos, diz: "Bem, você nos disse para não ir para a cama com raiva, por isso não temos dormido há uma semana".

Se não podemos resolver a nossa raiva a nível interpessoal, devemos pelo menos lidar com ela em termos de nossas próprias emoções, colocá-la para fora para que o veneno não apodreça dentro de nós. Apresentei nos capítulos anteriores como "expressar" sentimentos nesse sentido: escrevendo seus sentimentos, compartilhando-os com um amigo, até mesmo vocalizando-os para si mesmo.

> *O ressentimento é como um veneno que carregamos dentro de nós com a esperança de que, quando tivermos a chance, possamos depositá-lo onde irá prejudicar a pessoa que nos feriu. O fato é que nós carregamos esse veneno com um risco extremo para nós mesmos.*
>
> BERT GHEZZI, *THE ANGRY CHRISTIAN*[31]

Isso nos ajuda a compreender, de maneira um pouco mais figurativa, as palavras de Paulo. Podemos ouvi-lo dizendo: "Não deixe sua raiva ir para a escuridão – para aquele lugar onde você não pode vê-la, ou senti-la ou até mesmo reconhecer sua existência". Nós já vimos o quão prejudicial pode ser reprimirmos nossos sentimentos; a raiva pode ser um dos sentimentos mais nocivos para reprimir. É como se fosse um ácido que nos corrói por dentro.

A raiva que é deixada sem solução ou enterrada na escuridão da negação se enraíza e produz amargura e ressentimento. Quanto mais adiamos o momento de lidar com a raiva, mais amargura e ressentimento ela gera, e mais difícil se torna para nós entrar em contato com sua existência e limpá-la de nossos corações. Uma vez que estejamos conscientes de que estamos com raiva, saberemos imediatamente que devemos, pelo menos, iniciar o processo de perdão e manter a nossa raiva à luz do dia, onde podemos lidar com isso.

---

31 Bert Ghezzi, *The Angry Christian* (Ann Arbor, MI: Servant Publications, 1980), p. 99.

Com raiva? Eu?

Um dos principais problemas gerados pela raiva é que, às vezes, nem percebemos que *estamos* com raiva. Isso é especialmente verdadeiro para as pessoas que acreditam que a raiva é sempre errada ou pecaminosa. Elas nem sequer se permitem tomar consciência de que estão experimentando raiva. Em vez disso, a reprimem, dão-lhe um nome diferente ou fingem que não ela existe.

Durante o almoço no refeitório da empresa, John ouviu quando Brian contou a ele sobre uma situação que aconteceu em seu escritório naquela manhã. O chefe de Brian tinha entrado, batido a porta e começado a gritar perguntas e acusações.

"Parece uma cena horrível", disse John, balançando a cabeça. "O que você disse?"

"Dizer? Eu não disse nada". Brian encolheu os ombros. "Eu não tive chance de dizer uma palavra. Estava tentando explicar o que aconteceu, mas era óbvio que ele realmente não queria ouvir. Só queria descarregar."

"Então você tem isso claro", perguntou John.

"Bem, ele finalmente se acalmou e eu consegui explicar um pouco", disse Brian. "Ele só sabia a metade da história e, mesmo assim, bem imprecisa. Mas isso realmente não importa. Como eu disse, ele só queria descarregar em alguém. Aconteceu de eu ser a pessoa mais próxima. Azar meu."

"Então, como você se sente agora?", perguntou John.

"Bom... acho que estou bem", Brian suspirou. "Eu estava muito incomodado esta manhã. Mas acabou e passou agora, eu acho. Eu já perdoei".

Brian começou a falar sobre outra coisa, mas John levantou a mão. "Espere um segundo", disse ele. "O que quer dizer, você o perdoou? Você não soa como se tivesse perdoado. Na verdade, ainda parece muito zangado para mim."

Brian olhou para ele com uma expressão confusa. "Eu pareço? Quer dizer, eu estava com raiva no início, mas..."

"Só ouça a você mesmo", disse John. "Sua voz, a expressão em seu rosto, até mesmo a maneira como você está sentado – me parece que você ainda está com raiva, e tudo bem."

"Acho que você está certo. Eu ainda estou chateado", Brian admitiu. "Muito do que ele disse realmente me atingiu. Quer dizer, eu sabia que ele tinha os fatos errados, e não havia nada que eu pudesse fazer sobre isso. Mas como eu disse, já passou, então eu só preciso perdoar e seguir em frente."

John sorriu. "Mas é exatamente isso, Brian. Você está à frente de si mesmo. Você precisa processar a raiva e a mágoa para que o perdão seja real". Foi preciso que seu amigo John falasse que Brian ainda estava com raiva, e que não processar sua raiva iria limitar sua capacidade de realmente perdoar e seguir em frente. Este não é um cenário incomum. Às vezes precisamos ter nossa raiva mostrada a nós, seja por um amigo ou um conselheiro.

Certa vez, entre as sessões em uma conferência, ouvi um dos líderes gritar com outra pessoa com raiva óbvia. Sua voz era estridente e suas palavras eram duras. Foi desagradável ouvir – imagine ser o alvo disso!

Mais tarde naquele dia, tive a chance de conversar com o homem que tinha feito a gritaria. Mencionei que tinha ouvido o que aconteceu. "Ah, isso", disse ele. "Foi apenas uma daquelas coisas que acontecem às vezes. Não é grande coisa."

Não é grande coisa?, pensei comigo mesmo. *Com certeza soou como uma grande coisa para mim.* "Diga-me", eu falei, "o que você estava sentindo enquanto estava... uh... *falando* com ele?"

"Sentindo?", disse ele, olhando para mim com curiosidade. "Eu não sei. Não estava sentindo nada. Havia algumas coisas que eu precisava dizer a ele, e..."

"Você não sentiu raiva?", interrompi.

"Ah, não", ele disse rapidamente. "Não, não mesmo. Eu não estava com raiva. Eu estava apenas...", ele deixou a frase no ar.

Enquanto conversávamos, ficou claro para mim que ele estava convencido de que a raiva era ruim. Devido a isso, ele não podia admitir para mim, ou para si mesmo, que tinha ficado com raiva. Acredito que ele foi totalmente sincero no que me falou. No entanto, eu tinha visto um homem cujo rosto estava corado, cuja voz trovejava, cujas mãos tremiam e cujas palavras poderiam ter descascado a tinta das paredes. Ele era um caso clássico de alguém que *experimenta* raiva sem ser capaz de *reconhecê-la*.

Vic tinha vindo me ver por causa da depressão de longa data que sofria. Ele tinha ido a um terapeuta várias vezes, tentando quebrar a influência que ela tinha sobre ele, mas sem muito sucesso.

De alguma forma, nós começamos a falar sobre seu pai, que morreu quando Vic tinha apenas 10 anos. Vic não podia falar sobre o seu pai sem chorar, mesmo que ele tivesse morrido há quase 30 anos. Parecia claro que a morte de seu pai estava, de alguma forma, ligada à sua depressão.

Talvez a consequência mais prejudicial de ser baseado na vergonha é que não sabemos quão deprimidos e com raiva realmente estamos. Nós realmente não sentimos o nosso luto não resolvido. Nossa falsa autodefesa e defesa do nosso ego nos impedem de vivê-lo. Paradoxalmente, as próprias defesas que nos permitiram sobreviver ao nosso trauma de infância já se tornaram barreiras para o nosso crescimento.

JOHN BRADSHAW, HEALING THE SHAME THAT BINDS YOU[32]

Em um determinado momento, eu perguntei a Vic se ele já tinha ficado com raiva com o pai por ter morrido. Ele olhou para mim com uma expressão chocada, como se eu tivesse violado algo sagrado. "Com raiva?", disse. "Como eu poderia estar com raiva dele? Ele não morreu de propósito."

Eu concordei, mas passei a explicar que a maior parte do processo de luto tem a ver com trabalhar a raiva, incluindo a raiva contra o falecido por ir embora. Vic ouviu atentamente por um tempo, então encerrou o assunto com um aceno de mão, dizendo que via qualquer ligação entre sua depressão e raiva.

Várias sessões mais tarde, eu trouxe o assunto novamente. Desta vez Vic admitiu que o que eu tinha dito o incomodou. Se ele realmente pensou sobre isso, talvez *houvesse* um pouco de raiva lá afinal. Mas não com seu pai. Com os médicos, talvez, ou até mesmo com Deus. Mas não o pai!

---

[32] John Bradshaw, *Healing the Shame that Binds You* (Deerfield Beach, FL: Health Communications, Inc., 1988), p. 137.

Decidi tentar outra tática. "Deixe-me perguntar uma coisa, Vic", eu disse. "O que você acha que perdeu por seu pai ter morrido enquanto você era tão jovem?" Ele pensou por um tempo. Então começou a listar uma série de coisas que tinha perdido por não ter tido um pai: alguém para assistir seus jogos da liga júnior, alguém para ajudá-lo com sua lição de casa, alguém para contar-lhe sobre as meninas, alguém para guiá-lo nas maiores decisões da vida, e assim por diante. Vic continuou por algum tempo.

Quando ele terminou, eu calmamente comentei: "Sabe, acho que eu estaria com raiva de alguém que tirou todas essas coisas de mim, mesmo que ele não tivesse a intenção de fazer isso". Eu podia ver a compreensão lentamente começar a aparecer nos olhos de Vic.

Mais tarde, depois que Vic foi capaz de identificar um pouco a raiva que tinha de seu pai, ele pôde falar sobre por que era tão difícil pensar em estar zangado com ele. Como muitas pessoas, Vic simplesmente não sabia como lidar com a raiva, tanto a sua própria quanto a de outras pessoas. Deixava-o desconfortável. Então ele apenas fingia que não existia. Como já vimos, ignorar as emoções fortes não as faz irem embora; só as leva mais profundamente no interior, onde elas continuam a nos afetar sem conscientemente percebermos.

Não foi nenhuma surpresa, então, que mesmo em sua vida adulta, Vic acabou tendo problemas com a raiva. Sempre que as coisas davam errado, ele a liberava com uma violência que o deixava se sentindo envergonhado e culpado. Expliquei-lhe que o autocontrole na área emocional é uma das coisas que um pai pode ensinar ao filho. "Outra coisa que eu perdi", disse ele.

Vic nunca teve noção da necessidade de perdoar o pai por nada. Ele o havia idealizado a tal ponto que o pai era praticamente um santo aos seus olhos. Apenas pensar em estar com raiva de seu pai era um absurdo. Pensar nele tendo que ser perdoado por qualquer coisa era inconcebível.

Confrontar-se com sua raiva não só deu a Vic a consciência de algumas perdas importantes que ele tinha sofrido na vida, mas também preparou o terreno para ele trabalhar um perdão importante a respeito de seu pai. E não porque seu pai tenha, no sentido estrito, feito nada de errado. Vic estava certo em dizer que a culpa de ter morrido não era de seu pai. Mas, mesmo sem perceber, Vic ainda estava com algumas notas promissórias contra seu pai – dívidas que ele precisava cancelar para o bem de sua própria saúde.

Raiva como reação, raiva como resposta

A raiva é um daqueles conceitos que ficam mais confusos quanto mais você os estuda. Uma das razões é que usamos a palavra em uma grande variedade de contextos. Eu fico com raiva porque o carro não funciona, com raiva do meu pai por ter morrido há 30 anos, irritado com a injustiça racial, porque há pessoas desabrigadas em uma terra tão próspera como a nossa.

Gosto de pensar na raiva de duas maneiras básicas: como *reação* e como *resposta*.

Reação é o que acontece em nós automaticamente, ou instintivamente, em resposta a alguns estímulos. Esta é a maneira pela qual tendemos a pensar na raiva como uma emoção. Alguém diz algo que nos fere, ou faz algo que nos faz mal, e a emoção da raiva brota dentro de nós. Não planejamos isso ou pensamos sobre isso, e não podemos impedi-lo. Acontece.

Resposta é o que *decidimos* fazer em resposta a algum estímulo. É, pelo menos até certo ponto, consciente e deliberada. Nossas reações acontecem conosco, mas nós escolhemos nossas respostas.

Obviamente, o mesmo estímulo pode dar origem tanto a uma reação quanto a uma resposta. Para dar um exemplo simples, digamos que você venha e, sem motivo aparente, me dá um tapa. Imediatamente, eu experimentarei uma reação: Meu rosto enrubesce e meus músculos ficam tensos. Eu começo a estourar: "Por que, você..."

Então eu paro e reflito sobre o que aconteceu. Observo minha reação. Também observo o contexto no qual você fez o que fez. Talvez houvesse alguma boa razão para você ter feito isso, ou alguma boa razão pela qual eu deveria deixar pra lá. Posso decidir que a resposta apropriada é simplesmente virar e ir embora. Ou que a resposta apropriada é confrontá-lo sobre o seu comportamento.

Se eu escolher a última resposta, provavelmente diríamos que estou expressando raiva em vez de paciência. A questão é simplesmente observar a diferença entre a reação – o que apenas acontece – e uma resposta – o que eu escolho fazer.

A raiva é uma reação humana normal para experiências como dor, medo e frustração. Quando alguém faz algo contra nós – intencionalmente ou não – a raiva é provavelmente uma das nossas primeiras e mais fortes reações.

Muitas vezes ajuda dar uma olhada mais de perto no que se passa dentro de nós quando temos uma reação de raiva. (Normalmente, é claro, temos que fazer isso bem depois do fato, quando tivermos esfriado um pouco!) Por exemplo, suponha que eu esteja ensinando em um seminário. Durante o período de discussão alguém chamado Herb menciona que não concorda com a minha opinião sobre a raiva. Ele está totalmente convencido de que a raiva é sempre errada. Em resposta, eu revejo com ele os pontos que ensinei até aqui: que a raiva não é intrinsecamente boa nem má, apenas um fato da vida; é nossa resposta que a torna boa ou má.

"Bem, lá vai você de novo, Dave", Herb estoura. "Você é o especialista. Você está sempre certo e todo mundo está sempre errado. Você acha que você é tão esperto. Bem, na verdade você é arrogante, pomposo e detestável."

O que acha que está acontecendo dentro de mim, enquanto Herb está falando? Primeiro, é claro, reconheço que estou sendo insultado. Isso vem como um choque. Eu me vejo como totalmente inocente, agindo com a mais pura das motivações, sem culpa alguma, sendo quem eu sou e dizendo o que eu sinceramente acredito. Arrogante? Pomposo? *Eu?*

Junto com isso vem a percepção de que Herb não me considera valioso o suficiente para merecer um tratamento melhor. Se ele me respeitasse, não falaria comigo assim na frente de outras pessoas. A mensagem que recebo é: "Você não conta, Dave".

Você pode imaginar que a esta altura estou começando a experimentar uma reação de raiva?

Agora, eu posso ser capaz de evitar essa reação. Se minha autoestima está em boa forma, e se eu tive uma boa noite de sono, posso ser capaz de simplesmente dizer a mim mesmo: *Bem, isso não é verdade. Eu não sou nenhuma dessas coisas ruins que Herb diz que eu sou. Ele só tem uma percepção errada de mim como pessoa.* Se for assim, eu posso muito bem evitar a raiva.

Mas, talvez eu não seja tão confiante, ou talvez minhas defesas estejam em baixa por algum motivo – talvez eu esteja me sentindo cansado ou com fome, ou não esteja me sentindo bem. Eu poderia ser tentado a acreditar nas coisas que Herb disse. *Talvez eu só tenha o que mereço*, eu poderia pensar em mim mesmo. Mas mesmo que eu faça isso, meu próximo pensamento é provável que seja: *Como ele ousa dizer isso na frente de todas essas pessoas!* Agora, a minha ira está gerando ressentimento.

Ou eu posso simplesmente rejeitar Herb e sua mensagem. *Isso é um absurdo. Ele não tem o direito de dizer essas coisas! Por que, eu deveria...* Agora, a minha raiva está em pleno voo.

Por quê? Porque Herb tocou em algo significativo. Ele conseguiu chegar até o meu eu interior, no núcleo do meu ser. Ele, para usar a expressão popular, pisou no meu calo.

Chamada em espera

Tudo isso nos ajuda a compreender a anatomia de uma reação. Mas a única razão de entendermos nossas *reações* é nos ajudar a selecionar uma *resposta* apropriada. Vamos supor que você esteja em uma situação em que pisaram no seu calo e sua reação de raiva está em pleno andamento. O que você deve *fazer* com a sua raiva? Existem quatro respostas básicas:

1. Você pode reprimir a emoção

Algumas pessoas podem ser insultadas, amaldiçoadas, podem gritar com elas, e parecem responder como uma rocha. No nível consciente, pelo menos, simplesmente não sentem raiva. Elas aprenderam, provavelmente desde pequenas, que não é seguro – ou simplesmente não vale a pena – permitir-se experimentar a emoção da raiva. Então, quando ela começa a aparecer, essas pessoas a empurram de volta. Elas a *reprimem*.

Raiva reprimida é semelhante ao recurso de chamada em espera no telefone. Com a chamada em espera, você pode conversar com uma pessoa no telefone e receber um alerta sonoro de que outra chamada está tentando entrar. Você pode continuar com sua conversa atual e tentar ignorar a segunda chamada. Mas o sinal sonoro periódico lembra que a chamada está lá, e fica cada vez mais difícil de ignorar.

Raiva reprimida é assim. Você pode ir em frente com sua vida como se ela não estivesse ali, tentando ignorá-la – mas ela está lá. Até que algo seja feito, ela não vai embora. Vai encontrar maneiras de "vazar" em forma de depressão, amargura, desconfiança, autopiedade, ansiedade, a pessoa torna-se crítica, e assim por diante.

Nos últimos anos, os médicos aprenderam que a raiva reprimida pode até contribuir para distúrbios físicos. Pesquisadores de câncer montaram o perfil do que eles chamam de "personalidade típica do câncer", traços que as pessoas com câncer parecem exibir a um grau extraordinariamente consistente em comparação com outras pessoas. Existem quatro componentes principais:

1. Autoimagem pobre
2. Incapacidade de formar ou manter relacionamentos de longo prazo
3. Tendência à autopiedade
4. Tendência a guardar ressentimento e incapacidade de perdoar[33]

O quarto componente está relacionado diretamente com a raiva reprimida. Grande parte do trabalho feito por terapeutas de câncer tem a ver com ajudar os pacientes a colocarem para fora sua raiva, onde ela pode ser trabalhada e processada. Muitos pacientes que fizeram isso experimentaram remissões notáveis de sua doença.

Raiva reprimida é como o vapor aumentando em uma panela de pressão. A panela de pressão tem uma válvula principal e uma válvula de segurança. Se continuarmos a reprimir nossa raiva tentando manter todas as válvulas fechadas, no fim a tampa vai explodir! A pressão pode aumentar apenas por pouco tempo antes que tenha que ser liberada. O vapor vai sair. As únicas questões são como e quando – e quem vai se machucar quando a tampa explodir?

---

33 Essa formulação foi tirada de Carl Simonton, M.D., Stephanie Matthews-Simonton e James L. Creighton, *Getting Well Again* (Nova Iorque: Bantam Books, 1978).

2. Você pode desafogar sua raiva

Anos atrás, as pessoas reconheceram os perigos de reprimir a raiva, e em resposta empurraram o pêndulo até o lado oposto. "Raiva", eles disseram, "deve ser plena e livremente expressa no instante em que aparece. Não demore. Não reprima. Seja 'autêntico' com os seus sentimentos".

Talvez você tenha tido a infelicidade de estar perto de pessoas que levaram essa abordagem ao limite. Elas estão constantemente descarregando sobre os que estão ao seu redor. Se estão tristes, espalham tristeza em toda parte. Se estão com medo, deixam todos os outros em pânico. E se eles estão com raiva, cuidado! Muitos espectadores inocentes foram atingidos por uma dose completa de autenticidade de alguém com raiva. Podem dizer-lhe que não é divertido.

Autenticidade pode ser muito boa em seu lugar, mas correr por aí gritando, xingando e sendo destrutivo não é solução para a raiva. Estas formas de desafogar nossa raiva podem fazer com que nos sintamos melhor, pelo menos no momento, mas arruína relacionamentos e, com o tempo, minam a nossa própria saúde emocional.

Lembro-me de um homem que veio à nossa clínica. Ele disse: "Sempre que eu fico com raiva, eu só jogo fora e grito com quem estiver por perto", disse ele em tom desafiador. "Eu sempre me sinto muito melhor depois – você sabe, como um fardo que foi tirado de mim".

Seu problema? "A razão pela qual preciso conversar com você", ele disse, "é que eu não tenho nenhum amigo. Todo mundo parece agir – eu não sei, como se estivessem com medo de mim. Eles dizem que não gostam de estar perto de mim". Não é de admirar!

3. Você pode sentir sua raiva, mas não expressá-la imediatamente

O tolo mostra toda a sua raiva, mas quem é sensato se cala e a domina (Pv 29.11). Isso significa que você pode se permitir sentir raiva – não a reprime – mas também escolhe lidar com isso de forma produtiva e saudável. Em outras palavras, você decide responder em vez de reagir. É como se você dissesse para si mesmo: "Sim, estou com raiva, mas eu não vou fazer nada até que eu tenha a oportunidade de pensar sobre isso".

Quando uma pessoa está com raiva, costuma não ver as coisas claramente. Nós todos faríamos bem em pedir a graça para nos ajudar a manter a calma até que possamos ser mais objetivos. O velho ditado de "contar até 10" também se encaixa aqui (embora, às vezes, possamos sentir a necessidade de contar até um milhão!).

4. Você pode aprender a confessar sua raiva a alguém em quem confia
Primeiro de tudo, vamos deixar clara a palavra "confessar". Na raiz, significa simplesmente "dizer o mesmo que", ou "dar expressão verbal precisa sobre o que é real". Nesse sentido, ela não carrega a conotação de "admitir culpa". Simplesmente significa que você está sendo sincero e honesto sobre o que está acontecendo.

Em termos de suas emoções, confessar sua raiva significa que você compartilha aberta e honestamente sobre o que está acontecendo dentro de você. "Estou me sentindo realmente com raiva agora sobre..." Ou: "Quando ela me disse isso, eu fiquei tão louco que só queria..." O objetivo é colocar os sentimentos sobre a mesa, onde se pode entendê-los de forma mais clara e decidir a melhor forma de responder a eles. "Quando aconteceu pela primeira vez, tive vontade de (esmurrá-lo, gritar com ele, fugir). Mas agora posso ver que a melhor coisa a fazer é..."

Sistemas de apoio

A maneira saudável de expressar raiva aponta para a importância de ter um sistema de apoio de algumas pessoas que cuidam de sua vida – pessoas em quem você possa confiar e com quem possa se abrir. A raiva que é carregada sozinho, muitas vezes acaba sendo reprimida, e vai reforçar seu sentimento de isolamento. Colocar para fora seus sentimentos com outra pessoa ajuda a processá-los de maneira saudável.

A resposta número 4 foi a abordagem que Vic escolheu. Ele lidava com a raiva no contexto de uma relação de confiança. Foi capaz de se permitir sentir raiva pela perda que havia sofrido, o que abriu as portas para um processo de luto mais abrangente.

Quatro respostas básicas a uma reação de raiva

1. Você pode reprimir a emoção. Cuidado! Emoções reprimidas criam pressão que acabará por resultar em uma explosão.

2. Você pode descarregar sua raiva. "Não demore. Não reprima. Seja 'autêntico' com seus sentimentos!" Seguir tal conselho pode proporcionar alívio momentâneo, mas, no fim, destrói relacionamentos e mina sua própria saúde emocional.

3. Você pode sentir sua raiva, mas decidir não expressá-la de imediato. Muitas vezes, vale a pena "contar até 10". Essa estratégia lhe dá espaço para responder em vez de reagir.

4. Você pode aprender a confessar sua raiva a alguém em quem confia. O objetivo é entender seus sentimentos para que possa decidir a melhor forma de responder a eles.

No início, Vic fez uso da terceira opção, na qual sentia a raiva, mas optou por permanecer no controle de sua resposta. Isso, por si só, era novo para ele. Normalmente, sempre que Vic se sentia com raiva, sua atitude normal era atacar, o que só agravava seus problemas. Finalmente, decidiu falar sobre sua raiva com uma terceira pessoa confiável. Isso o ajudou a trabalhar sua raiva produtivamente. No caso dele, esse foi um primeiro passo crucial para iniciar o processo de perdão.

Lembra-se de Herb, o homem no exemplo hipotético, que me insultou na frente de uma sala cheia de pessoas? Nessa história, eu ponderei várias respostas, tanto internas quanto externas, a essa situação. Talvez a resposta mais saudável que eu poderia ter tido seria dizer: "Ok, Herb está com raiva agora. Eu não sei exatamente o porquê. Mas eu *sei* que não posso ajudar a situação, combinando sua raiva com a minha. Por enquanto eu vou manter a minha paz. Mais tarde, eu posso pedir a alguém para me ajudar a entender o que estava acontecendo com Herb e o que eu precisava fazer com ele".

É claro, é muito mais fácil dizer essas coisas do que realmente fazê-las. As opções 1 e 2 são muito mais fáceis e não precisam de muito autocontrole. Mas as consequências são quase sempre negativas, apenas jogam combustível no fogo em alguém que já está em chamas.

Pontos-chave para lembrar:

1. Lidar com a maior dor em seu passado, sem sentir raiva, acaba sendo desculpar, não perdoar.

2. Raiva é uma emoção válida, é o que você faz com ela que a torna boa ou má.

3. Nós pecamos quando deixamos a raiva nos controlar.

4. Reprimir ou desafogar a raiva trabalha contra a sua cura.

5. Confessar sua raiva para um amigo de confiança é uma maneira saudável de lidar com ela.

9

O jogo da culpa

Pessoas que cresceram em famílias disfuncionais, muitas vezes, sentem que tudo que acontece de errado no mundo é culpa delas. Compreender como você foi vitimado é importante. Assim como é importante aprender a assumir a responsabilidade por sua vida, e não culpar os outros por todos os seus problemas.

"Se ao menos ela tivesse o que merece."

Fiquei surpreso com a amargura na voz de Meg quando ela praticamente cuspiu essas palavras duras. O "ela" a quem Meg estava se referindo era sua irmã gêmea, Martha. As duas irmãs não se falavam há mais de 30 anos. Tudo vinha da época em que as duas eram solteiras. Eram jovens, atraentes e cheias de vida, com muitos namorados em potencial. Meg tinha namorado um rapaz chamado Jeff. Ela o tinha levado muito a sério. Ficou chocada, então, quando Jeff rompeu abruptamente seu relacionamento e começou a se encontrar com sua irmã, Martha. Meg ficou furiosa com a irmã por levar embora seu namorado.

Jeff e Martha finalmente se casaram. Martha teria gostado que Meg fosse sua dama de honra, mas Meg se recusou. Na verdade, ela nem sequer foi ao casamento. Desde então, ela culpa sua irmã por cada infortúnio, cada decepção e cada revés na sua vida. "Ela roubou o único homem que eu amei", foi um refrão constante de Meg por 30 anos.

Eu conhecia Meg há muitos anos. Ela era rabugenta e mal-humorada, uma pessoa não muito fácil de se gostar. Eu tentei muitas vezes ajudá-la a ver como era inútil colocar a culpa de todos os seus problemas em algo que aconteceu tantos anos antes. Mas nunca diminuiu um milímetro em sua convicção de que Martha foi a causa de todos os seus problemas. "Quando ela confessar o que fez e pedir desculpas por arruinar a minha vida, então eu vou perdoá-la", disse Meg. De alguma forma, ela não via que essa exigência era incompatível com sua recusa em permitir Martha até mesmo de falar com ela. Parecia incapaz de ver a vida, exceto através da lente do que viu como ato de traição de sua irmã.

Quando a vi pela última vez, Meg estava no hospital, morrendo de câncer no pâncreas. Ela se recusou a permitir que sua irmã fosse visitá-la. "Eu queria que Martha pudesse se afogar lentamente por todo o sofrimento que me causou", disse Meg. "Se ao menos ela tivesse o que merece."

Martha nunca foi ao hospital, mas foi ao funeral. "Eu tentei muitas vezes consertar as coisas com Meg", ela me disse. "Sabe, eu provavelmente *roubei* Jeff dela. Era um jogo que jogamos durante anos, flertando com o namorado da outra. Nós duas fizemos. Mas deixou de ser um jogo quando eu realmente me apaixonei por Jeff. Meg me odiou desde então. Acho que ela sentiu que tinha finalmente ganhado o jogo de uma vez por todas. Ela contava a todos que a ouvissem que eu não amava realmente Jeff, e ela, sim."

Quantos outros são como Meg, consumidos por uma demanda impossível de vingança? Todos nós conhecemos o ditado "olho por olho; dente por dente". Você sabia que ele vem da Bíblia? Originalmente, era a maneira de Deus *limitar* a vingança que as pessoas praticavam umas sobre as outras. Nos tempos do Antigo Testamento, não era incomum para as pessoas tirarem uma *vida* em pagamento, mesmo por um pequeno ferimento. Mas com o tempo, Deus introduziu o padrão de misericórdia, e não o padrão de vingança, como o princípio orientador em nossos relacionamentos.

Ainda assim, a única maneira pela qual muitas pessoas lidam com um delito é punir o infrator. Curiosamente, mesmo quando os culpados foram punidos, os que foram injustiçados ainda não têm paz. A memória da ofensa não vai embora. Essa memória torturada continua sendo fonte de angústia e perturbação. Amargura e ressentimento perduram; a raiva continua enfurecida.

Às vezes, os que foram feridos descontam sua frustração sobre os outros, mesmo sem perceber que estão fazendo isso. Tornam-se irritados e costumam insultar. Seus amigos os acham cada vez mais difíceis de conviver – enquanto eles ainda têm amigos. No final, seu ressentimento destrói sua própria liberdade. Eles se tornam incapazes de *não* agir com maldade, tão completamente têm o veneno do ressentimento infiltrado em seu sistema. Esse é o resultado inevitável do jogo da culpa: os que jogam *sempre* acabam vencidos.

Você já notou que é divertido culpar os outros? Essa é uma das razões pelas quais o fazemos. Se formos honestos com nós mesmos, a maioria de nós irá admitir que temos um tipo de prazer perverso de culpar os outros. Podemos até compartilhar a nossa história de "alguém me fez mal" com outros a quem sabemos que podemos contar para nos dar sua compreensão e simpatia. Na verdade, nos lançamos na autopiedade e nos concentramos em nossa dor e nosso ressentimento, tendo um tempo de diversão de uma forma distorcida.

Às vezes culpamos os outros como um disfarce para o medo – medo de punição, constrangimento, responsabilidade e similares. Autoproteção é um forte impulso em todos nós.

No nível mais básico, nossa tendência de culpar os outros, provavelmente, decorre da nossa convicção fundamental de que nós mesmos somos irrepreensíveis. Não é mesmo? Nunca poderemos dizer isso publicamente, mas, no fundo do nosso coração, sabemos que somos justos, honrados e decentes. Quando as coisas dão errado, deve ser culpa de alguém. Certamente não poderia ser nossa!

Vejo regularmente um fenômeno interessante que ocorre entre os adultos que foram abusados quando crianças. Eles experimentam uma enorme necessidade de lançar a culpa *em algum lugar*. Por causa da dinâmica de infância – quando os adultos eram maiores e mais poderosos e, portanto, vistos como quem "sempre tem razão" – as vítimas de abuso, invariavelmente, colocam a culpa em si mesmas.

Não é só porque os pais eram maiores e mais poderosos. Há outra razão pela qual nós, como adultos, muitas vezes nos culpamos pelas coisas ruins que aconteceram conosco. Como crianças, acreditamos que somos onipotentes. Um especialista em criança disse certa vez que é bom que as crianças tenham corpos pequenos, ou então o planeta estaria em apuros. Nessa fase da vida, o mundo gira em torno delas. Se eu sou um menino ou uma menina má hoje, a culpa é minha se chover amanhã e isso nos obrigar a cancelarmos o piquenique que planejamos. Também vemos isso em crianças na idade pré-escolar cujos pais estão se divorciando. As crianças estão convencidas de que a culpa é delas – que eram tão más, de alguma forma, que foram elas que provocaram o divórcio dos pais. Então, se somos feridos, de alguma forma emocionalmente nesses primeiros anos, é natural nos culparmos.

Eu estava trabalhando com Gina em seu abuso por seu irmão mais velho entre seus cinco e oito anos. Quando ela tinha oito anos, os pais descobriram e colocar um fim nisso, mas não foram mais longe para obter ajuda. Enquanto Gina falava em nossas sessões de aconselhamento sobre o que tinha acontecido, estava muito claramente se culpando pelo que seu irmão tinha feito com ela. Fiquei tentando explicar a ela como as crianças pensam que o mundo gira em torno delas, e, portanto, tudo é, de alguma forma, sua culpa.

Por mais que eu tentasse explicar isso, caiu em ouvidos moucos. Gina estava convencida de que era culpa dela. Finalmente, parei de explicar e fiz o que deveria ter feito antes. Eu disse: "Diga-me como isso foi sua culpa".

Ela esperou um pouco, e então disse: "Eu acredito que tenha dançado de forma provocativa na frente dele. Eu o seduzi".

Conversamos um pouco sobre o que ela tinha acabado de dizer, e então eu lhe disse: "Por favor, uma criança de cinco anos de idade ainda não sabe que essa palavra existe, e muito menos o que significa. Você não poderia ter feito isso nessa idade". Gradualmente, Gina foi capaz de colocar a culpa onde ela pertencia. Seu irmão tinha a responsabilidade, como o mais velho, pelo que tinha acontecido.

Logo, adultos que foram abusados quando crianças começam a aceitar o fato de que eram apenas crianças inocentes, incapazes de escolher ou evitar as coisas que estavam acontecendo com elas. "Pela primeira vez percebi que eu não era a culpada por todos os problemas que existiam no mundo", disse uma mulher. "Eu sentia que precisava culpar alguém. Não podia culpar os adultos, porque afinal de contas, eles eram adultos. Assim, a única que restou para culpar era eu".

Uma vez que percebem isso, muitas vezes começam a culpar os outros, vingando-se. Alguns são simplesmente programados para culpar os outros por tudo. Um homem chamado Jerry se lembra de crescer em uma família onde tudo era considerado culpa de alguém. Ele consegue se lembrar de momentos em que eles esperavam um dia ensolarado e choveu. Seu pai dizia: "Até Deus está contra nós hoje". Jerry cresceu muito confuso sobre a questão da responsabilidade. Se ele não dava origem ao erro, então tinha que apontar um dedo acusador para alguém.

Uma compreensão mais madura do mundo nos diz que, às vezes, as coisas não funcionam da maneira que esperamos. Há decepções, acontecimentos inesperados e mudanças nos planos que não são culpa de ninguém em particular. Parafraseando o popular adesivo de para-choque, "Coisas simplesmente acontecem". Ser capaz de aceitar essa realidade sem ter sempre que apontar o dedo da culpa é um componente importante de maturidade pessoal e saúde emocional.

O caminho da amargura

Vamos encarar: nós queremos culpar os outros. Quando somos magoados – ou achamos que somos – algo em nós quer colocar a culpa em algum lugar (geralmente em outra pessoa). Mas quanto mais culpamos, mais longe andamos pelo caminho perigoso da amargura. Esse caminho nunca nos leva à saúde e à felicidade, apenas à angústia mais profunda. Eventualmente, vamos acabar em autopiedade, que se expressa no provérbio que diz: *Só você conhece a sua própria amargura e você também não pode repartir a sua alegria com os estranhos* (Pv 14.10) – a estranha "alegria" da amargura.

Algum tempo atrás, me deparei com uma história que mostra como pode ser trágico andar no caminho da amargura:

> A maneira cavalheiresca de Leonard Goldenson dirigir a ABC[34] é bem narrada. Não tão bem conhecida é sua rivalidade com Frank Sinatra. Em *Beating the Odds*, Goldenson conta seu lado da história.
>
> "A carreira de Frank era um tédio. Ele tinha acabado de filmar *A um passo da eternidade*, mas estava a meses de seu lançamento. Ninguém sabia ainda que seria o grande sucesso que restauraria Sinatra ao estrelato.
>
> Eu disse, 'Frank, você tem algum dinheiro?'
>
> Ele disse 'não'. Eu falei: 'Quero você na ABC'. Finalmente, concordamos em formar uma empresa de produção em conjunto. Pensei que um show musical de variedades apresentado por Sinatra seria uma grande promessa.
>
> *Eternity* foi um sucesso, dando um Oscar a Sinatra. Ele perdeu o interesse no projeto de TV e desanimou. Goldenson voou para Las Vegas para conversar sobre ele fazer especiais. Durante três dias Goldenson esperou para vê-lo. Então, se cansou.
>
> Eu escrevi uma carta a Sinatra. 'Nunca na minha vida experimentei tal tratamento', eu disse. 'Eu não tenho respeito por quem não tem caráter

---

34 American Broadcasting Company, mais conhecida pela sigla ABC, é um grupo midiático comercial dos Estados Unidos que inclui várias mídias, sendo a rede de televisão homóloga e a estação de rádio as mais conhecidas. (N. de Tradução)

para aparecer em um compromisso. Quando você estava por baixo e não tinha dinheiro, nós saímos do nosso caminho para fazer um ganho de capital para você. [...] Eu não quero ter mais nada a ver com você'.[35]

Os dois homens nunca mais se falaram depois do incidente em 1954. Pode parecer, depois disso, que Leonard Goldenson era um homem intensamente amargo, pelo menos para Frank Sinatra. Ele, obviamente, culpou Sinatra por uma oportunidade perdida. Agora, vamos supor que Sinatra tivesse ligado para Goldenson um dia e dissesse: "Sabe, Leonard, você está certo. Foi um erro eu ter feito o que fiz". Goldenson se sentiria vingado? Talvez. Será que aquele breve momento de satisfação teria valido décadas de culpa e amargura? Duvido.

Este é o jogo "quem começou", a busca pelo início de uma sequência, na qual o objetivo é proclamar quem é o culpado pelo comportamento de ambos. Mas sabemos que essa interação é realmente uma dança circular em que o comportamento de um dos parceiros mantém e provoca o comportamento do outro. A dança circular não tem começo nem fim. Em última análise, pouco importa quem começou. A questão de maior significado é: "Como é que vamos sair dela?"

HARRIET LERNER, THE DANCE OF ANGER[36]

O caminho do perdão

Muitas piadas de psicólogo concentram-se em transferir a culpa de todos os nossos problemas para alguém, geralmente a mãe. Às vezes eu digo às pessoas: "Se você quiser jogar o jogo da culpa, eu posso levá-lo até ele rapidinho. Você quer saber por que tem os problemas que tem? Por causa de sua mãe. E por que você acha que sua mãe o tratou tão mal? Por causa

---

35 Leonard Goldenson, "Beating the Odds," *USA Today*, February 27, 1991.
36 Harriet Lerner, *The Dance of Anger* (New York: Harper & Row, 1985), p. 56.

da mãe *dela*. E qual era o problema da mãe *dela*? Sua mãe antes dela. E por que a pequena e doce vovó faria uma coisa dessas? Sua mãe, é claro".

Você vê onde isso leva? No fim, temos todo o caminho de volta para Adão. Deus pergunta a ele: "Por que você fez essa coisa horrível?" Adão olha em volta e não tem uma mãe para culpar, mas tem uma mulher. Então ele diz a Deus: "Bem, foi essa mulher, que, por sinal, você fez. Ela me fez fazer isso". Ele não apenas culpou Eva, mas também colocou parte da culpa em Deus.

Agora Deus se vira para Eva e faz a mesma pergunta: "Por que você fez essa coisa horrível?" Eva olha ao redor, e não havia nenhuma mãe, nenhuma outra mulher para culpar. Então ela se lembrou: "Foi a serpente, que você fez, Deus. Ela me fez fazer isso". Eva fugiu de sua própria responsabilidade também. Mas ela podia culpar a serpente. Então agora podemos ver onde o jogo da culpa nos leva – o diabo nos faz fazer as coisas ruins. Se acreditamos no pecado, sabemos que a culpa é do diabo. Anos atrás, o comediante Flip Wilson costumava nos dizer que "o diabo me fez fazer isso".

Mas culpar o pecado, ou o diabo, realmente não nos ajuda. Em outras palavras, o jogo da culpa não leva a nada. Tudo o que faz é provar que *todos* nós somos pessoas falhas, imperfeitas, vivendo em um mundo falho, imperfeito onde "as coisas acontecem". Então por que se preocupar em jogar? Por que não sair do caminho da amargura e entrar no caminho do perdão? Em vez de culpar, vamos resolver os problemas. Vamos fazer o trabalho do perdão.

Jogar o jogo da culpa só fica no caminho de resolvermos os nossos problemas e os superarmos. Ele nos mantém atolados neles para sempre. *Culpar os outros pelos nossos problemas não os resolve, mesmo que estejamos certos*. Pense nisso: enquanto nossas energias são absorvidas culpando outra pessoa, estamos realmente sob o controle daquela pessoa.

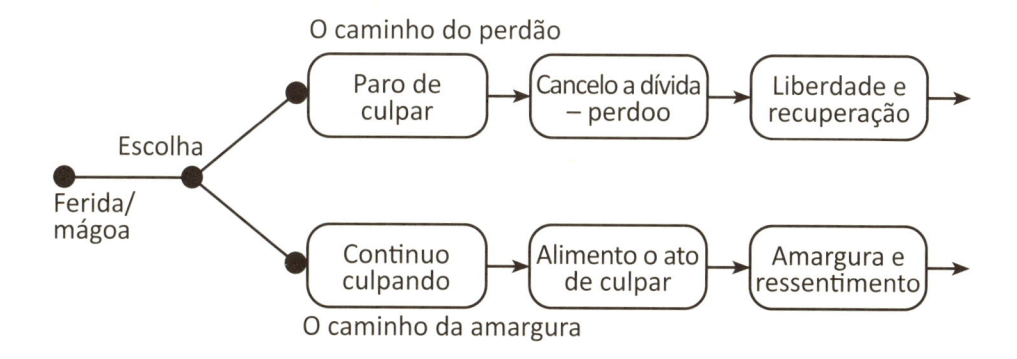

Ferida/mágoa → Escolha

O caminho do perdão: Paro de culpar → Cancelo a dívida – perdoo → Liberdade e recuperação

O caminho da amargura: Continuo culpando → Alimento o ato de culpar → Amargura e ressentimento

A imagem daquela pessoa se torna o ponto focal de toda a nossa vida. A dor não vai embora só porque descobrimos quem é o "vilão". A dor vai embora só quando trabalhamos o processo de perdão.

Algumas pessoas são acusadoras sem perceber. Elas *pensam* que estão assumindo a responsabilidade adequada por seus atos, mas colocam "ferrões" em suas palavras: "Eu estava errado" se transforma em "É tudo culpa sua". Por exemplo:

"Querida, eu sinto muito por ter gritado com você na noite passada", disse o marido. "Eu também sinto muito porque você não colocou o jantar na mesa quando eu lhe pedi."

Uma das maneiras de identificar um acusador inconsciente é quando as declarações "você" se infiltram nas declarações "eu".

"Eu me sinto mal, porque você hoje..."

"Eu não teria dito o que eu disse, se você não tivesse..."

"Eu não teria destruído o carro se você estivesse pronta a tempo, então eu não teria que acelerar para chegar lá."

Uma torção interessante nisso é o que acontece quando estamos claramente errados, reconhecemos isso e ainda culpamos a outra pessoa por nossas ações. "Eu acho que eu não deveria ter feito isso. Mas ele realmente esperava por isso. Ele acha que é tão superior a todos os outros." Ou "Eu não deveria tê-lo tratado dessa maneira. Mas ele é um idiota! Todo mundo diz isso."

Isso não é nada mais do que racionalizar nosso mau comportamento, alegando que a outra pessoa *merecia* ser maltratada. Mas não cabe a nós decidir o que os outros "merecem". Nosso trabalho é assumir a responsabilidade por nossas próprias ações.

Um pastor amigo meu contou-me de uma experiência que teve há vários anos. Ele foi convidado para se juntar a uma dúzia de outros ministros para um retiro de um dia inteiro. Em um ponto durante suas discussões, meu amigo – sem qualquer intensão consciente de ofender ninguém – disse algo que feriu profundamente um dos outros ministros chamado Dan. Foi imediatamente óbvio o que tinha acontecido; o rosto de Dan corou e seu corpo enrijeceu.

Poucos minutos mais tarde, durante uma pausa para o café, meu amigo foi até Dan e disse: "Olha, eu realmente sinto muito se o que eu disse lhe ofendeu..."

"Se você me ofendeu?", Dan interrompeu. "Você *sabe* o que você fez!"

"Sim, sim, você está certo", meu amigo disse, "e eu sinto muito. Realmente sinto. Por favor, me perdoe."

"Olha, eu sei que você não quis dizer nada com isso", disse Dan. "E sei que você é sincero em seu pedido de desculpas. Então, eu o perdoo. Mas isso realmente não termina aí. Eu vou precisar de algum tempo para trabalhar nisso". E assim ele se virou e foi embora.

Cerca de uma semana depois, o telefone do meu amigo tocou. Quando ele pegou, era Dan na linha. "Eu só queria voltar a falar com você sobre o que aconteceu no dia de retiro", disse ele. "Eu o perdoo. Realmente. Quer dizer, eu o perdoei aquele dia, e eu fui sincero, mas..."

"Eu entendo", disse meu amigo. "Eu sei exatamente com o que você estava lutando. Fico feliz que você não tenha colocado um sorriso falso no rosto e me dito: 'Oh não foi nada'. Eu sabia que você me perdoou naquele dia, mas estou feliz que você foi em frente e realmente trabalhou nisso."

Aqui está um exemplo que mostra como os dois lados assumiram sua parte do processo e houve uma verdadeira cura em seu relacionamento.

Lembrar ou culpar?

No capítulo 7, quando falei sobre perdoar e esquecer, disse que ter clareza sobre "quem fez o quê a quem" era crucial para o processo do perdão. Tentar esquecer as ofensas que sofremos, ou para fingir que nunca aconteceu, é um beco sem saída. Precisamos nos *lembrar* e *aceitar* as coisas dolorosas que foram feitas para nós.

Qual é a diferença entre isso e "culpar"?

"Culpar" é transferir para os outros a responsabilidade que deve ser nossa, ou usar o fato da culpa dos outros para nos *desculpar* de ter que *responder* de maneira saudável ao que foi feito para nós.

Na verdade, o que acontece no início do processo do perdão, o "lembrar", pode parecer o mesmo que culpar. A verdade é que, por um curto período, temos que colocar a culpa onde ela pertence, e geralmente é em outra pessoa. Quando estamos lidando com ferimentos e lesões que remontam à infância, nossa tendência de colocar a culpa pelo que aconteceu em nós mesmos precisa ser mudada. Se formos trabalhar com o processo de perdoar corretamente, é preciso equilibrar essa tendência, tirando a falsa culpa de nós mesmos e colocando-a onde ela realmente pertence. Precisamos ver claramente que não foi culpa nossa, que realmente fomos vítimas de alguém.

Culpar pode ser sedutor. Se não tivermos cuidado, podemos reverter o pêndulo e nos tornarmos um "acusador". Por isso é essencial que não tentemos trabalhar nesse processo do perdão sozinhos; todos nós precisamos do sábio conselho de alguém em quem confiamos. Precisamos culpar nessa fase, para que possamos obter um retrato exato do que aconteceu, para que o nosso perdão possa ser solidamente fundamentado na realidade. Quando isso acontece, deixamos a culpa ir embora e assumimos a responsabilidade por nossa própria recuperação.

Rhonda descreveu a si mesma como uma "codependente ardente". A codependência aponta para estilos de vida destrutivos e padrões emocionais que se desenvolvem a partir de uma exposição prolongada a um modo de vida opressivo, geralmente como viver em um relacionamento próximo com alguém que é "dependente" de álcool ou drogas, ou que é de alguma outra forma severamente disfuncional. Como a vida da pessoa doente torna-se incontrolável por causa de sua dependência, a vida da pessoa codependente também se torna incontrolável, como resultado de tentar lidar com elas.[37]

Quando o marido de Rhonda começou a beber muito, ela se tornou uma codependente clássica dele. Tornou-se o que é chamado um *cuidador/facilitador*. Ela se lançou em um papel que permitia que o marido evitasse enfrentar as consequências de seu alcoolismo, tornando-se assim mais fácil para ele continuar a agir como um alcoólatra. Se ele tivesse uma ressaca e se sentisse muito mal para ir ao trabalho, ela ligava e dava desculpas

---

37 Para uma discussão mais completa sobre codependência veja Robert Hemfelt, M.D., Frank Minirth, M.D. e Paul Meier, M.D., *Love Is a Choice* (Nashville, TN: Thomas Nelson Publishers, 1989).

por ele. Ela descobriu maneiras de esconder a bebida das crianças. Tornou a vida mais fácil para ele, pensando que estava fazendo a coisa mais amorosa e útil.

Ele não parecia se importar ou mesmo perceber todas as coisas que ela fazia por ele. Na verdade, ele se tornou cada vez mais abusivo em relação a ela como o passar do tempo – até mesmo insistindo que seu problema com a bebida era culpa dela. "Se você fosse uma cozinheira melhor", ele gritava, "eu não beberia tanto". Ou então: "Você é uma mulher tão estúpida, beber é a única maneira que eu tenho para suportar viver com você!" A parte trágica é que Rhonda, a despeito de si mesma, acreditava nele. Por 14 anos ela viveu sob essas condições, convencida de que a bebida realmente *era* culpa dela – que ela *merecia* o tratamento que ele lhe dava e não tinha direito a uma vida melhor. Seu marido tinha aprendido a jogar o jogo da culpa, e ela era a eterna perdedora.

Um dos passos pelos quais Rhonda tinha que passar para se libertar de sua codependência era afirmar e aceitar que ela *não* era a causa dos problemas de seu marido. Ela *não* era estúpida, e suas habilidades na cozinha (ou a falta delas) não tinham nada a ver com a bebida do marido. Ele não bebia por causa de qualquer coisa que ela tivesse feito ou deixado de fazer. Ele bebia porque ele era um alcoólatra. O fato é que ele era um homem doente e abusivo que tinha, de fato, feito um grande mal a ela.

Rhonda precisava se libertar da falsa culpa e aceitar a realidade de sua situação. Não que ela se virasse e jogasse, ela mesma, o jogo da culpa, colocando todas as suas dificuldades na conta de seu marido e absolvendo a si mesma de toda a responsabilidade. Rhonda ainda tinha muito a aprender sobre responder bem às coisas que aconteceram com ela, e sobre viver uma vida saudável e frutífera a que tinha direito. O objetivo não era *transferir* a culpa, mas *acabar* com a culpa; não fazer de seu marido o vilão, mas reconhecer e aceitar o que ele tinha feito *para que ela pudesse perdoá-lo*.

A situação de Rhonda era, na verdade, bastante leve em relação a como os codependentes geralmente funcionam. Talvez o problema central de codependência seja essa vontade de assumir toda a culpa em nós mesmos por problemas que simplesmente não são criados por nós. As pessoas podem ser espancadas, estupradas, humilhadas, quase mortas de fome, verbalmente abusadas – vitimadas de uma dúzia de maneiras – e ao mesmo tempo pensar: É minha culpa. *Fiz alguma coisa errada. Eu o fiz perder a paciência. Se tivesse sido mais calma, ou se eu tivesse atendido mais rápido quando ele me ligou, ou se eu apenas tivesse percebido seu estado de espírito quando ele entrou, isso não teria acontecido.*

É absolutamente crucial que essas pessoas vejam que *não* é culpa delas, que *outra pessoa* está causando sua dor. Este é o primeiro passo indispensável para ser capaz de perdoar essa pessoa, que é o único caminho para a liberdade, a saúde e a sanidade.

Pontos-chave para lembrar:

1. Colocar a culpa corretamente é uma parte saudável de perdoar.

2. Muitas vezes nós precisamos da perspectiva de outra pessoa para colocar corretamente culpa.

3. Mas culpar pode muito facilmente nos levar para o caminho da amargura.

4. Podemos ser seduzidos pela "alegria" de amargura.

5. Continuar culpando leva a uma eterna "autopiedade".

10

Confrontação e/ou reconciliação

Às vezes, procurar quem lhe causou mal e esclarecer as coisas é útil. Mas antes de confrontar, você deve discernir com cuidado suas motivações e avaliar suas expectativas. Também deve compreender que você pode, e deve, perdoar os outros, mesmo que não possa se reconciliar com eles.

Quando criança, Mel se lembrou de duas coisas sobre seu pai. Primeiro, ele se lembrou que seu pai era distante – era quase silencioso em torno dele. Quando falava, era apenas para reclamar que Mel tinha feito algo errado. Em segundo lugar, ele se lembrou que seu pai bebia muito. Às vezes, quando ele bebia, ria e contava histórias engraçadas. Outras vezes ele se tornava abusivo e batia em Mel. Ele nunca sabia o que esperar.

Anos mais tarde, depois de ter crescido e saído de casa, Mel sentiu que precisava se libertar das memórias cruéis da vida com seu pai. Depois de uma luta intensa, foi capaz de trilhar seu caminho através do processo do perdão e liberar seu pai da promissória emocional que tinha contra ele. Foi um grande dia, quando Mel pôde, finalmente, dizer: "Eu o perdoei".

Ele, então, decidiu dar o que parecia ser o próximo passo lógico: se reconciliar com seu pai. Saber que tinha se libertado das garras de seu passado era maravilhoso, mas Mel queria ir mais longe. Ele queria fazer as pazes com seu pai e restaurar seu relacionamento. Embora agora vivesse a mais de mil e quinhentos quilômetros de distância de seu pai, ele fez uma viagem especial só para passar tempo com ele. "Pai", disse ele, "nós poderíamos conversar?"

Sem dizer uma palavra, o pai de Mel sentou-se em sua cadeira favorita. Mel puxou outra cadeira e sentou-se de frente para o pai. Por quase 30 minutos, Mel contou a seu pai sobre a raiva e a mágoa reprimidas com que havia crescido. Ele não acusou, e cuidadosamente evitou dizer qualquer coisa condenatória sobre as ações de seu pai. Falou apenas de si mesmo, relatando de forma simples e objetiva o que tinha experimentado, e como agora queria fazer as coisas direito.

No final, ele se inclinou e tomou a mão de seu pai. "Pai", ele disse, "eu coloquei de lado toda a minha raiva e mágoa. Espero que você me perdoe pelas muitas maneiras pelas quais eu falhei com você. Eu sempre quis ser um bom filho, para fazer você se sentir orgulhoso de mim. Isso é o que eu quero agora – apenas que nós sejamos verdadeiros pai e filho".

O pai de Mel tinha ouvido o tempo todo sem dizer uma palavra ou expressar qualquer emoção. Agora, quando Mel terminou, seu pai se levantou de sua cadeira, olhou para Mel, acenou de leve com a cabeça, e disse: "Bem..." Então ele se virou, caminhou pelo corredor até seu quarto e fechou a porta. Não saiu de lá naquela noite ou mesmo no dia seguinte, antes de Mel ir embora.

Vários meses depois, o pai de Mel sofreu um acidente vascular cerebral. Ele morreu duas horas antes de Mel chegar lá.

Ao rever sua tentativa de reconciliação, Mel falou de sua confusão. Quando ele deixou a casa de seu pai naquele dia, ainda não tinha ideia de como seu pai se sentia sobre o que ele havia dito, sobre o que tinha acontecido entre eles, sobre ele, sobre qualquer coisa. Seu pai nunca lhe deu a menor resposta.

"Por que ele age assim?", disse Mel. "O que eu fiz de errado?"

"Vamos tentar uma pergunta diferente", sugeri. "O que você *esperava* que acontecesse quando falou com ele?"

"Esperar?", disse Mel. Ele encolheu os ombros. "Eu não sei o que eu esperava. Nada, eu acho."

"Sério?", eu respondi. "Se você não tinha nenhuma expectativa, então como pode ter sido desapontado?"

Mel ponderou aquilo por um momento e, em seguida, começou a falar. As palavras saíram. Ele esperava um pedido de desculpas. Ele esperava, pelo menos, alguma tentativa por parte de seu pai de responder. Ele esperava que o pai dissesse "Eu te amo", ou, pelo menos, "Eu te perdoo". Talvez acima de tudo, ele esperava que seu pai dissesse: "Por favor, me perdoe".

"E agora ele se foi", disse Mel com grande tristeza. Ele tinha *perdoado* seu pai. Mas não tinha sido capaz de se *reconciliar* com ele. Era um daqueles fatos tristes da vida com os quais muitos de nós precisamos viver. Mel lutou por um longo tempo com o que ele considerava ser sua própria falha. Certamente ele poderia ter feito a reconciliação acontecer se tivesse dito as coisas certas ou dito da maneira certa, ou...

"A única falha", eu finalmente disse a Mel, "é que você agrupou duas coisas que são realmente diferentes. Perdão e reconciliação não são a mesma coisa".

Dois processos diferentes

Perdão e reconciliação não são a mesma coisa. É de vital importância entender essa diferença. O perdão é unilateral. É algo que podemos fazer por nós mesmos, algo que podemos "fazer acontecer" por nossa própria decisão. Reconciliação, no entanto, exige a participação de outra pessoa. Não podemos "fazer acontecer", não importa o quanto tentemos.

Perdão e reconciliação são dois processos separados e diferentes. Nós *podemos* ter o perdão sem reconciliação. Trabalhar o processo do perdão é essencial para o nosso bem-estar pessoal e deve ser sempre buscado. A reconciliação é imensamente valiosa para nós e deve ser buscada sempre que possível – mas nem sempre é possível, porque a reconciliação exige que a outra pessoa seja ativa no processo de cura.

Mel estava preso a este ponto. N*ão considerou seu perdão* a seu pai completo, porque eles não tinham se reconciliado. *Não tinham estabelecido uma relação de amor recíproco*, ou, pelo menos, o respeito mútuo. Ele estava confundindo os dois processos, de perdão e reconciliação.

Falei a Mel que, enquanto ele continuasse com esse ponto de vista, seu pai iria continuar a mantê-lo refém, mesmo no túmulo. O que Mel precisava ver era que o perdão e a reconciliação são coisas diferentes – que ele *havia* perdoado seu pai, total e completamente, mesmo que eles não tivessem se reconciliado.

A situação de Mel não é incomum. Frequentemente eu me pego ouvindo as pessoas descreverem sua luta interior para perdoar alguém – especialmente alguém próximo a eles, e, em seguida, falarem de sua frustração com a maneira pela qual seu relacionamento continuou. "E agora?", eles perguntam. "Agora que eu perdoei, por que não podemos ficar bem?" Na verdade, eles estão assumindo que a outra pessoa, ao se recusar a se reconciliar, pode "desfazer" seu perdão. Mas não é assim que funciona.

"Como você se relaciona com eles é uma questão diferente", Eu costumo dizer. "Podemos voltar a isso mais tarde, se quiser. Por enquanto, eu só quero que você veja que realmente os perdoou. Você fez o que precisava fazer, o que você *poderia* fazer. Cancelou a dívida e livrou-se dos obstáculos que impediam sua paz interior. Eu sei que você não está reconciliado com eles. Mas já perdoou. Nada pode mudar isso."

"Mas eu ainda não posso nem *falar* com eles", uma mulher chamada Jill objetou. Seus pais e duas irmãs haviam se voltado contra ela anos atrás, quando tinha ficado muito envolvida com drogas. Desde então, Jill tinha mudado. Ela parou de usar drogas e terminou a escola. Tinha um emprego responsável em uma empresa de publicidade e estava casada há três anos. "Quero dizer, eles não me deixam falar com eles", continuou ela. "Quando eu telefono, eles desligam assim que reconhecem minha voz. Todas as minhas cartas voltam marcadas com 'Devolver ao remetente'. Eu não sei o que fazer."

"Você já perdoou?", perguntei a ela.

"Bem, sim, mas..."

"Então, você já fez tudo o que *você* poderia fazer", eu disse. "Perdoar é o *seu* trabalho. Está sob *seu* controle. Mas reconciliação? Para isso você precisa da cooperação deles, o que não parece provável. Não há nada que você possa fazer sobre isso, a meu ver. Mas isso não significa que você não os tenha perdoado. Você perdoou!"

Jill compreendeu. Ela continua com a esperança – como eu – de que um dia sua família vai ceder e a porta para a reconciliação se abrirá. Nesse meio tempo, ela só pode continuar a trabalhar com o processo de perdão sempre que a amargura ou o ressentimento aparecerem, e sofrer com uma família que não está lá, pelo menos não para ela.

Ensinamentos judaicos sobre o perdão

Nós muitas vezes combinamos o perdão e a reconciliação em um só processo. Por que fazemos isso? Acho que é a influência de ensinamentos judaicos sobre o perdão. Vários anos atrás, eu estava fazendo um workshop de fim de semana sobre o perdão em uma igreja no centro de Michigan. Na tarde de sábado, uma repórter do jornal local entrevistou-nos sobre o que estávamos ensinando. Ela nos disse que também ia entrevistar um professor local, que estava fazendo uma pesquisa sobre as reações físicas ao perdão. Prometeu nos enviar uma cópia do artigo.

Cerca de um mês mais tarde, recebemos o artigo. Ela tinha feito uma página inteira para a capa da seção local do jornal de domingo. Eu li, é claro, e fiquei satisfeito que ela tivesse claramente entendido o que estávamos ensinando, e que o professor tinha concordado com o que havíamos dito. Mas ela acrescentou uma terceira entrevista com um rabino local. O que ele disse foi muito diferente do que tínhamos dito, e isso reflete o que os rabinos têm ensinado em suas escolas há milhares de anos.

Aqui é, basicamente, onde discordamos. Ele disse que você só tem que perdoar quando alguém se arrepende. Se a pessoa não se arrepender, você não tem que perdoar. Disse que há algumas coisas que não podem ser perdoadas, como homicídio. A razão é que só a pessoa assassinada tem o direito de perdoar, e como ela está morta, não pode haver perdão.

E então ele acrescentou que só precisamos perdoar três vezes. Se você me ferir uma, duas ou três vezes, eu sou obrigado a perdoá-lo. Mas se você me ferir da mesma forma uma quarta vez, eu já não preciso perdoar, e estou certo em não perdoar.

Eu entendi essas coisas. No meu outro livro sobre o perdão, *Forgiving the Unforgivable*[38], citei da Mishná[39] um rabino que ensinou que você só tinha que perdoar três vezes; mas se fosse o rabino ou pastor, você precisava perdoá-lo mil vezes.

O que é interessante é que não há nada no Antigo Testamento sobre perdoar uns aos outros. Sim, existem algumas ilustrações, como José

---

38 Regal, 2005. (N. de Tradução)

39 Uma das principais obras do judaísmo rabínico e a primeira grande redação na forma escrita da tradição oral judaica, chamada a Torá Oral. (N. de Tradução)

perdoando seus irmãos (cf. Gn 50.15-21). Mas o foco do Antigo Testamento é a forma como obtemos o perdão de Deus.

Obviamente, Israel precisava de ajuda na compreensão de como perdoar alguém que os havia ferido, assim os rabinos tinham que reunir seus próprios ensinamentos, e estes foram os ensinamentos por milhares de anos. Então, o que este rabino dizia no artigo do jornal era a mesma coisa que foi ensinada a Jesus em sua escola hebraica, e que foi ensinada a Pedro em sua escola hebraica. Você só precisava perdoar três vezes.

Isso nos ajuda a entender melhor a conversa entre Pedro e Jesus em Mateus 18. O ensinamento de Jesus sobre o perdão aqui era muito radical, especialmente no contexto em que ele havia sido ensinado. Ele disse em vários lugares que devemos perdoar (veja Mt 6.14; 18.33-35, Lc 17.3s). Mas então ele disse algo que era totalmente novo para todos, inclusive para os discípulos. Pedro ficou encantado com isso, então veio a Jesus com uma nova visão. Ele perguntou a Jesus: *Senhor, até quantas vezes meu irmão pecará contra mim, que eu lhe perdoe? Até sete vezes?* A resposta de Jesus foi além, quando disse: *"Não te digo que até sete vezes, mas até setenta vezes sete"* (Mt 18.21s – RA). Isso é 490 vezes, o que significa que não há limite para o nosso perdão.

Em vários lugares, Jesus reforçou seu mandamento para que nós perdoemos quando disse que, se alguém chegar até você em arrependimento, você deve perdoar. Ele usa as "sete vezes" em Lucas 17.4, quando disse: *"Se pecar contra você sete vezes num dia e cada vez vier e disser: 'Me arrependo', então perdoe".*

Paulo ampliou esse ensinamento radical quando disse várias vezes que devemos perdoar como fomos perdoados (cf. Ef 4.32) e lembre-se de que o Senhor nos perdoou, por isso devemos perdoar os outros (veja Cl 3.13).

Isso tudo torna o perdão não uma opção, mas um ato de obediência. Eu não posso depender do envolvimento de outra pessoa quando perdoo. Se devo ser obediente, não tenho escolha: devo perdoar. Mas a reconciliação é outro processo, e este é um processo de mão dupla.

Uma via de mão dupla

A reconciliação é uma via de mão dupla. São necessárias duas pessoas que estejam pelo menos um pouco em sincronia uma com a outra. Ela poderá ocorrer somente quando ambas as partes em um relacionamento querem que isso aconteça; quando ambas aceitarem sua própria responsabilidade pelo que deu errado, tiverem resolvido suas emoções e trabalhado nos processos tanto de arrependimento quanto de perdão. Você trabalha de seu lado e pede o meu perdão; eu trabalho do meu lado e peço o seu perdão. Então, podemos ser reconciliados.

Parte da confusão entre a reconciliação e o perdão vem de uma leitura muito rápida de Mateus 5.23s, onde Jesus diz: *"Portanto, se você estiver oferecendo no altar a sua oferta a Deus e lembrar que o seu irmão tem alguma queixa contra você, deixe a sua oferta ali, na frente do altar, e vá logo fazer as pazes com o seu irmão. Depois volte e ofereça a sua oferta a Deus"*. Às vezes nós deixamos passar o "seu irmão tem alguma queixa contra você". Esta é uma instrução para o ofensor, não para a pessoa que perdoa.

Na conhecida história do filho pródigo, um jovem pega sua herança, deixa sua família e desperdiça todo o seu dinheiro em uma cidade distante. Sem dinheiro e com fome, ele toma a difícil decisão de voltar para casa e buscar a reconciliação com sua família. Em termos comoventes, ele implora a seu pai para aceitá-lo de volta: *'Pai, pequei contra Deus e contra o senhor, e não mereço mais ser chamado seu filho. Me aceite como um de seus trabalhadores'* (Lc 15.18s).

Claramente, o jovem teve uma mudança de coração. Sejam quais forem as queixas que tinha contra seu pai (aquelas coisas que o levaram a ir embora) claramente foram tratadas. Ele cancelou qualquer que fosse a "dívida" que tinha contra seu pai e veio a ele arrependido, procurando ser reconciliado.

Como é que o pai responde? Ele também parece ter liberado seu filho de qualquer promissória que pudesse ter contra ele. *Quando o rapaz ainda estava longe de casa, o pai o avistou. E, com muita pena do filho, correu, e o abraçou, e beijou* (Lc 15.20). Que quadro clássico de arrependimento, perdão e reconciliação! Mas então encontramos um terceiro personagem – o irmão mais velho:

Enquanto isso, o filho mais velho estava no campo. Quando ele voltou e chegou perto da casa, ouviu a música e o barulho da dança. Então chamou um empregado e perguntou: "O que é que está acontecendo?" O empregado respondeu: "O seu irmão voltou para casa vivo e com saúde. Por isso o seu pai mandou matar o bezerro gordo". O filho mais velho ficou zangado e não quis entrar. Então o pai veio para fora e insistiu com ele para que entrasse. Mas ele respondeu: "Faz tantos anos que trabalho como um escravo para o senhor e nunca desobedeci a uma ordem sua. Mesmo assim o senhor nunca me deu nem ao menos um cabrito para eu fazer uma festa com os meus amigos. Porém esse seu filho desperdiçou tudo o que era do senhor, gastando dinheiro com prostitutas. E agora ele volta, e o senhor manda matar o bezerro gordo!" (Lc 15.25-30).

O irmão mais velho, ao contrário de seu pai, oferece-nos uma imagem de reconciliação desprezada. Claramente, ele ainda tem um grande ressentimento para com seu irmão mais novo por seu comportamento imprudente. Ele também parece ter amargura para com seu pai por acolher o irmão mais novo de volta. No desenrolar da história, vemos o pai tentando se reconciliar com seu filho mais velho, tentando explicar suas ações em perdoar o irmão mais novo. Tanto quanto sabemos, o irmão mais velho não estava disposto a se reconciliar com seu irmão nem com seu pai.

Divergências entre mim e meus parentes ou ex-amigos muitas vezes podem ser curadas se eu engolir meu orgulho e fizer as primeiras tentativas de reconciliação. Mesmo que apenas uma pequena parte da culpa fosse minha, o gesto generoso vai me beneficiar.
Al-Anon Family Group Head, Inc., *Um Dia De Cada Vez No Al-Anon*[40]

A reconciliação é uma via de mão dupla; na história do pai e os irmãos, o perdão fluiu apenas em uma direção, e a reconciliação não foi possível. O pai e o irmão mais novo estavam livres da prisão da amargura e do ressentimento; mas o irmão mais velho ainda estava preso no seu.

---
40 Al-Anon Family Group Head, Inc., *Um dia de cada vez no Al-Anon* (Al-Anon Family Group, 1980).

Uma forma de amor

O perdão é, em última análise, uma forma de amor, um amor que aceita os outros como eles são. Reúne-se aos outros com uma compaixão que brota da consciência de nossas próprias fraquezas, falhas e tendências destrutivas.

Como vimos, aquele que sabe que ofendeu outro deve pedir desculpas e trabalhar no processo do arrependimento. Nunca devemos permitir que se torne uma forma de "comprar de volta" o relacionamento. Tal pessoa pode lutar com o desejo de fazer algum ato impossível de restituição, ou de ser punido de alguma maneira doentia, como se, ao fazer isso, pudesse *merecer* o perdão. Pode ser certo fazer a restituição de um mal feito, mas a restituição nunca pode merecer o perdão. Ele é oferecido gratuitamente como um ato de amor e livremente aceito como um ato de humildade.

Não podemos pagar por aquilo que nos é dado livremente. A beleza, tanto do perdão quanto da reconciliação, é que eles são ações livres que vêm do coração. Quando tivermos ofendido alguém, e essa pessoa nos perdoou e abriu a porta da reconciliação para nós, a única coisa que podemos fazer é aceitá-la. Isso pode ser difícil. Aceitar o amor incondicional pode nos tornar mais conscientes de nossas próprias falhas ou do erro de nossas próprias ações. Suspeito que foi essa perspectiva que tornou o pai de Mel incapaz de aceitar a oferta de seu filho de reconciliação. Como vimos no caso, essa recusa em aceitar o perdão e o amor torna a reconciliação impossível. Reconciliação é baseada na aceitação mútua.

Reconciliação requer não apenas o perdão mútuo, mas também a aceitação mútua. Aceitação é baseada em:

- Ambas as partes serem capazes de aceitar a si mesmas
- Ambos estarem dispostos a admitir seus fracassos
- Ambos desejarem a cura para o relacionamento rompido
- Ambos estarem preparados para abrir mão de sua busca por autojustificação
- Ambos estarem preparados para abandonar seu desejo de punir o outro
- Ambos reconhecerem que não é fácil para as pessoas receber amor incondicional e perdoador

Reconciliação sem perdão

Tenho salientado que é possível perdoar sem reconciliação. Também é possível se reconciliar sem verdadeiramente perdoar. Isso acontece nas seguintes situações:

- Quando "não percebemos" a dor causada pelas ações de alguém
- Quando negamos que temos sido feridos
- Quando desculpar um comportamento indesculpável
- Quando temos medo de que possamos perder o relacionamento se falarmos

"Eu poderia me reconciliar com minha esposa", me disse um homem. "É fácil. Já fiz isso dezenas de vezes. Tudo o que tenho a fazer é admitir que tenho sido o monstro que ela diz que eu sou, e que todas as coisas dolorosas que ela diz são verdade. E, num piscar de olhos, estamos reconciliados."

"E você acaba se menosprezando", eu propus. Com uma dor muito profunda para colocar em palavras, ele balançou a cabeça lentamente. Gostaria que ela pudesse entrar no processo com ele.

Vamos pegar outro exemplo. Digamos que você tenha me ferido de alguma forma. Machucou profundamente. Eu procuro você e digo como estou ferido. Mas, imediatamente, acrescento: "Eu sei que você não quis dizer isso da maneira que eu entendi. Se eu pudesse superar a minha sensibilidade com coisas desse tipo". Eu acabo pedindo desculpas a *você* por ter me machucado!

Que absurdo! No entanto, muitos de nós fazemos isso o tempo todo! Fomos ensinados que devemos estar dispostos a fazer *qualquer coisa* para manter a paz – até mesmo negar a verdade e infligir ferimentos a nós mesmos. Acabamos lutando para encontrar uma maneira de convencer a outra pessoa (e a nós mesmos) que causamos a ruptura, em primeiro lugar.

É fácil ser "reconciliado" sob essa abordagem! Mas o que aconteceu não é realmente uma reconciliação. A reconciliação tem que proceder do perdão. O trabalho do perdão tem que ocorrer em ambas as partes antes que possam dar qualquer passo um em direção ao outro. Antes, eu falava de "perdão superficial". Agora você pode ver que o perdão superficial leva apenas a reconciliação artificial.

Deixando o passado no passado

Quero enfatizar que acredito na importância da reconciliação, sempre que possível e sempre que seja mutuamente benéfica, especialmente em um casamento. Mas a reconciliação não acontece em todos os casos, não importa o quanto uma parte possa querer isso.

Por um lado, como vimos, a reconciliação exige que ambas as partes sejam participantes de boa vontade. Isso pode não acontecer. Você pode procurar a outra pessoa tendo perdoado totalmente e com o desejo genuíno de se reconciliar, apenas para vê-la rejeitar seus esforços. Já vimos vários exemplos dessa dinâmica.

Às vezes, os esforços de reconciliação precisam ser buscados com cautela. Em casos de abuso físico, sexual ou de outros tipos, pode não ser seguro se reconciliar com as pessoas que nos fizeram mal. Essas pessoas podem ainda ser perigosas para nós, e pode ser melhor manter distância delas. Ou elas podem estar em uma condição tão frágil que confrontá-las com o passado pode devastá-las. *Há* momentos em que é mais prudente esquecer o passado, pelo menos no que se refere a confronto e reconciliação. No entanto, *nunca* é aconselhável evitar o processo do perdão.

Quando a outra pessoa não está mais viva

Às vezes, é claro, o confronto e a reconciliação não são possíveis porque a outra pessoa não está mais viva. O exemplo mais comum é quando nós queremos ser reconciliados com um pai ou uma mãe que já morreu. Pode, no entanto, haver um modo de aplicar a dinâmica do confronto, mesmo em tais casos.

- Glen foi ao túmulo de seu pai. Lá, ele abriu seu coração sobre as coisas que aconteceram entre eles e como Glen desejava que as coisas pudessem ter sido. "Eu não sei se ele podia me ouvir", disse Glen. "Acho que realmente não importa. Eu fui capaz de dizer as coisas que eu precisava dizer".
- Maria tirou um grande retrato emoldurado de seu pai da parede e falou com ele. "Lembro-me de olhar atentamente para cada característica do seu rosto", disse ela, "era como se eu estivesse tentando

olhar para sua alma". Ela fez isso várias vezes ao longo de um período de meses. Finalmente, foi capaz de dizer: "Pai, eu o perdoo".

- Art voltou para a casa de sua infância, uma casa rústica na floresta. Ele explicou para os atuais proprietários que vivera ali quando era criança e queria ver o local novamente. Deram-lhe permissão para passear pela floresta. Enquanto caminhava, ele falou com seus pais mortos há muito tempo.

- Felicia escreveu um longo obituário sobre seus pais. Enquanto se lembrava do mau tratamento que recebeu, também foi capaz de refletir sobre memórias felizes. Isso, em si, já estava curando; em seus dias de dor, ela não tinha sido capaz de lembrar-se de mais nada além das lembranças dolorosas.

- Andrea pediu a um casal que conhecia bem e respeitava profundamente em sua igreja para "sentarem-se" como pais substitutos. Em seguida, ela falou com eles algumas das coisas que tinha experimentado com seus pais verdadeiros.

Será que parece haver um elemento de faz de conta nessas técnicas? Não estou afirmando que estes exercícios sejam o mesmo que um confronto e uma reconciliação face-a-face reais e concretos. Mas eles *trazem* à tona algumas das mesmas dinâmicas de uma maneira que ajuda a avançar no processo do perdão.

Além disso, em muitos casos, o que as pessoas realmente precisam não é tanto os pais literais de carne e osso nos dias atuais, mas o *retrato de memória* de seus pais *como eram naquela época*. A maioria de nós leva dentro de si tal retrato de memória daqueles que nos feriram. Pode ser que essas pessoas tenham mudado nos anos que se passaram – que aqueles que nos feriram, em certo sentido, não existem mais. A nossa principal necessidade, em tal caso, pode não ser confrontar nossos pais como são agora, mas *como eram naquela época*. Os exercícios descritos acima podem ser excelentes ferramentas para fazer isso.

Alguns cuidados sobre confronto

Há alguns anos, confrontar os pais era só raiva. Tivemos amigos cujo filho estava em aconselhamento. Quando foram visitá-lo, o filho perguntou se eles iriam com ele para ver seu conselheiro. Eles concordaram.

No entanto, foi tudo armado. Por toda a sessão, o filho confrontou os pais com todas as coisas terríveis que tinham feito com ele quando era criança. Quando a sessão acabou, nossos amigos voltaram para a casa de seu filho, arrumaram suas coisas e foram embora. Pais e filho nunca mais se falaram – a mágoa dos pais era muito profunda, e o filho não estava satisfeito. Quando a mãe morreu, o pai e o filho conversaram. Mas a mãe nunca teve a oportunidade de experimentar a cura nesse relacionamento. Como é triste! E como é desnecessário. O objetivo nunca é confrontar. É sempre curar.

Quando confrontos e outros esforços de reconciliação são cuidadosamente planejados, e as atitudes e expectativas de uma pessoa são ajustadas corretamente, esses esforços podem ser uma grande ajuda para o processo de cura. Mas eles precisam ser cuidadosamente planejados e nunca pode ser uma ocasião para simplesmente despejar toda a nossa dor em outra pessoa.

No capítulo 1, conhecemos Lydia, que havia sido molestada pelo padrasto com o pleno conhecimento de sua mãe. Ela e seu terapeuta decidiram que seria importante para ela enfrentar seus pais com a verdade sobre o que aconteceu e como a tinha afetado.

Lydia passou vários dias escrevendo o que queria dizer e repassando isso com seu terapeuta. Ela ensaiou em seu grupo de apoio. Outros membros do grupo ainda interpretaram o papel de seus pais, dando a ela a oportunidade de praticar como lidaria com diferentes tipos de resposta. Quando chegou o dia, Lydia fez sua parte perfeitamente. Ela não culpou. Não perdeu o controle e ficou com raiva. Ela só contou aos pais, com calma e objetivamente, o que ela queria que eles soubessem.

Nenhum dos dois respondeu. Eles apenas sentaram lá e negaram tudo o que Lydia havia dito. Foram bastante agradáveis e educados, mas totalmente inflexíveis em sua negação. Quando o terapeuta de Lydia tentou falar com eles sobre como estavam respondendo, eles se fecharam a isso também.

Mas Lydia estava preparada. Ela tinha ido para a sessão sabendo que seus pais poderiam negar tudo. Quando acabou, ela disse aos outros em seu grupo que se sentia aliviada, como se um peso enorme tivesse sido tirado de seus ombros. "Era como se eu tivesse colocado a verdade sobre a mesa e eles eram livres para fazer o que quisessem com ela", disse ela. "Se eles quisessem ignorá-la, era problema deles. Mas pelo menos eu não estava mais a arrastando em torno de mim mesma."

A história de Lydia demonstra como podemos ficar em paz, mesmo quando a reconciliação não é possível. Lydia estava em paz. Ela sentiu a necessidade de testar e ver se a reconciliação seria possível. Quando acabou não sendo, ela não foi jogada fora. Sabia que o perdão foi separado da reconciliação. E sabia que se fosse ou não se reconciliar com seus pais um dia, ela os *tinha* perdoado. Ela fez tudo o que estava ao seu alcance para fazer isso. Foi liberada do fardo do passado.

Aqueles de nós que têm trabalhado em um processo de perdão têm a profunda satisfação de saber que podemos sobreviver à ferida – e não apenas sobreviver, mas prosperar. Não importa quão profundo seja o ferimento, não importa quão amarga seja a dor, uma vez que nós perdoamos, não somos mais vítimas ou meros sobreviventes. Somos vencedores! Lutamos até o triunfo final. Nós aprendemos a amar.

Pontos-chave para lembrar:

1. O confronto nunca resolve questões familiares do passado.

2. A reconciliação exige arrependimento por parte do ofensor.

3. A reconciliação independe do perdão e é melhor após o perdão.

4. Os ensinamentos de Jesus sobre o perdão, bem como os ensinamentos do apóstolo Paulo, são radicais.

5. O perdão é um ato de obediência de nossa parte; reconciliação é uma opção.

6. O perdão é uma forma de amor.

7. Podemos perdoar, mesmo que a outra pessoa não esteja mais viva.

11

Perdoando meus pais, perdoando a mim mesmo

Você e seus pais podem ter sido "parceiros no crime" em perpetuar a dinâmica familiar nociva. Você precisa aceitar a responsabilidade pela maneira que pode ter contribuído para sua própria dor – e depois aprender a perdoar a si mesmo e ir em frente.

"Eu não acho que já tenha conhecido alguém que odiava seus pais", um colega uma vez me disse, "que não odiasse também a si mesmo". Acho que ele estava certo. Nossa percepção de nós mesmos é derivada tão fortemente de nossos pais que o que pensamos sobre eles, inevitavelmente, vai moldar o que pensamos sobre nós mesmos. Se odiamos nossos pais, é provável que lutemos com algum grau de ódio a nós mesmos. Se amamos nossos pais, é provável que nos sintamos melhor sobre nós mesmos.

É lógico que, se temos a necessidade de perdoar nossos pais – e, como filhos adultos de famílias disfuncionais, fazemos isso quase por definição – também vamos achar que temos que perdoar a nós mesmos.

"Honra teu pai e tua mãe..."

Todos nós reconhecemos que não há tal coisa como uma mãe ou um pai perfeito. Todos nós somos descendentes de pais imperfeitos e crescemos em famílias imperfeitas. No entanto, reconhecer isso como uma proposição intelectual é uma coisa; mas realmente admitir que nossos pais nos têm falhado é, para alguns de nós, uma coisa muito difícil de fazer.

Pode até parecer uma coisa *errada* a fazer. A Bíblia não ensina que devemos honrar nosso pai e nossa mãe (veja Êx 20.12 – RA)? Na verdade nós devemos. Mas o que significa *honrar* nossos pais? Será que significa que nunca devemos reconhecer suas fraquezas, limitações e erros? Significa que nunca devemos reconhecer a dor que eles podem ter nos causado? Acho que não.

A palavra hebraica original usada na passagem de Êxodo significa literalmente "atribuir peso a". É como se alguém nos dissesse algo e respondêssemos: "Eu quero *pesar* cuidadosamente o que você disse". Se considerarmos as palavras dele e decidirmos que são importantes, estaremos, em certo sentido "atribuindo peso" a elas. Assim, "honrar" nossos pais significa atribuir peso – valor, importância, significado – a eles.

Quando essa palavra original hebraica foi traduzida para o grego no Novo Testamento, a palavra grega tinha a ver com "dar glória a" a coisa que está sendo honrada. Tanto o grego quanto o hebraico carregam o sentido de honrar as pessoas *por causa da posição que detinham*, não necessariamente por causa do valor intrínseco. Uma maneira de entender isso é imaginar que você está em uma sala de banquetes. No meio do banquete, o prefeito da cidade entra. Agora vamos supor que você não seja particularmente apaixonado por esse prefeito. Você não votou nele na última eleição, e acha que ele tomou algumas más decisões. Mesmo assim, quando ele entra na sala, você se levanta juntamente com todos os outros para cumprimentá-lo.

Por quê? Porque ele é o prefeito, e honrá-lo é a coisa apropriada a fazer. Você atribui um determinado valor, ou "peso" a ele por causa do cargo que ocupa. Isso não significa que agora você tenha que começar a gostar dele ou mesmo respeitá-lo como pessoa. Isso não significa que você tenha que começar a fingir que concorda com tudo o que ele faz como prefeito. A honra é concedida para o cargo que ele ocupa, não tanto para o indivíduo.

Da mesma forma, podemos honrar nossos pais – conceder-lhes um grau adequado de peso – por causa da posição que ocupam em nossas vidas como nossos pais. Como o meu exemplo com o prefeito, o fato de que honramos nossos pais não significa que tenhamos que fingir que nunca fizeram nada de errado ou prejudicial para nós.

É *saudável*, e não desonroso, reconhecer que nossos pais falharam conosco, nos feriram ou nos prejudicaram de alguma maneira – especialmente se estamos fazendo isso *para perdoá-los*. Não honramos a nossos pais nem a nós mesmos negando a realidade, eliminando a possibilidade do perdão, e trancando-nos em padrões disfuncionais de pensar e agir. Saúde e integridade exigem que sejamos honestos com nós mesmos.

Negando o passado

Há uma série de maneiras comuns pelas quais tentamos nos proteger de verdade sobre o nosso passado.

> **Negando nosso passado**
>
> 1. Negamos que qualquer ferida já ocorreu.
> 2. Damos desculpas por nossos pais.
> 3. Colocamos a culpa em nós mesmos.
> 4. Concedemos perdão superficial.
> 5. Atacamos aqueles que sugerem que precisamos perdoar.

1. Negamos que qualquer ferida já ocorreu

Frequentemente converso com pessoas que são incapazes de se lembrar de algo sobre seus primeiros anos. Em muitos casos, este é um forte indício de um trauma de infância. Sem perceber conscientemente, nós substituímos uma imagem idealizada da realidade desagradável.

Quando fazemos isso, temos um forte instinto de proteger os nossos pais (e, muitas vezes, outras figuras de autoridade também). Podemos até acreditar que é errado estar zangados com eles ou ter quaisquer sentimentos em relação a eles que não sejam amor total e devoção.

Algumas pessoas honestamente acreditam que se estiverem com raiva de seus pais, algo de ruim vai lhes acontecer. Uma mulher chamada Shirley me disse: "Eu não espero viver até a velhice". Quando lhe perguntei por que, ela mencionou o mandamento bíblico de honrar os pais: *Honra a teu pai e a tua mãe (que é o primeiro mandamento com promessa), para que te vá bem, e sejas de longa vida sobre a terra* (Ef 6.2s – RA).

"Eu dei a meus pais muitos problemas", disse ela, "então acho que eu vou ter que pagar as consequências". Tive que salientar que esta é uma exortação dada a um povo inteiro e tem a ver com bem-estar social – não com punição sobre indivíduos.

2. Damos desculpas por nossos pais

Dizemos coisas como: "Bem, sim, meu pai me batia muito. Mas meus pais estavam tendo problemas financeiros na época", "Meus pais nunca me mostraram carinho – não me lembro deles sequer me abraçando. Mas eles estavam fazendo o melhor que podiam, dadas as circunstâncias", ou: "Não foi tão ruim quanto o que alguns dos meus amigos experimentaram".

Outros voltam uma geração e veem como seus pais foram criados, e usam isso como uma forma de desculpar seu comportamento com eles enquanto estavam crescendo. Costumo sugerir a essas pessoas que seus pais também, aparentemente, não fizeram nada para quebrar o padrão, como elas agora tentam fazer estando em aconselhamento.

3. Colocamos a culpa em nós mesmos

"Eu tive muitos momentos ruins enquanto crescia. Eu era um pequeno terror. Dei aos meus pais momento ruins na maior parte do tempo. Então eu merecia tudo o que tive. Se eu tivesse sido mais ponderado (ou mais útil, ou mais obediente ou qualquer outra coisa), os meus pais não teriam que me tratar daquele jeito."

4. Concedemos perdão superficial

"Tudo o que eles fizeram para mim, eu os perdoo", ou: "Claro, eles cometeram erros, como todo mundo. Eu não guardo nada contra eles". É claro que, quando fazemos isso, nós realmente não temos muita relação com os nossos pais. É tudo baseado em palavras e ações vazias.

5. Atacamos aqueles que sugerem que precisamos perdoar

"Como você pode pensar uma coisa dessas?" As memórias traumáticas de crescer em uma família disfuncional não são fáceis de se conviver. Antes do perdão poder acontecer, no entanto, é preciso reconhecer e aceitar o máximo possível da dor. Precisamos sentir a dor, assim como a sentimos na infância, a fim de deixá-la ir. Quando progredimos até onde possamos ver nossos pais objetivamente, podemos iniciar o processo do perdão. Ao longo do caminho, veremos também com mais clareza os caminhos em que *nós* falhamos. Então, também devemos começar o processo de perdoar a nós mesmos.

Abandonando ilusões

Ganhar a liberdade dos efeitos de crescer em uma família disfuncional e doentia é um processo de aprendizagem. Aprendemos a aceitar a nós mesmos, mesmo com nossas limitações e vulnerabilidades. Aprendemos que a vida neste mundo implica a possibilidade de ferimentos a todos nós.

Aprendemos também que algumas de nossas ilusões sobre nós mesmos e sobre os outros, protegidas há muito tempo, devem mudar. Expectativas e idealizações da infância, da forma como as pessoas devem se comportar, pode acabar nos influenciando até a idade adulta, com resultados prejudiciais.

Por exemplo, é uma expectativa comum na infância que todas as famílias são felizes: mamãe alegremente cuida de todas as necessidades das crianças; papai sai para trabalhar todas as manhãs com um sorriso no rosto e retorna todas as noites para o jantar; a família programa todos os tipos de passeios divertidos para os fins de semana; todos são felizes e realizados o tempo todo. Essa imagem da vida familiar "normal" é reforçada em dezenas de formas: nos livros de histórias que lemos na escola, nos shows que assistimos na televisão, e assim por diante.

À medida que crescemos, reconhecemos que este quadro cor-de-rosa é uma idealização, e não a norma. Reconhecemos que poucas famílias, se houver alguma, realmente parece assim ou age dessa forma. Reconhecemos que nossa própria família não parece assim ou age desta forma.

Ou agimos? Em alguns casos, é mais correto dizer que parte de nós reconhece e aceita a irrealidade da imagem. Mas outra parte se agarra a ela desesperadamente, ainda acreditando que é verdade, e cada vez mais consciente das maneiras pelas quais a nossa própria situação deixa a desejar.

Ao trabalhar com o processo do perdão, precisamos descobrir como as nossas próprias expectativas podem ter definido o cenário para nos ferirmos. Parte da maturidade é aceitar a responsabilidade por nossa própria visão sobre a vida e sobre os relacionamentos. Se os outros nos feriram ao não viverem de acordo com as nossas expectativas, então uma das coisas que precisamos fazer é examinar se essas expectativas podem ter sido inadequadas e irrealistas.

> *Uma vez que eles estejam mortos, queremos que nossos pais sejam pura luz, sem trevas; e nos sentimos abomináveis se permitirmos que sombras escureçam nossa memória. Nós não queremos que eles precisem de perdão; porque se os perdoarmos, devemos ter encontrado falhas neles primeiro, talvez até os tenhamos odiado.*
>
> LEWIS B. SMEDES, *FORGIVE AND FORGET: HEALING THE HURTS WE DON'T DESERVE*[41]

Se for assim, o perdão para nós precisará envolver arrependimento (uma mudança fundamental de nossas próprias mentes e corações sobre o que devemos esperar de outros), bem como o nosso trabalho com a nossa dor. A dor de expectativas não atendidas ainda é muito real e ainda precisa ser tratada, mesmo que essas expectativas não tenham sido realistas.

O pai de Stephen tinha abusado fisicamente dele. Seu irmão mais novo, o favorito da família, nunca foi punido e sempre era autorizado a fazer o que quisesse. Stephen, compreensivelmente, precisou trabalhar seus sentimentos de raiva em relação a seu pai. Mas ele também se viu lutando com o ódio a si mesmo e o ressentimento com seu irmão, mesmo sabendo que a culpa não era dele por ter sido o favorito ou por Stephen ter sido o bode expiatório. No entanto, Stephen cresceu acreditando que, de alguma forma, ele merecia punição, enquanto seu irmão merecia ser bem tratado.

Stephen estava falando de seus sentimentos com o seu pastor. Em um ponto, ele gritou: "Meu pai amava o meu irmão, e me odiava!"

Seu pastor perguntou: "Você acha que merecia o mau tratamento?"

"É assim que eu me sinto", respondeu Stephen. Ele passou a catalogar uma série de maneiras pelas quais tinha desapontado seu pai.

---

41 Lewis B. Smedes, *Forgive and Forget: Healing the Hurts We Don't Deserve* (New York: Harper & Row, 1984).

"E você pode perdoar seu pai, mas você não pode perdoar a si mesmo por seus fracassos. É isso?", o pastor questionou.

"Eu só fico pensando que eu não *mereço* perdão", respondeu Stephen. "Eu sei coisas sobre mim mesmo que as outras pessoas não sabem."

O pastor ficou em silêncio por um momento, pensando. Então ele disse: "Vamos tentar algo. Eu quero que você imagine que é outra pessoa, alguém diferente, sentado naquela cadeira ali, conversando com 'Stephen'. Você entendeu?"

"Sim."

"Agora, então, vamos dizer que 'Stephen' o tenha ofendido. Você vai decidir perdoá-lo?"

"Bem... com certeza. Claro."

"Mesmo que ele não lhe peça para perdoá-lo?"

Stephen assentiu.

"Por quê?", perguntou o pastor.

Stephen pensou por um momento. "Se ele pede ou não, não é a questão. A questão é se estou ou não disposto a perdoar".

"Exatamente!", exclamou o pastor. "Agora, pense nisso por um minuto. Você diz que está disposto a ser compassivo e clemente com 'Stephen' por tê-lo machucando. Mas o fato é que 'Stephen' é *você*. Você foi ofendido *por si mesmo*. Agora você precisa estar disposto a *perdoar* a si mesmo. Você entendeu?"

Stephen levou muito tempo pensando antes de responder. "Eu nunca pensei nisso dessa forma", ele finalmente disse. "Mas entendo o que você quer dizer. Perdoar-me não é realmente diferente de perdoar qualquer outra pessoa. Mesmo que eu tenha feito coisas erradas, mesmo que eu tenha me causado muita dor, ainda posso me perdoar. Eu não preciso sair por aí culpando a mim mesmo, ficando com raiva de mim mesmo, o tempo todo. Certo?"

"Certo!

Quão infeliz é aquele que não consegue perdoar a si mesmo.
PÚBLIO SIRO

A pessoa mais difícil de perdoar: eu mesmo

A liberdade das feridas do passado começa quando reconhecemos a nós mesmos que os outros são, de alguma forma, responsáveis pela mágoa que temos vivido. Mas não podemos parar por aí. Também precisamos enfrentar e perdoar a nós mesmos, pois certamente fizemos coisas que lamentamos.

Para muitos de nós, a pessoa mais difícil de perdoar somos nós mesmos. Por mais difícil que seja aprender o perdão, para a maioria de nós é muito mais fácil aprender a perdoar os outros do que a perdoar nós mesmos. Somos capazes de sentir muito mais compaixão para com os outros do que a nós mesmos.

Se tivermos sido criados em um lar doentio e disfuncional que nos incentivou a nos culparmos por tudo de ruim que acontecia, será especialmente difícil perdoar a nós mesmos. Quantos de nós abrigam pensamentos como o seguinte dentro de nós?

"De alguma forma eu permiti que tudo isso acontecesse."

"Eu mereço essa dor."

"É tudo minha culpa."

"Eu poderia ter impedido aquilo de acontecer, mas não impedi."

É ruim o suficiente quando pensamentos de culpa a si mesmo como estes são falsos – quando *não somos* realmente culpados, mas nos sobrecarregamos com a culpa de qualquer maneira. Mas o que acontece quando elas *são* verdadeiras? E quando *fizemos* algo errado, quando *ajudamos* a trazer sobre nós o nosso próprio sofrimento – e sabemos disso?

Precisamos aprender a aceitar a nós mesmos, com todas as nossas limitações, fraquezas e vulnerabilidades, assim como aprendemos a aceitar os outros. Na verdade, precisamos aprender a trabalhar com o processo de perdão a nós mesmos, assim como aprendemos a fazê-lo em relação aos outros.

Vamos rever brevemente o processo do perdão, conforme descrito no capítulo 6 – mas desta vez, em vez de olhar para ele em termos de perdoar alguém, olhe em termos de perdoar a si mesmo.

1. Reconheça a ferida

Você precisa responder os mesmos tipos de perguntas que respondeu antes. O que aconteceu? Que papel eu representei nisso? O que eu fiz que foi um engano ou erro? Falei antes sobre fazer uma lista de "pecados cometidos contra mim". Aqui você está fazendo uma lista de "pecados cometidos por mim".

> **Perdoando a mim mesmo**
> 1. Reconheça a ferida.
> 2. Identifique as emoções envolvidas.
> 3. Expresse os sentimentos.
> 4. Defina limites para se proteger.
> 5. Cancele a dívida.

Mais uma vez, o objetivo não é acumular desprezo sobre si mesmo, ou se culpar – você já fez isso o suficiente – o objetivo é simplesmente ter clareza sobre o que aconteceu para que você possa lidar com isso de forma limpa.

Ao dar esse passo, você precisa ter um cuidado especial para assumir a responsabilidade apenas pelas coisas que *são* de sua responsabilidade. Os filhos adultos de famílias disfuncionais geralmente sentem que tudo que dá errado na vida, de alguma forma, é culpa deles. Mas você pode aceitar legitimamente a responsabilidade apenas pelo que você realmente fez. Não pode aceitar a responsabilidade por aquilo que você não poderia ter feito, não poderia prever ou não poderia ter tido conhecimento. Você é responsável apenas pelas coisas que estão sob seu controle, e não pelo mundo todo.

> *O que podemos desculpar não precisamos perdoar; somente o que não podemos desculpar tem necessidade de perdão.*
> DAN HAMILTON, *FORGIVENESS*[42]

---

[42] Dan Hamilton, *Forgiveness* (Downers Grove, IL: Intervarsity Press, 1980), p. 145.

Em outras palavras, você pode, às vezes, precisar se *desculpar*, em vez de se *perdoar*. Desculpar-se é simplesmente dizer: "Sim, eu cometi um erro ali. Mas não foi minha culpa. Não há maneira alguma pela qual eu poderia ter feito de forma diferente". Ou: "Sim, de fato, algo deu errado ali. Mas eu não fiz isso. Só porque meus pais sempre me culparam por tudo, não significa que tudo era realmente minha culpa".

Depois de ter resolvido o que realmente aconteceu, e o que você realmente fez de errado, está pronto para dar o próximo passo.

2. Identifique as emoções envolvidas

À medida que você esclarecer as maneiras pelas quais foi ferido, um conjunto familiar de emoções vai subir para a superfície. Anteriormente, nós os identificamos como medo, culpa, vergonha e raiva. Quando você está olhando para os ferimentos que infligiu a si mesmo, as emoções predominantes provavelmente serão raiva e vergonha. Raiva e vergonha autodirigidas muitas vezes são as principais causas de depressão.

3. Expresse os sentimentos

Você precisa, de alguma maneira, tirar do seu sistema o veneno dessas emoções negativas. As mesmas técnicas que discutimos antes funcionarão aqui:

- Converse com um amigo.
- Escreva o que aconteceu e como se sentiu em um diário.
- "Converse com você mesmo" sobre o assunto, assim como o pastor encorajou Stephen a fazer.

4. Defina limites para se proteger

Anteriormente falamos sobre adotar medidas para nos proteger dos outros. Agora você deve considerar proteger-se de si mesmo.

Muitas vezes, seus sentimentos negativos sobre si mesmo irão levá-lo a se envolver em comportamento autodestrutivo:

- Você pode comer demais.
- Você pode passar fome e se tornar anoréxico ou bulímico.

- Você pode abusar de álcool ou drogas (incluindo medicamentos prescritos).
- Você pode exagerar em seu programa de exercícios, permanecendo nele até que esteja a ponto de desmaiar.
- Você pode se envolver em comportamento sexual doentio, ilícito ou perigoso.
- Você pode tornar-se antagônico em relação aos outros, difícil de conviver ou de trabalhar, de forma que desencadeie respostas antagônicas nas pessoas ao seu redor. O aparecimento de tais comportamentos destrutivos pode alertá-lo de que há uma necessidade de autoexame e autoperdão. Além disso, esses comportamentos lhe *causam* feridas e, como resultado, ainda mais autoaversão. Assim, lidar com eles é duplamente importante, não só pelos danos diretos que causam, mas também pelo impacto que têm sobre sua saúde emocional.

5. Cancele a dívida

Você pode lidar com eles exatamente da mesma maneira – cancelando a dívida. Muitas vezes, pode ser útil deixar o ato de perdão tomar alguma forma concreta, tangível, como escrever uma "fatura" e, em seguida, marcá-la "cancelada", queimá-la ou enterrá-la.

Por que perdoar a si mesmo é tão difícil

Quando falei pela primeira vez sobre esse processo, eu disse que o perdão que mostramos aos outros vem do perdão que Deus tem mostrado a nós; *nosso perdão flui do nosso estado de estar perdoado*. Isso nunca é mais verdadeiro do que perdoar a nós mesmos.

Não importa o quão gravemente você possa ter ferido a si mesmo, a morte de Jesus na cruz o libertou. A graça de Deus é sempre suficiente. Seu perdão é sempre adequado. Não importa o quão mal-amado ou inútil você possa se sentir, Deus o ama. Seus sentimentos sobre si mesmo não mudam o amor de Deus por você. Ele deu a cada um de nós infinito mérito e valor, nos criando e enviando seu Filho para morrer por nós. Se o próprio Deus é capaz de nos perdoar, como podemos reter o perdão de nós mesmos?

Porque você foi perdoado, sua obrigação é perdoar aqueles que fazem o mal para você, sem exceção – o que inclui você mesmo.

Costumo conversar com as pessoas sobre isso e perguntar: "Será que Deus o perdoou?"

Eles são rápidos a responder: "Ah, sim, sei que ele me perdoou, mas eu simplesmente não consigo me perdoar".

Então eu digo: "Isso é interessante. Acho que você tem padrões mais elevados do que Deus na questão do perdão. Não é uma boa ideia não perdoar o que Deus já perdoou!"

Então, por que retemos o perdão de nós mesmos? Uma das principais razões pelas quais temos dificuldade com a noção de "perdoar a nós mesmos" é simplesmente porque nunca vimos o perdão demonstrado. Tal como acontece com tantas coisas na vida, é uma grande ajuda ter visto o perdão demonstrado por outros, se quisermos entendê-lo e praticá-lo nós mesmos. Os filhos adultos de famílias doentias e disfuncionais geralmente cresceram em ambientes onde o perdão não foi moldado. E quando se trata de perdoar a si mesmo, você precisa ter não apenas um modelo do que é perdoar, também precisa realmente focar na realidade do perdão de Deus para você.

"Não importa o quanto eu tentasse", Ralph me disse, "nada que eu fizesse seria bom o suficiente para o meu pai. Mesmo quando eu disse a ele o quanto sentia e que ia tentar mais da próxima vez, você sabe o que ele me disse? Ele dizia: 'Faça certo *desta vez*'. Eu nunca soube o que era ter um erro ou uma fraqueza *tolerado*, muito menos aceito ou perdoado".

"Em nossa casa, o amor era um instrumento de manipulação", lembra Allison. Ela veio de um lar no qual ambos os pais eram alcoólatras. "Quando minha mãe dizia 'Eu te amo', só queria dizer que ela precisava de alguma coisa. Ela falava isso com um sorriso no rosto, mas realmente não queria dizer isso. Mesmo quando falava algo que parecia estar me perdoando por cometer um erro, eu não podia acreditar nela. Sabia que ela estava fazendo isso apenas para tentar obter alguma coisa de mim."

Não é de admirar que pessoas como Ralph e Allison achem a noção do perdão difícil de entender – o perdão aos outros, ou, ainda mais, o perdão a si mesmo.

Outra razão pela qual achamos difícil perdoar a nós mesmos é que temos a ideia equivocada de que se reter o perdão de nós mesmos nos protegerá de fazer uma coisa dessas novamente. Esta é uma falsa ideia e pode realmente ajudar-nos a repetir o erro. Lembre-se, o propósito de perdoar é encontrar liberdade, e o propósito de perdoar a si mesmo é a mesma sensação de liberdade.

Uma terceira razão pode ser o fato de que estamos tentando manter em segredo tudo de que precisamos nos perdoar. Tiago nos diz: *Portanto, confessem os seus pecados uns aos outros e façam oração uns pelos outros, para que vocês sejam curados* (Tg 5.16). Nós realmente não podemos perdoar a nós mesmos de forma isolada, guardando o delito como um segredo. Precisamos ter alguém em quem confiamos para ouvir nossa confissão e orar por nós. Então, Deus promete a cura que desejamos.

Perdão a si mesmo para vítimas de abuso

Aqueles que vêm de um passado de abuso emocional ou físico (e, especialmente, abuso sexual), muitas vezes lutam com a crença de que algo está inerentemente errado com eles. Pensam que algo neles mesmos fez com que as coisas ruins acontecem com eles. *Mereceram* as feridas que receberam. Eles se veem como desprezíveis, indignos de serem amados e imperdoáveis.

O fato de que vieram de um lar onde o sigilo era tão prevalente os faz se sentirem ainda pior sobre si mesmos. "Não fale" é sempre uma regra fundamental em lares abusivos. Conversei com mulheres que, na verdade, odeiam seus próprios corpos por causarem o desejo de seus pais (tios ou irmãos). "Eu devo ter provocado isso de alguma forma, ou eles não teriam feito isso" é um sentimento familiar. Ainda culpam a si mesmas pelo fato de que ninguém as protegeu ou ajudou.

Muitas vezes, as vítimas de incesto experimentam certa dose de prazer físico, mesmo em meio à dor emocional de ser violada. Isso só intensifica sua vergonha. Se foi bom, isso não prova que elas secretamente queriam que isso acontecesse? Uma das coisas que trabalhamos duro para ensinar aos sobreviventes de incesto é que o corpo pode responder a estímulos sexuais, mesmo sem o consentimento da pessoa. Ainda assim, essa aparente traição por seu próprio corpo pode ser uma das coisas mais difíceis para eles perdoarem – especialmente quando é agravado pela crença arraigada de que, se contar a alguém o que aconteceu, só receberão mais culpa e condenação.

Para todos aqueles que foram vítimas ou sofreram a dor de crescer em uma família disfuncional, uma das verdades mais importantes da vida se resume nesta palavra de Jesus: " *'Ame o Senhor, seu Deus, com todo o coração, com toda a alma e com toda a mente'. Este é o maior mandamento e o mais importante. E o segundo mais importante é parecido com o primeiro: 'Ame os outros como você ama a você mesmo'* " (Mt 22.37-39).

A maioria de nós está bem consciente de que a Bíblia nos ordena a amar Deus e amar o próximo. Mas quero que você observe duas pequenas palavras nesta passagem. Jesus diz: *"Ame os outros **como você ama a você mesmo**".*

Muitas pessoas lutam com a ideia de que devemos amar a nós mesmos. Parece tão egoísta. Na verdade, Jesus não só nos ensina que *devemos* amar a nós mesmos, mas assume que nós *nos amamos*. E por que não? Não somos criados à própria imagem e semelhança de Deus? Não é o nosso bem-estar tão importante para Deus que até mesmo os cabelos da nossa cabeça estão todos contados (veja Mt 10.30)? Não deveríamos amar o que Deus ama, inclusive a nós mesmos?

Eu não estou falando aqui sobre o tipo de amor a si mesmo que se expressa em autoglorificação, narcisismo, desprezo aos outros e assim por diante. Pelo contrário, estou falando de um amor a si mesmo que reconhece o nosso valor e dignidade como filhos ou filhas de Deus e age em conformidade. Já vimos que o nosso dever de amar o nosso próximo inclui perdoá-los quando eles nos fazem mal. Não deveríamos também ser capazes de nos perdoar?

Acabando com o abuso

Se você é um homem ou uma mulher que cresceu em uma família disfuncional e está tentando se libertar das feridas do seu passado, perdoando seus pais e outros, reconheça que também vai precisar trabalhar com o processo de perdão a você mesmo. Ao fazer isso, pense sobre essas afirmações:

- Se eu continuar a aceitar a culpa, *o abuso continua.*
- Se eu aceitar a culpa pelo que aconteceu mesmo quando eu era uma criança indefesa, *o abuso continua.*
- Se eu continuar a aceitar a dor, a culpa e a vergonha só porque é o que eu sempre fiz, *o abuso continua.*
- Se eu me recusar a ser compassivo, clemente e amoroso comigo mesmo, *o abuso continua.*

Por que não acabar com o abuso – com todo ele – agora mesmo? Liberte-se do fardo doentio de culpa que colocou em si mesmo, até mesmo por coisas como a sua depressão, seu afastamento, sua dúvida sobre si mesmo e sua falta de confiança. À medida que trabalha com o processo de perdoar a si mesmo, olhando para trás em momentos nos quais está para baixo, você pode achar útil ter em mente a seguinte declaração:

Eu fiz o melhor que pude com a maturidade, conhecimento e sabedoria que eu tinha. Agora, com mais maturidade, conhecimento e sabedoria, posso fazer melhor.

Perdoar a si mesmo não é uma questão de atribuir a culpa a alguém e tirar o corpo fora; não é uma licença para a irresponsabilidade. É simplesmente um reconhecimento de que você é um ser humano como todos os outros. Pode ser uma celebração da sobrevivência e do fato de que você alcançou o estágio em que é capaz de se dar maior respeito.

O perdão é outra maneira de dizer: "Eu sou humano. Cometo erros. Quero que me conceda esse privilégio, e por isso eu lhe concederei esse privilégio".

PHILIP YANCEY, *"AN UNNATURAL ACT "*[43]

---

[43] Philip Yancey, "An Unnatural Act," *Christianity Today* (April 8, 1991), p. 39.

Uma coisa interessante acontece frequentemente quando trabalhamos com o processo de perdoar a nós mesmos. Achamos que, pela primeira vez, somos capazes de dizer algumas coisas importantes para nós mesmos sem nos sentirmos culpados ou envergonhados:

- Eu era, e ainda sou, imperfeito.
- Eu tinha, e ainda tenho, sentimentos de raiva.
- Eu mantinha, e ainda mantenho, algumas expectativas irrealistas.
- Eu falhei, e ainda falho, em viver de acordo com o que eu sei que é certo.

Nós podemos confortavelmente dizer essas coisas porque também temos dito e acreditado nisso: "Por todas estas coisas – e muitas outras além dessas – eu perdoo *a mim mesmo*. Eu perdoo a mim mesmo porque Deus já me perdoou. E, com sua ajuda, eu me tornarei cada vez melhor no futuro".

Pontos-chave para lembrar:

1. Odiar meus pais e odiar a mim mesmo andam de mãos dadas.

2. Honrar meus pais significa "honrar o que é honroso" – eu não honro o que não é honroso.

3. Devo enfrentar meu passado para resolvê-lo.

4. A pessoa mais difícil de perdoar é a mim mesmo.

5. Perdoar a mim mesmo vem do contexto de entender o quanto eu tenho sido perdoado por Deus.

6. Não há nenhum benefício em não me perdoar. O oposto é verdadeiro: eu me liberto quando me perdoo.

Posfácio

O perdão e os Doze Passos

Por mais de 70 anos – e especialmente durante os últimos 30 anos – milhões de pessoas têm encontrado ajuda para problemas relacionados à dependência e disfunção através dos programas baseados nos Doze Passos de Alcoólicos Anônimos. Embora originalmente escrito para os viciados em álcool, os Doze Passos foram modificados para aplicação em uma ampla gama de problemas, tais como a dependência de drogas, vício em sexo, comer demais, jogo compulsivo, relações de codependência com cônjuges dependentes de álcool ou drogas – sim, filhos adultos de famílias disfuncionais.

Apesar de tudo neste livro ser totalmente compatível com uma abordagem dos Doze Passos para a recuperação, eu não me concentrei especificamente nos Doze Passos. Para os muitos leitores que estão familiarizados com essa abordagem para a recuperação, no entanto, vale a pena considerar os problemas dos filhos adultos de famílias disfuncionais, à luz dos Doze Passos.

Os Doze Passos dos Alcoólicos Anônimos[44]

1. Admitimos que éramos impotentes perante o álcool – que a nossa vida se tornou incontrolável.
2. Estamos convencidos de que um poder superior a nós mesmos pode nos devolver à sanidade.
3. Decidimos entregar nossa vontade e nossas vidas aos cuidados de Deus, *como nós o entendemos*.
4. Fizemos um minucioso e destemido inventário moral sobre nós mesmos.
5. Admitimos perante Deus, perante nós mesmos e perante outro ser humano a natureza exata de nossas falhas.
6. Estamos inteiramente prontos a deixar que Deus remova todos esses defeitos de caráter.
7. Humildemente pedimos a ele que remova nossos defeitos.
8. Fizemos uma lista de todas as pessoas que prejudicamos e nos dispomos a fazer reparações a todas elas.
9. Fizemos reparações diretas a tais pessoas, sempre que possível, salvo quando fazê-lo significasse prejudicá-las ou a outros.
10. Continuamos fazendo o inventário pessoal e, quando estamos errados, nós o admitimos prontamente.
11. Procuramos, através da oração e da meditação, melhorar nosso contato consciente com Deus *como nós o entendemos*, rogando apenas por conhecermos sua vontade em relação a nós e por força para podermos realizar essa vontade.
12. Tendo experimentado um despertar espiritual como resultado destes Passos, procuramos levar essa mensagem a outros alcoólicos e praticar esses princípios em todas as nossas atividades.

---

44 Os Doze Passos são reimpressos com a permissão dos Alcoólicos Anônimos World Service, Inc. A permissão para reimprimir e adaptar os Doze Passos não significa que os Alcoólicos Anônimos tenham revisado ou aprovado o conteúdo de qualquer publicação que reimprima os Doze Passos, nem que Alcoólicos Anônimos concorde com os pontos de vista neles expressos. Alcoólicos Anônimos é um programa de recuperação do alcoolismo. O uso dos Doze Passos em conexão com programas que são padronizados pelos Alcoólicos Anônimos, mas abordando outros problemas não implica o contrário.

No sentido mais básico, os desafios de se recuperar de uma infância em uma família disfuncional são bem diferentes dos da recuperação do alcoolismo. No entanto, existem semelhanças importantes – especialmente os que lidam com questões de culpa, responsabilidade e perdão – que tornam o uso dos Doze Passos eficaz em ambos os casos.

Os dependentes de álcool e drogas tipicamente começam culpando os outros pelos seus problemas. Sentem que seus problemas são culpa de todos, menos deles mesmos. Mas essas pessoas também tendem a se autocondenar muito. Precisam aprender a assumir a responsabilidade por suas próprias vidas, a perdoar os outros – mas também a perdoar a si mesmos.

Os filhos adultos de famílias disfuncionais, como vimos, tendem a começar no outro lado do espectro. Eles se culpam por tudo. À medida que começam a enfrentar as realidades de seu passado e descobrem as maneiras pelas quais foram vitimados, podem tornar-se bastante amargos com os outros. Eles precisam aprender a atribuir a responsabilidade por seus problemas com precisão, a perdoar os outros e também a perdoar a si mesmos. Assim, as necessidades de recuperação dos dois grupos acabam por ser muito semelhantes, pelo menos, em certos aspectos.

Vamos dar uma olhada nos Doze Passos e ver como eles se relacionam com aqueles que foram criados em lares disfuncionais doentios.

Passo 1
Admitimos que éramos impotentes perante nossas dependências – que a nossa vida se tornou incontrolável.

Não há dúvida sobre isso. Como filhos de famílias desestruturadas, de fato, éramos impotentes. Isso se torna evidente à medida que trabalhamos com os exercícios na Parte Um deste livro, em que olhamos para as nossas famílias e como elas operavam. Aqueles de nós que cresceram em famílias altamente disfuncionais têm vivido com a loucura, tanto em nossas famílias quanto em nós mesmos. Acreditamos nas mentiras e mitos, ajudamos a manter segredos doentios e vivemos como se tudo fosse normal.

Somos impotentes. Tudo o que aconteceu conosco está no passado, fora de alcance. Nós não temos o poder de mudar o passado. No entanto, muitos de nós passamos a vida inteira tentando fazer exatamente isso. Pensamos que, se agirmos de determinada maneira, o passado será magicamente resolvido. Temos que aceitar que somos impotentes. Nossas feridas estão lá – não há nada que possamos fazer para mudar esse fato.

Muitos de nós falamos de querer ter certeza de que os pecados do passado não se repitam em nossas famílias atuais. Trabalhamos como loucos para fazer as coisas de forma diferente. No entanto, quanto mais tentamos, mais parece que estamos *repetindo* o passado – se não exatamente da mesma maneira, pelo menos de forma muito parecida.

A recuperação de feridas do passado sempre começa com a aceitação de que somos *impotentes* perante o passado. E então percebemos que não estamos desamparados. Encontramos ajuda no próximo passo.

Passo 2
Estamos convencidos de que um poder superior a nós mesmos pode nos devolver à sanidade.

Há uma verdade sutil, mas importante, aqui. O poder em que acreditamos é "maior do que nós mesmos", o que significa que deve estar *fora* de nós mesmos. Muitos de nós ficamos frustrados, tentando encontrar um poder *dentro* de nós. Não nos damos conta de que qualquer poder que venha de dentro de nós mesmos não pode ser nada mais do que uma extensão de nós mesmos, com todas as nossas fraquezas e limitações evidentes. O único poder que pode devolver-nos à sanidade é aquele que é maior do que nós – e, portanto, está fora de nós mesmos.

Quando ignoramos essa realidade e tentamos alcançar a recuperação com nossa própria força, vamos acabar frustrados, deprimidos, com sentimento de culpa e envergonhados. É a própria futilidade que alimenta nossa loucura e remove a sanidade cada vez para mais longe de nosso alcance.

Passo 3
Decidimos entregar nossa vontade e nossas vidas aos cuidados de Deus, *como nós o entendemos*

Começamos a ver como é lógico voltar nossas vidas para Deus. Afinal, estamos lidando com questões do passado, e só Deus tem a capacidade de lidar com elas.

Voltar nossa vontade e nossa vida para Deus é estranho para nós. Como filhos adultos de famílias disfuncionais, nosso credo sempre foi: "Eu posso fazer isso sozinho. Eu sempre fiz e devo continuar a fazendo!" É preciso muita coragem e confiança para deixar isso. Mas devemos dar a Deus o nosso passado com todas as suas perdas e vergonha, entregando cada momento de desgraça, cada decepção, cada lágrima, cada esperança arrancada, cada cicatriz.

Nós entregamos nossas vidas a Deus sabendo que ele nos ofereceu um relacionamento com ele perdoando nossos fracassos. Achamos que Deus é capaz de compensar tudo o que nós perdemos. Ele pode nos livrar de nossa vergonha e preencher o vazio em nossos corações.

Disso aprendemos que a solução de problemas enraizados no passado só pode vir através do perdão. Quando passamos por este terceiro passo, começamos no caminho do perdão. Primeiro *recebemos* o perdão de Deus. Com o tempo, ele vai nos pedir para *estender* o perdão, tanto para os outros quanto para nós mesmos.

Passo 4
Fizemos um minucioso e destemido inventário moral sobre nós mesmos.

Tradicionalmente, esta etapa envolve a catalogação dos "pecados cometidos *por* mim", reconhecendo a tendência de alcoólatras e viciados de culpar os outros por seus problemas. Ao quebrar padrões geracionais, precisamos também assumir nossas ações erradas.

Ao mesmo tempo, devemos reconhecer que, em geral, temos estado desequilibrados na direção oposta. Tendo sido emocional, sexual ou fisicamente abusados, ou tendo sido abandonados (ou sufocados) pela família, passamos anos tentando descobrir o que *nós* fizemos para trazer dor a nós mesmos.

Para nós, como para todos que estão em recuperação, é importante fazer um inventário dos pecados que cometemos. Mas é igualmente importante fazer um inventário dos pecados cometidos *contra* nós, as maneiras pelas quais temos sido vitimados. Vamos precisar de ambos os inventários quando começarmos o processo de perdoar os outros e a nós mesmos.

Passo 5
Admitimos perante Deus, perante nós mesmos e perante outro ser humano a natureza exata de nossas falhas.

Mais uma vez, devemos confessar *tanto* os erros que cometemos *quanto* os erros que foram cometidos contra nós.

Primeiro, temos que confessar a Deus. Depois temos que dar um passo que, para muitos de nós é muito mais difícil: temos que admitir *a nós mesmos* a verdade dos nossos atos. Durante anos, temos vivido em negação. Muitos de nós idealizamos nossas famílias de origem. É difícil para nós enfrentar a verdade, mas é essencial para a nossa recuperação e nossa cura.

Em segundo lugar, temos que tomar outras medidas, confessando a verdade a outra pessoa. Muito da integridade tem a ver (tanto na Bíblia quanto na psicologia) com o princípio de se abrir com os outros. Não porque eles possam fazer alguma coisa para mudar a nossa situação, mas porque a confissão para outra pessoa torna real e concreta a nossa rejeição dos mitos e mentiras que nos sujeitavam. Isso reforça a nossa decisão de deixar para trás a escuridão da negação e de viver à luz da verdade.

Devemos ter cuidado com quem escolhemos para esta etapa. Um terapeuta, um amigo de confiança, um pastor ou líder – qualquer um destes pode ser uma boa escolha. Um irmão que está andando ao nosso lado no mesmo processo de descoberta e de cura pode também ser apropriado.

Passo 6
Estamos inteiramente prontos a deixar que Deus remova todos esses defeitos de caráter.

É nosso *desejo* básico que importa aqui, não a perfeição de nossa existência ou a pureza absoluta das nossas intenções. Muitos de nós nos preocupamos se estamos "totalmente" prontos – nosso próprio desejo de "fazer o certo" acaba nos impedindo de fazê-lo! Outros de nós (preocupados com o fato de termos que descobrir todos os detalhes do nosso passado) partimos em impossíveis "escavações arqueológicas" pela nossa infância, tentando especificar *cada* ofensa, cada ferida, não importa em que momento.

Esse é um beco sem saída. O que importa é que entendamos nossa fragilidade e fome de plenitude. Quando soubermos o suficiente sobre o nosso passado para nos atirarmos de todo o coração em busca da recuperação através do perdão, saberemos o suficiente para dar este passo.

Mais uma vez, um ajuste sutil de interpretação é necessário. Devemos realmente estar prontos a sacrificar nossos próprios defeitos de caráter. Mas também devemos estar prontos a perdoar os defeitos daqueles que nos fizeram mal.

Mesmo nisso, no entanto, o foco está em nós mesmos. Nosso objetivo não é *mudar* os outros, mas *aceitá-los* e *perdoá-los*. Isso é algo que acontece em *nós*. Nada em nosso trabalho dos Doze Passos fará qualquer mudança em qualquer outra pessoa. Mas as mudanças que podem ocorrer em nós farão toda a diferença no mundo.

Passo 7
Humildemente pedimos a ele que remova nossos defeitos.

Pedir qualquer coisa pode ser uma tarefa muito difícil para os filhos adultos de famílias disfuncionais. Podemos ter crescido em situações nas quais tudo o que pedimos foi recusado ou até mesmo fomos punidos por pedir, em primeiro lugar. Essa experiência pode ter causado nosso isolamento dos outros, para buscar uma autossuficiência que nos impedirá de sermos feridos ou decepcionados novamente.

Agora, porém, temos que aprender a pedir. Abandonamos nossa obstinação e nossa necessidade de controlar. Permitimos que Deus comece a trabalhar as mudanças em nossas vidas, as quais temos sido incapazes de produzir por nossa própria força. Pedimos a ele que remova não só nossos *defeitos*, mas também o que poderia ser chamado de nossas *recaídas* – as lacunas no nosso desenvolvimento que são o resultado da disfunção de nossa família.

Passo 8
Fizemos uma lista de todas as pessoas que prejudicamos e nos dispomos a fazer reparações a todas elas.

Mais uma vez, esta etapa tomará duas direções para nós. Devemos, primeiramente, trabalhar com o passo como está escrito: assumir a responsabilidade pelas coisas erradas que fizemos, trabalhando no processo de arrependimento e assumir a responsabilidade pelas consequências de nossas ações.

Mas também temos que compreender este passo em outro sentido. Poderíamos reformulá-lo para ler: "Fizemos uma relação de todas as pessoas que nos fizeram mal e nos dispusemos a fazer as pazes com todas elas". Em todos os casos, essa vontade de fazer as pazes envolve perdoá-las, o cancelamento da dívida que temos contra elas. Sempre que possível, envolve também tentar se reconciliar com elas – tendo em conta que a reconciliação é independente do perdão, e não está sob o nosso controle.

Passo 9
Fizemos reparações diretas a tais pessoas, sempre que possível, salvo quando fazê-lo significasse prejudicá-las ou a outros.

Aqui é importante notar que devemos ter cuidado para não adicionar mais prejuízos para aqueles que nos feriram. Nossos instintos podem nos levar a confrontar aqueles contra os quais temos uma queixa, sem considerar as consequências. Mas esse tipo de comportamento só piora nossa própria dor.

Devemos ver o perdão como um processo que leva tempo, para que possamos, pacientemente, pesar cada passo e considerar em oração como devemos proceder. É especialmente importante neste momento ter um ou mais "conselheiros" com quem possamos discutir nossos planos.

Também devemos aprender a discernir nossos motivos. Muitas vezes, o confronto é motivado por um desejo de vingança. Devemos ter sempre em mente que o perdão, não a vingança, é o nosso objetivo.

Passo 10
Continuamos fazendo o inventário pessoal e, quando estamos errados, nós o admitimos prontamente.

Quantas vezes por dia paramos para verificar nossa aparência? Para ver se nosso rosto está limpo, nosso cabelo no lugar, nossas roupas arrumadas? Quão natural é, então, que a nossa recuperação – nosso crescimento em direção à integridade – envolva um check-up periódico sobre nós mesmos.

Nosso check-up tem duas facetas. Em primeiro lugar, verificar se estamos assumindo a responsabilidade apropriada pelo nosso próprio comportamento. Em segundo, verificar se as nossas fronteiras estão intactas – se não estamos permitindo que pessoas ou padrões prejudiciais se esgueirem de volta em nossas vidas de maneiras que vemos como perigosas.

O perdão é, muitas vezes, um processo que deve ser repetido. Mesmo quando temos trabalhado nossos sentimentos e perdoado alguém que nos feriu, podemos descobrir que a dor de feridas antigas começa a mostrar-se novamente, sinalizando que um novo perdão pode ser necessário.

Passo 11
Procuramos, através da oração e da meditação, melhorar nosso contato consciente com Deus como nós o entendemos, rogando apenas por conhecermos sua vontade em relação a nós e por força para podermos de realizar essa vontade.

À medida que trabalhamos com este processo de perdão, somos capazes de ir além de nós mesmos e da nossa dor, para estabelecermos uma relação mais forte, mais saudável com Deus. Às vezes, como estamos nos permitindo reconhecer e aceitar nossa dor, parece que Deus nos abandonou. A verdade é que ele está sempre andando ao nosso lado, nos ajudando a cada passo do caminho.

Uma das alegrias de perdoar é que nós experimentamos uma liberdade maravilhosa em nossas vidas. Rancores nos mantém focados em nossa dor – em nós mesmos. O perdão nos liberta para focar em Deus e no seu plano para nós.

A recuperação é um processo espiritual. Nosso *perdão*, como vimos, sempre flui da nossa disposição de perdoar – pela misericórdia e graça que Deus tem derramado sobre nós através de seu Filho, Jesus. Baseia-se na nossa relação com Deus, à medida que o conhecemos melhor e andamos mais diretamente no coração do seu plano para nossas vidas.

Passo 12
Tendo experimentado um despertar espiritual como resultado destes Passos, procuramos levar essa mensagem a outros alcoólicos e praticar esses princípios em todas as nossas atividades.

A recuperação pode parecer um exercício muito autocentrado. Mas, para ser completa, deve se concentrar em outros também. Quando fomos libertados do fardo de um passado cheio de dor, é muito natural que queiramos compartilhar a liberdade que temos vivido com os outros. Se incluímos outros para trabalhar essas etapas, *será* uma parte natural do processo compartilhar nossa alegria com os outros, especialmente com aqueles que se beneficiarão trilhando o mesmo caminho do perdão.

Tendo experimentado o perdão para os nossos próprios erros e sendo capazes de estender o perdão aos outros, nos tornamos criaturas novas e livres. Passamos da codependência e do comportamento disfuncional a um genuíno carinho e amor.

Guia de estudo para grupos pequenos e individual

Para obter o benefício integral do material contido neste livro, será importante que você gaste algum tempo todos os dias aplicando o que você leu em sua própria vida e situação familiar.

Se você trabalhar com este guia de estudo com abertura e sentido de descoberta, terá esclarecimentos sobre a origem da disfunção dos seus pais (considerando suas influências na infância), sobre a pessoa que você apresenta para os outros e sobre o verdadeiro 'você' – a pessoa que olha para você no espelho todos os dias. Você não pode mudar seu passado, mas pode entender melhor suas influências sobre você. Essa maior compreensão irá ajudá-lo a fazer escolhas para livrá-lo dos efeitos do passado, para tirar o máximo do seu futuro e desenvolver relações familiares saudáveis.

Capítulo 1
Família: laços que unem?

Você cresceu em uma família disfuncional e doentia? Para efeito deste exercício, sua "família" refere-se à família na qual você cresceu. Responda às perguntas abaixo com sinceridade e com o que você mais se lembra. Escreva suas respostas em um caderno ou notebook para que possa revê-las depois de ter concluído todo o guia de estudo.

1. Os membros de sua família o respeitam e o tratam como um adulto quando você está na sua presença?
    a. Se a resposta for não, quem é a pessoa(s) que se recusa a respeitá-lo?
    b. Ele ou ela sempre o tratou dessa maneira?
    c. Por que você acha que essa pessoa não pode aceitá-lo como um adulto maduro?

2. Há um membro da família que parece ter controle sobre todos os outros?
    a. Se for assim, essa pessoa controla pela manipulação (fraqueza conveniente ou crise que faz com que outros membros da família assumam papéis familiares) ou intimidação?
    b. Como você reage internamente ao comportamento controlador dessa pessoa?
    c. Como você reage exteriormente?
    d. Se o seu comportamento exterior for diferente de seus verdadeiros sentimentos, o que o faz reagir falsamente? O que tem medo que aconteça se você expressar seus verdadeiros sentimentos?

3. Você podia expressar seus sentimentos e opiniões quando criança?
    a. Se não, o que você fez com aqueles sentimentos e opiniões?

b. Você é capaz de expressar seus sentimentos e opiniões, agora que é adulto?

4. Como o abuso de álcool ou drogas impactou sua infância?

    a. Quem na sua família imediata abusava de álcool ou drogas?

    b. Que crises específicas surgiram para você por causa do abuso de álcool e drogas?

    c. Como você se sentiu em meio a essas situações?

5. Você ou algum de seus familiares foi mental, física ou sexualmente abusado?

    a. Esse abuso foi mantido em segredo? Se sim, como você lidou com a manutenção de tal segredo?

    b. Se você foi abusado, o que fez para procurar ajuda para resolver essas questões e a dor emocional?

    c. Se você fosse uma testemunha de abuso contra outra pessoa, o que você faria para lidar com isso?

6. Quais memórias de infância você carrega que ainda o incomodam hoje?

    a. Será que essas memórias, e qualquer agitação interna resultante, interferiram na sua capacidade de funcionar normalmente no dia a dia?

    b. Você está disposto a olhar para essas memórias, se necessário, para se libertar de sua influência negativa?

7. Que impacto ter crescido em uma família disfuncional teve em sua vida?

    a. Qual é o impacto negativo?

    b. Que impacto positivo teve (à medida que você tem procurado superar seu passado)?

Você está pronto para se libertar da escravidão do seu passado? Está pronto para fazer um compromisso consigo mesmo, sua cura e seu futuro? Se a sua resposta para ambas as perguntas for sim – até mesmo um hesitante sim – complete as informações no contrato pessoal a seguir e o assine como seu compromisso pessoal. Será necessário empenho e tenacidade para trabalhar com questões que podem ser sentidas como ameaçadoras ou dolorosas. Você pode querer compartilhar esse contrato com uma pessoa de apoio que não seja membro de seu sistema familiar. Pode então ter alguém a quem recorrer em busca de apoio enquanto progride.

ACORDO CONTRATUAL
PARA CURA PESSOAL

Eu, _____, me comprometo, neste dia _____ de _____ do ano de _____, que farei tudo o que for necessário para alcançar a cura que preciso e mereço. Faço o seguinte compromisso comigo mesmo, dependendo da ajuda de Deus, para fazer tudo o que estiver ao meu alcance para enfrentar a verdade sobre minha família, trabalhar as questões não resolvidas da minha infância e aprender a perdoar meus pais e a mim mesmo.

1. Passarei _____ minutos por dia refletindo sobre o ensino deste livro e considerando como esses ensinamentos se aplicam à minha vida.

2. Escreverei em um diário todos os dias, fazendo todo o esforço para ser aberto e honesto sobre os sentimentos que começam a vir à tona. Registrarei memórias que pareçam pertinentes para o meu processo de cura.

3. Trabalharei para identificar minhas próprias áreas de disfunção e ver onde elas podem se encaixar no padrão do nosso sistema familiar. Procurarei identificar pessoas que eu ainda não perdoei, e tentarei entender como meus relacionamentos familiares podem estar ligados aos meus próprios padrões de hábitos disfuncionais.

4. Estou disposto a parar de culpar os outros pela maneira como vivo a minha vida, mesmo apesar de reconhecer sua influência. Vou assumir total responsabilidade por meu próprio processo de cura, com ou sem o apoio da minha família.

5. Vou começar a permitir que meus verdadeiros sentimentos venham à tona em vez de empurrá-los para baixo, e vou anotá-los no meu diário à medida que vierem à mente.

6. Se eu achar que não posso trabalhar com essas questões sozinho, vou procurar a ajuda de um grupo de apoio ou conselheiro.

Assinado _____ Data _____

Testemunha (opcional) _____ Data _____

Capítulo 2
O sistema familiar

Você provavelmente não iria investir tempo lendo este livro se não tivesse problemas familiares que está procurando resolver. Você pode ter tentado uma e outra vez resolver esses problemas, sem fazer muito progresso. Uma das razões talvez seja que você tenha feito uma abordagem de causa e efeito (linear) para um problema que é do "sistema familiar", e exige uma abordagem interativa. Se assim for, há uma boa notícia: você não tem que se esforçar mais! Talvez apenas precise ter um novo olhar sobre seus problemas familiares desconcertantes de uma nova perspectiva. Depois de ver claramente o problema a partir de uma visão interativa, a solução pode vir em seguida.

Você pode aprender a ter uma perspectiva interativa através da análise de um de seus problemas familiares desconcertantes. Uma vez que você aprenda a olhar para um problema a partir dessa perspectiva e testar essas teorias para ver como funcionam, pode seguir a mesma abordagem para lidar com outros problemas.

À medida que você trabalha com esses exercícios, anote seus sentimentos. Se estiver chegando perto de descobrir segredos de família (mesmo em sua própria mente) ou os mitos da família, você vai se sentir desconfortável. Anote esses sentimentos escrevendo em um diário ou em suas anotações aqui. Esses sentimentos fazem parte de sua pesquisa; não significam que você deva parar; em vez disso, eles podem sinalizar que está chegando perto da verdade.

1. Pense em um problema em sua família que você gostaria de entender melhor e resolver. Diga resumidamente qual é o problema e como você gostaria de vê-lo resolvido. (O exemplo do livro seria: "Tracy continua fugindo. Eu quero saber por que ela está fazendo isso, e fazê-la parar".)

_____
_____
_____
_____
_____

2. Descreva sua teoria sobre o que está causando o problema, usando uma perspectiva linear: quem está fazendo o quê e qual é o seu problema (além de questões familiares). Usando nosso exemplo do livro, você poderia dizer: "Tracy continua fugindo. Ela é rebelde e, provavelmente, usa drogas ou anda com a turma errada". Agora escreva sobre o *seu* problema de uma perspectiva linear.

_____

_____

_____

_____

3. Como você ou outros membros da família *reagiram* a esse problema de comportamento?

_____

_____

_____

_____

4. Que resultados positivos você tem visto de suas reações que são baseadas em uma perspectiva linear?

_____

_____

_____

_____

5. O que você já tentou várias vezes para resolver o problema e não funcionou?

_____

_____

_____

_____

6. Considere as histórias de Donna e Fred, ou Joey e seus pais neste capítulo. Você pode ver todos os padrões de repetição em sua família que o perturbam? Se sim, descreva o *padrão* de interação e quem está envolvido em fazer as mesmas coisas repetidas vezes.

_____
_____
_____
_____
_____

7. Você está disposto a deixar de lado sua teoria anterior sobre esse problema e quebrar o padrão de reações para considerá-lo à luz do sistema familiar? Você está disposto a tentar aplicar o pensamento interativo? Se assim for, pegue o mesmo problema que você descreveu acima e tente descrevê-lo no contexto de como essa pessoa se conecta com todos os outros personagens. Use as seguintes perguntas para ajudá-lo a fazer isso:

   a. O que está acontecendo nas relações familiares pouco antes de ocorrer o problema?

   - Existe um eterno padrão de competição (como o padrão de Fred de se fechar sob estresse) que se repete?
   - Quando a pessoa (previamente identificada como tendo o problema) explode, o que normalmente acontece? Será que recebe mais atenção, amor, simpatia? Isso distrai de outra coisa que está acontecendo?
   - O que é que vários membros da família fazem em reação ao comportamento "problema"?
   - Existe uma recompensa previsível para a pessoa que explode? Por exemplo, o estresse é aliviado, a dor é evitada ou a atenção é desviada de outros problemas na família?

b. Considerando todos esses ângulos, agora descreva o mesmo problema no contexto da história da família e do sistema familiar.

8. No caso de Joey, como pode a recompensa preencher uma necessidade legítima, que de outra maneira não é atendida de maneira saudável? Por exemplo: Joey pode ter sido negligenciado enquanto sua mãe corria com o serviço da cozinha e seu pai o ignorava para assistir TV.

9. Pense em maneiras pelas quais você pode abordar eventuais necessidades não atendidas diretamente ou, de outro modo, corrigir a interação familiar para ver o que acontece. Que necessidades legítimas não totalmente satisfeitas podem fazer parte desse problema de comportamento?

10. Às vezes, outros membros da família podem se adaptar para atender a essas necessidades de maneira legítima. Isto não é para aplacar ou apaziguar uma pessoa pelo comportamento problema; ao contrário, é aceitar o problema como uma família, considerar o que pode contribuir para o problema e trabalhar juntos para tornar a explosão desnecessária. Como outros membros da família poderiam se adaptar para ajudar a atender as necessidades não satisfeitas que podem desencadear o problema?

11. O pensamento linear o prende a algumas escolhas em resposta aos problemas; o pensamento interativo abre um mundo de possibilidades para uma mudança positiva no seu sistema familiar. Qual tem sido sua principal forma de olhar para esse problema? Você está disposto a tentar repensar todos os problemas dentro de sua família como problemas familiares interativos?

_____
_____
_____
_____

12. Imagine sua família estendida sentada em torno de uma grande mesa de jantar. O que todos sabem ou certamente suspeitam que ninguém se atreveria a mencionar em voz alta?

_____
_____
_____
_____

13. Que parte você pode estar representando na manutenção da "conspiração do silêncio", e por quê?

_____
_____
_____
_____

14. O que aconteceria se você se atrevesse a abrir os segredos de família? (Quem iria desmaiar, ter um ataque cardíaco, ser arruinado, "simplesmente morrer!", ou não ser capaz de suportar?)

_____
_____
_____

15. Como guardar os segredos de família impactou sua vida? Como o medo e a vergonha inibem sua vida?

16. Que mitos familiares foram criados para encobrir ou compensar os segredos da família?

17. Como eles têm ajudado e machucado sua família?

18. Que mitos familiares você ainda sustenta hoje?

19. Que passos você poderia dar para substituir esses mitos por uma aceitação saudável da verdade sobre sua família?

a. Como você poderia aceitar a verdade?

b. Como você poderia reconhecer a verdade?

c. Como você poderia expressar a verdade?

20. Jesus Cristo disse: "... *e conhecerão a verdade, e a verdade os libertará*" (Jo 8.32). Como isso pode se aplicar à sua situação familiar?

Capítulo 3
Minha família e eu

1. As frases a seguir são características de uma família saudável. Marque S = sim, P = um pouco, ou N = não para avaliar quão saudável sua família é agora. Para cada um, cite um exemplo para justificar sua avaliação:

Adaptam-se facilmente às mudanças	S	P	N
Têm limites bem definidos	S	P	N
Aprendem um com o outro	S	P	N
Consideram os sentimentos dos outros	S	P	N
Indivíduos assumem a responsabilidade por suas próprias vidas	S	P	N
Todos os problemas são vistos como problemas familiares	S	P	N
Lidam com os problemas como uma unidade	S	P	N
Tratam diretamente com o outro	S	P	N
Incentivam os outros a serem indivíduos	S	P	N
Toleram as diferenças	S	P	N
Expressar altos e baixos é bom	S	P	N
Há respeito entre as gerações	S	P	N

2. Descrevi quatro estilos de ligação no capítulo. Uma delas é a ligação segura, em que a mãe, e também o pai em certa medida, está disponível, é compreensivo e aceita a criança. Como você classificaria sua mãe sobre nesses comportamentos?

   a. A mãe estava disponível em meus anos de pré-escola, e é assim que eu experimentei sua disponibilidade:

   _____
   _____
   _____

   b. A mãe não estava disponível para mim durante esses anos, e é assim que eu experimentei o fato de ela não estar disponível:

   _____
   _____
   _____

c. A mãe era compreensiva comigo durante os meus anos de pré-escola, e é assim que eu experimentei sua compreensão:

_____

_____

d. A mãe não era compreensiva comigo durante esses anos, e é assim que eu experimentei o fato de ela não ser compreensiva:

_____

_____

e. A mãe me aceitava durante os meus anos de pré-escola, e é assim que eu experimentei sua aceitação:

_____

_____

f. A mãe não me aceitava durante esses anos, e é assim que eu experimentei o fato de ela não me aceitar:

_____

_____

Faça a mesma coisa com o seu relacionamento com seu pai durante seus anos de pré-escola. Às vezes, um pai pode compensar os déficits em nosso relacionamento com a nossa mãe. De que maneira você experimenta seu pai como disponível, compreensivo e/ou com capacidade de aceitação? Como foi sua experiência com um pai não disponível, não compreensivo e/ou sem capacidade de aceitação?

_____

_____

_____

_____

3. Identifiquei três estilos de ligação insegura: o estilo de ligação de esquiva, o de ligação de ansiedade/ambivalência e o de ligação de medo. Se você não acredita que tenha tido uma ligação segura quando era criança, qual desses três estilos de ligação melhor descrevem você? Por quê?

_____
_____
_____
_____

4. Como seu estilo de ligação predominante afetou seus relacionamentos adultos? Descreva alguns dos problemas que enfrentou com base no seu estilo de ligação.

_____
_____
_____
_____

5. Você já teve algum relacionamento adulto que o tenha ajudado a se sentir mais seguro em suas ligações? Descreva o que você experimentou.

_____
_____
_____
_____

6. Se você tivesse que classificar sua família em uma das seguintes descrições, qual mais se aproxima dela?

   a. *Emaranhada*: limites rígidos, mantendo os membros da família unidos pelo controle das vidas uns dos outros, e mantendo os "não membros" de fora.

   b. *Desligada*: extrema falta de apoio emocional ou vínculo; bem pouca união na família.

c. *Ligada*: um equilíbrio saudável entre emaranhada e desligada. Os membros gostam de fazer as coisas juntos, mas também funcionam bem como indivíduos, fora da família.

7. A seguir estão as descrições dos tipos disfuncionais. Sua família se identifica com algum dos seguintes tipos?

   a. Ilhas isoladas: todos os membros estão isolados uns dos outros.

   b. Divisão de gerações: falta de interação entre gerações.

   c. Divisão de gêneros: falta de interação emocional significativa entre os gêneros.

   d. Par unido: dois membros da família isolam-se do restante da família.

   e. Rainha da colina: esta família é abertamente dominada por uma única pessoa.

   f. Ditador silencioso: um membro controla completamente a família com sutileza e manipulação. Esta pessoa normalmente se recusa a participar de aconselhamento.

   g. Bode expiatório da família: um membro aceita ser responsabilizado por qualquer coisa que der errado na família.

Se você reconhecer padrões familiares disfuncionais, não desanime. Essas compreensões irão ajudá-lo a fazer escolhas sábias sobre como se tornar mais saudável, e incentivá-lo a desenvolver novos padrões.

Capítulo 4
Os pecados dos pais

1. Crie um genograma de sua família, usando as instruções encontradas neste capítulo. Volte pelo menos duas gerações. Você pode não ter todas as informações de que precisa, mas não deixe que isso o impeça de continuar. Comece com o que você sabe e vá preenchendo à medida que consegue mais informações.

2. Depois de ter criado seu genograma, use-o para responder às seguintes perguntas:

   - Que papéis você interpretou em sua família de origem?
   - Você interpreta os mesmos papéis agora ou tem assumido outros papéis familiares?
   - Quem mais interpretou esse papel antes de você, de quem você possa estar copiando o padrão – mesmo que inconscientemente?
   - Quais são as regras não escritas que são observados repetidamente, geração após geração?
   - Que padrões recorrentes você vê (considere os mencionados no capítulo: vício, engano, codependência, adultério, divórcio, abandono, abuso, adotar uma favorita entre as crianças, mentira)?

3. Crie um cronograma familiar (veja página 80) descrevendo o "eixo horizontal" de sua vida familiar. Comece com seu casamento (ou seu nascimento, se não for casado) e, em seguida, trace os vários eventos estressantes que aconteceram com membros de sua família.

4. Identifique qualquer coisa do seu passado que ainda o incomoda, afeta, influencia ou atrapalha.

_____
_____
_____
_____

5. Usando as definições dadas e seu genograma, identifique o tipo de limites que você tem nas seguintes áreas de sua vida. Circule o que caracteriza seu comportamento típico: R (rígido), D (difuso), F (flexível). Lembre-se: rígido = forte demais; difuso = fraco demais; flexível = saudável.

Limites pessoais individuais	R	D	F
Limites intergeracionais	R	D	F
Limites familiares	R	D	F

6. A seguir você vê regras não escritas que caracterizam as famílias disfuncionais. Circule S = sim, se essa é uma característica sua; V = às vezes, se isso for verdade para você de vez em quando; e N = não, se isso não é verdade para você. Se esta for a característica de outro membro ou outros membros da família, escreva seus nomes no espaço em branco.

S V N Não sente _____

S V N Fica sempre no controle _____

S V N Nega o que está acontecendo _____

S V N Não confia _____

S V N Mantém os segredos de família _____

S V N Tem vergonha _____

Capítulo 5
Relacionamentos de três vias

1. Em qual de seus relacionamentos você e as outras pessoas reagem uns aos outros por hábito em vez de interagir espontaneamente?

   _____
   _____
   _____

2. Mapeie essas relações usando o método do "triângulo", descrito neste capítulo. Identifique qual tipo de triângulo melhor representa cada conjunto de relações:

   Padrões contínuos em curso
   - Todas as linhas retas: três pessoas; solidamente ligadas.
   - Uma linha reta e duas onduladas: duas pessoas se conectam uma com a outra contra a terceira.

   Padrões instáveis temporários
   - Todas as linhas onduladas: três pessoas que realmente não se dão bem, ou que não conseguem se conectar umas com as outras.
   - Duas linhas retas e uma ondulada: uma pessoa tentando manter juntas as outras duas, que não se dão bem.

3. Olhe para esses modelos de triângulo e, em seguida, identifique qualquer mágoa ou raiva resultante desses padrões relacionais. Abaixo, faça uma lista de qualquer pessoa de seus triângulos por quem você abriga tais sentimentos, e diga por quê.

   _____
   _____
   _____

4. Em cada um dos casos acima, faça uma lista de maneiras específicas pelas quais sua falta de perdão dificulta a *sua* vida hoje.

   _____
   _____
   _____

5. Como você experimentaria a liberdade se pudesse perdoar cada pessoa de sua lista acima?

   _____
   _____
   _____

6. As páginas 98-99 referem-se a como uma nova pessoa pode descobrir dinâmicas ocultas quando entra em suas relações familiares. Como uma terceira pessoa (de fora do sistema familiar original) entrou em um relacionamento com você e foi capaz de destrancar seus sistemas de negação?

   _____
   _____
   _____
   _____

   Que nova perspectiva sobre sua família fez essa pessoa chamar sua atenção?

   _____
   _____
   _____
   _____

   Que reação ocorreu dentro do sistema familiar que tentou voltar os relacionamentos a como eram antes?

   _____
   _____
   _____

   Você quis ceder à pressão do sistema familiar para restaurar a negação, ou formar novas relações dentro do sistema? Por quê ou por quê não?

   _____
   _____
   _____
   _____

Capítulo 6
Perdoando os outros, libertando a nós mesmos

1. Este capítulo afirma que "o perdão é a única maneira de alcançar a liberdade genuína com os efeitos ruins do passado". Antes de começar a perdoar, você deve reconhecer como foi ferido por males cometidos contra você. É comum em famílias disfuncionais fingir não estar ferido. Como você se sentiu pressionado a não reconhecer as feridas que o machucaram em sua família?

   _____
   _____
   _____
   _____

2. Consulte o genograma e os modelos de triângulo de seus relacionamentos. Use-os para ajudá-lo a elaborar uma lista de males cometidos contra você. Este é um processo que vai levar tempo. Use os espaços abaixo para listar qualquer um que lhe venha à mente imediatamente. Use um diário para listar outras memórias à medida que forem surgindo. Males cometidos contra mim:

   1. _____
   2. _____
   3. _____

   (Comece com os três incidentes mais prementes. Uma vez que você aprenda o processo de perdoar estes, pode repetir o processo para todos os outros males que continuam precisando de perdão.)

3. Para cada um dos males cometidos contra você (acima) identifique as pessoas que o feriram e as que não o protegeram de ser ferido:

Os que me machucaram	**Os que não me protegeram**
#1: _____	_____
#2: _____	_____
#3: _____	_____

4. Falta de perdão é caracterizada por sentir "como se tivessem tirado algo que pertencia a nós – nossa paz, nossa alegria, nossa felicidade – e que agora eles devem isso a nós". Este capítulo usou a analogia de manter uma promissória emocional contra aqueles que o feriram. Pegue um pedaço de papel separado para cada uma das pessoas que você citou acima. Faça uma promissória que represente o que você está guardando contra elas, o que elas fizeram, como aquilo roubou algo de você e o que você sente que lhe devem (se é que têm o poder de lhe devolver). Apegue-se a isso até que termine com eles mais adiante.

_____

_____

_____

_____

5. Muitas pessoas se recusam a perdoar porque acham que perdão significa que devem esquecer o que aconteceu, agir como se estivesse tudo bem ou agir como se não os tivesse machucado. O entendimento de que o perdão inclui reconhecer o mal que foi feito e cancelar a dívida ajuda você a se tornar disposto a perdoar? Por quê ou por quê não?

_____

_____

_____

_____

6. O perdão começa com uma decisão pessoal. Se você está disposto a iniciar o processo de perdão para as pessoas que nomeou em suas promissórias emocionais, assine seu compromisso abaixo: eu escolho perdoar. Comprometo-me a começar este processo de perdão hoje:

Assinatura: _____

Data: _____

Lembre-se, você vai precisar expressar os sentimentos associados com as feridas que sofreu. Você pode não *sentir* como se estivesse no processo de perdão. Sempre que duvidar de seu compromisso, olhe para a sua assinatura aqui e reafirme seu compromisso de trabalhar todas as etapas de perdão.

7. Olhe para cada uma das promissórias que você criou para representar aqueles que precisa perdoar. Para cada uma delas, identifique as emoções despertadas quando você se atreve a pensar sobre o que aconteceu e como isso o machuca. Em seu diário, conclua as seguintes frases para ajudá-lo a identificar suas emoções para cada promissória que você fez:

   a. Tenho medo de olhar para isso porque...

   b. Eu me sinto culpado...

   c. Sinto-me envergonhado e humilhado por...

   d. Estou com raiva de...

   e. Sinto-me triste porque...

8. "Expressar suas emoções destrutivas é importante porque 'as tira de seu sistema', de modo que não podem envenená-lo por mais tempo". Escolha como você vai expressar suas emoções relacionadas a cada uma das promissórias emocionais que criou. Eu vou:

   _____ Falar com eles

   _____ Escrever para eles

   _____ Falar com uma cadeira vazia

   _____ Outros: _____

   Tire um tempo agora para trabalhar em expressar suas emoções associadas a uma de suas promissórias. Você poderá trabalhar com as outras assim que for capaz.

9. Como seus limites foram violados enquanto você estava crescendo em sua família?

   _____

   _____

   _____

10. Que novas fronteiras que você precisa definir para se proteger?

_____
_____
_____
_____

11. Este é o momento no processo para cancelar a dívida ou transferi-la para Deus. Pode ajudá-lo a cancelar a dívida saber que você pode transferir a conta dessa pessoa a Deus, para que ele resolva como lhe aprouver. Mesmo que a pessoa não tenha se arrependido ou reconhecido como ela o feriu, você pode deixar pra lá suas exigências de que a pessoa pague o que você sente que ela lhe deve. Depois de ter trabalhado com os passos 1 a 4, como explicado neste capítulo, para qualquer uma das notas promissórias que representam o que você estava guardando contra alguém, opte por cancelar essa dívida ou entregá-la a Deus. Escreva "CANCELADO" em todas as promissórias e coloque a data para simbolizar que liberou essa pessoa das ofensas contra você.

12. Considere a possibilidade de reconciliação. Responda as seguintes perguntas para cada pessoa com quem você está pensando em reconciliação. Use suas respostas para ajudá-lo a decidir aonde o relacionamento vai a partir daqui. Lembre-se, perdoar alguém não significa que você *tenha* que reconciliar o relacionamento.

    - Por que você quer reconciliação?
    - Se você se aproximar da outra pessoa, qual você acha que será sua resposta?
    - Você poderá aceitar a pior resposta possível?
    - Como você pode verificar para ver se a outra pessoa está aberta a trabalhar sua parte na reconciliação?

13. Qual é o próximo passo para preparar-se e mover-se em direção à reconciliação?

_____
_____
_____
_____

Capítulo 7
Perdoando e esquecendo

1. Liste duas coisas que você ganha por se lembrar e aceitar uma ferida do passado, mesmo que a tenha perdoado.

    1. _____
    2. _____

2. Use esses começos de frases para ajudá-lo a citar um exemplo específico de sua vida.

    Quando eu me lembrei...

    _____
    _____
    _____
    _____

    Me ajudou...

    _____
    _____
    _____
    _____

3. Seus problemas atuais podem estar relacionados às mágoas do passado que não foram totalmente resolvidas. Liste alguns de seus problemas atuais abaixo, e depois veja se você pode rastrear o problema de volta para uma ferida anterior.

Problema atual	Ferida do passado
Exemplo: Sou inseguro e desconfiado	Meu cônjuge teve um caso.
1. _____	_____
2. _____	_____
3. _____	_____

4. Que experiências passadas você teve que tentar não pensar porque o incomodavam?

_____
_____
_____
_____

5. Que tipo de emoções você experimenta quando permite que esses pensamentos reprimidos venham à tona?

_____
_____
_____
_____

6. Você está disposto a perceber quando está tentando *não* pensar em alguma coisa, enfrentar os sentimentos e lidar com o que aconteceu para que possa trabalhar com eles? _____

7. Há algum período de tempo durante a sua infância que está faltando em sua memória? Se assim for, considere cada um dos períodos de tempo listados abaixo. Para cada faixa etária em sua vida, tente se lembrar como era a vida durante esses anos – onde vivia, como era seu quarto, o que estava acontecendo em casa e na escola. Circule qualquer uma das faixas etárias das quais você não consegue se lembrar de detalhes.

Idades: 1–4   5–8   9–12   13–15   16–18

Esses espaços em branco em sua memória podem lhe dar pistas de partes dolorosas do seu passado que você não tenha resolvido.

8. Pense em como você descreveria seu pai e sua mãe para os outros. Você tende a pintá-los como completamente bons ou completamente maus?

_____
_____
_____
_____

9. Tente escrever uma descrição sobre seus pais, que inclua pelo menos três características boas e três características más.

_____
_____
_____
_____

Se tiver problemas para fazer isso, você pode explorar mais isso com a ajuda de um conselheiro.

10. O que melhor descreve sua visão de seus pais?
    - rejeição total
    - idealização doentia
    - compreensão saudável de que eles são apenas seres humanos – bons e maus

11. Você pode identificar sua mãe em um dos seguintes tipos?
    - *Invasiva*: muito controladora; usa culpa irracional; falta respeito por limites saudáveis em sua vida
    - *Que abandona*: física ou emocionalmente ausente
    - *Imprevisível*: às vezes amorosa, às vezes fria e indiferente

12. Olhando para trás ao longo de sua infância, você pode ver agora em que ocasiões pode ter pensado que você era ruim, porque não poderia conceber que seus pais pudessem ser culpados? Como você se condenou injustamente?

_____
_____
_____
_____
_____

13. Que muletas você usou para enfrentar e escapar da dor da sua vida?

14. Como você usou o comportamento *controlador*, viver em *negação, evitar* situações ou memórias incômodas, e existir em um estado de dormência emocional para escapar de sua dor interior?

15. Quando você esteve em situações dolorosas, mas foi proibido de reconhecer o que estava acontecendo e expressar sua raiva? Como isso ainda influencia sua capacidade de expressar raiva quando ela é justificada?

16. O que você aprendeu com a dor do passado que pode ajudá-lo a se proteger de ser "queimado" novamente?

17. Este capítulo disse: "Nós perdoamos – mesmo que nos lembremos!" Você está disposto a fazer isso? Se sim, como você está ativamente fazendo isso?

18. Você está disposto a procurar a ajuda de um terapeuta profissional, se necessário, para ajudá-lo no processo de se lembrar o que aconteceu, enfrentar para os sentimentos que surgem e concluir o processo de perdão?

Capítulo 8
O que a raiva tem a ver com isso?

1. É difícil para você reconhecer, admitir ou lidar com sua raiva? Por que ou por que não?

   _____
   _____
   _____
   _____
   _____
   _____

2. Como isso aparece em suas relações familiares?

   _____
   _____
   _____
   _____
   _____

3. Você aceita o que este capítulo afirma: que não é apenas bom, mas é preciso reconhecer e aceitar sua raiva antes que seja capaz de realmente perdoar? _____

4. Se aceitar a raiva como sendo normal é novo para você, como poderá se lembrar disso quando você automaticamente tentar ignorar ou se encher de sentimentos de raiva?

   _____
   _____
   _____
   _____

5. Ressentimento é o subproduto de raiva não expressa. Contra quem você guarda ressentimentos? (Se você não tiver certeza, são aquelas pessoas que despertam raiva ou outras emoções reprimidas quando as vê ou pensa sobre elas.)

_____
_____
_____
_____

6. Raiva não expressa e o ressentimento que ela causa tornam-se um veneno se não forem reconhecidas e tratadas em um nível consciente. Você está disposto a expressar a raiva e o ressentimento que tem atualmente enterrado? Se sim, qual dos métodos listados abaixo, você vai usar?

   - Anote exatamente como você se sente
   - Compartilhe seus sentimentos com um amigo de confiança
   - Verbalize seus sentimentos em voz alta para si mesmo
   - Escreva uma carta para a pessoa (mas *não* a envie)

7. Quando você esconde seus sentimentos de raiva, porque se sente culpado? Por exemplo, você "não tem o direito de sentir raiva". Quem o convenceu de que você não tem o direito de sentir raiva?

_____
_____
_____
_____

8. Quando você esconde seus sentimentos de raiva porque você tem medo de expressá-las? O que você tem medo que aconteça se expressar sua raiva?

_____
_____
_____

9. Algumas pessoas provenientes de famílias disfuncionais aprendem a negar seus sentimentos. Os "bons" sentimentos estão autorizados a ser reconhecidos e expressados, mas as emoções que são consideradas "más" têm que ser esmagadas. Classifique cada uma das seguintes emoções em uma escala de 1 a 10 (1 = não aceito de maneira alguma, 10 = totalmente aceitável).

medo	1	2	3	4	5	6	7	8	9	10
frustração	1	2	3	4	5	6	7	8	9	10
mágoa	1	2	3	4	5	6	7	8	9	10
tristeza	1	2	3	4	5	6	7	8	9	10
raiva	1	2	3	4	5	6	7	8	9	10
felicidade	1	2	3	4	5	6	7	8	9	10

10. Todas as emoções são parte do ser humano, mas existem formas aceitáveis e não aceitáveis de expressá-las. Quais são algumas maneiras aceitáveis pelas quais você pode expressar os sentimentos que anteriormente considerava inaceitáveis?

_____
_____
_____
_____

11. Você vai assumir um compromisso de *não* reprimir de forma consciente seus sentimentos de raiva, mas enfrentá-los e expressá-los de forma construtiva?

_____
_____
_____
_____

12. É preciso prática para aprender a reconhecer sua raiva e expressá-la de forma apropriada. Uma boa orientação é falar de seus sentimentos com alguém em quem você confia, mas espere antes de expressar sua

raiva para a pessoa a quem ela é dirigida. Existe alguém em quem você confia, com quem você possa discutir seus sentimentos de raiva antes de tomar qualquer ação? Quem?

_____
_____
_____
_____

13. Há quatro maneiras comuns pelas quais as pessoas tendem a lidar com a raiva. O que melhor o descreve?

   _____ 1. Você reprime sua raiva até explodir.
   _____ 2. Você solta imediatamente sua raiva para a pessoa que a causou.
   _____ 3. Você percebe e reconhece sua raiva, mas opta por contar até 10 antes de reagir.
   _____ 4. Você discute sua raiva com alguém em quem confia em uma tentativa de entender por que você se sente dessa maneira e qual a melhor forma de lidar com a raiva.

Somente os números 3 e 4 são maneiras saudáveis de lidar com sua raiva. O que você pode fazer para começar a reagir de forma mais saudável em relação a um incidente específico sobre o qual você está com raiva?

_____
_____
_____
_____

14. "O perdão é uma jornada de muitos passos." Que passos você deu até agora?

_____
_____
_____
_____

Que passos você pode dar em seguida para encontrar ou trabalhar sua raiva de forma saudável, de maneira que possa seguir no caminho do perdão?

_____
_____
_____
_____

Capítulo 9
O jogo da culpa

1. Quando algo ruim acontece em sua vida, você tem a tendência de culpar alguém?

2. Culpar os outros é muitas vezes um disfarce para o medo. Do que você tem medo, que lhe faz procurar alguém para culpar: punição, constrangimento, a responsabilidade ou o quê?

3. Você aceita que, às vezes, "coisas apenas acontecem" ou sempre tem que procurar alguém para culpar quando algo dá errado?

4. Com quem você precisa interromper uma dança circular de culpa?

5. Deus limitou a vingança no Antigo Testamento para "olho por olho, dente por dente". Há limites para o seu desejo de vingança ou ele parece insaciável? Se for assim, que limites você coloca em seu desejo de vingança?

_____
_____
_____
_____
_____

6. Quais são algumas coisas que você pode fazer para colocar os maus ou decepcionantes momentos de sua vida na perspectiva correta?

_____
_____
_____
_____
_____

7. Qual é a diferença entre (a) culpar e (b) lembrar-se de uma ofensa do passado apesar de reconhecer a verdade do que aconteceu?

_____
_____
_____
_____
_____

8. A julgar pela experiência do passado, colocar a culpa em alguém já o ajudou a superar a questão e acabar com a amargura?

_____

9. Explique porque é bom para você iniciar o processo do perdão, mesmo que a pessoa que o ofendeu possa não merecer seu perdão; inclua os benefícios de parar de culpar alguém por sua condição atual:

_____
_____
_____
_____
_____

10. Se você se encontra preso em um padrão de culpar os outros, está disposto a procurar aconselhamento profissional para ajudá-lo a parar de culpar e começar a aceitar a responsabilidade por sua própria vida?

_____
_____
_____
_____
_____

11. Olhe para o modelo na página 181. Em que caminho você está, e onde você está nesse caminho?

_____
_____
_____
_____
_____

12. Que tendências de uma pessoa "codependente" descritas neste capítulo você apresenta?

_____
_____
_____
_____

13. Há alguém em sua vida que faz com que seja mais fácil para você continuar padrões não saudáveis de vida por seu comportamento codependente? Se assim for, o que você está disposto a fazer para trazer seu relacionamento com seu parceiro facilitador a um padrão mais saudável?

_____
_____
_____
_____

14. Você está disposto a tentar falar de seus sentimentos em declarações "eu", em vez de declarações "você"? Se assim for, com quem vai assumir esse compromisso para que essa pessoa possa ajudá-lo a monitorar a forma como você fala e como tende a colocar a culpa em outras pessoas?

_____
_____
_____
_____

15. Liste os nomes das pessoas com quem você atualmente compartilha seus sentimentos e problemas.

_____
_____
_____
_____

Será que essas pessoas tendem a participar da sua autopiedade ou ajudá-lo a percorrer o caminho do perdão e aceitar a responsabilidade por sua vida?

16. Como cada uma das pessoas listadas acima o ajuda a parar de culpar ou se une a você em culpar?

17. Como você pode mudar a natureza de seus relacionamentos para parar de culpar e escolher pessoas que não irão incentivá-lo a culpar os outros?

Capítulo 10
Confronto e/ou reconciliação

1. Perdão e reconciliação são assuntos distintos, mas estreitamente relacionados. Faça uma lista aqui de todas as pessoas com quem você está em algum lugar no processo de perdão ou reconciliação:

   _____
   _____
   _____
   _____

   - Agora, desenhe um círculo ao redor de quaisquer nomes na lista a quem você tenha perdoado, mas com quem não se reconciliou.
   - Em seguida, desenhe um retângulo em torno de todos os nomes das pessoas com quem você se reconciliou, sem o verdadeiro perdão.
   - Coloque uma estrela ao lado dos nomes das pessoas com quem você já se reconciliou e perdoou.
   - Coloque um "X" ao lado dos nomes das pessoas que você perdoou e fez todo o possível para se reconciliar (mesmo que elas tenham recusado a reconciliação).

2. Você tem se sentido responsável por uma falta de reconciliação nos casos em que fez tudo o que pôde? _____ Se assim for, vai parar de tomar a responsabilidade pela decisão da outra pessoa? _____

3. Olhe para os nomes em torno dos quais você desenhou um retângulo – aqueles com quem você se reconciliou sem passar pelo processo de perdão. Em cada exemplo, você:

   _____ Negligenciou a dor causada pelas ações da outra pessoa?
   _____ Negou que foi ferido?
   _____ Desculpou o comportamento indesculpável?
   _____ Teve medo de perder a relação se falasse?
   _____ Teve medo _____ se falasse?

4. Nas situações nas quais está em busca de reconciliação, você está pronto para levar adiante as coisas ocultas que precisam ser trazidas à luz?

_____

5. Quais são seus motivos para querer enfrentar ou lidar com essas questões?

   _____ Retaliação   _____ Para trazer a verdade à luz
   _____ Vingança   _____ Para buscar a reconciliação
   _____ Retribuição   _____ Para restaurar relacionamento
   _____ Maldade   _____ Para me ajudar a perdoar completamente

   (Nota: Se você respondeu sim a qualquer uma das razões à esquerda, espere qualquer confronto. Quando seus motivos o levam à coluna da direita, você está pronto para um confronto que pode levar à reconciliação.).

6. Confronto exige uma preparação cuidadosa. O que você vai fazer para se preparar para confrontar aqueles que você acredita que precisa enfrentar?

   _____
   _____
   _____
   _____

7. Você pode entrar em um confronto sem expectativas sobre o resultado da reunião? _____ Que expectativas você tem? O que você espera, mas não necessariamente supõe que vá acontecer?

   _____
   _____
   _____
   _____

8. Você está preparado para lidar com as seguintes reações?

    _____ Negação (Não foi isso que aconteceu.)

    _____ Acusação (A culpa é sua.)

    _____ Minimização do problema (Não foi tão ruim assim.)

    _____ Ambiguidade (Não me lembro disso assim.)

    Pratique como você lidaria com cada uma dessas reações, se fosse enfrentar o problema.

9. Você precisa trabalhar o perdão e a reconciliação com alguém que está morto? Se sim, qual a técnica que você irá usar para ajudá-lo a fazer isso?

    _____
    _____
    _____
    _____

10. Você está em uma situação em que a pessoa que o feriu quando criança mudou e já não é o tipo de pessoa que ainda iria feri-lo? Se assim for, você pode reconhecer e perdoar o que essa pessoa fez no passado ao se relacionar com ela como está agora?

    _____
    _____
    _____
    _____

Capítulo 11
Perdoando meus pais, perdoando a mim mesmo

1. Você está disposto a considerar como suas atitudes e escolhas (sobre a forma de lidar com o que aconteceu com você) contribuíram para a sua dor?
   _____

2. Faça uma lista das maneiras (se houver) em que você contribuiu com sua própria dor.
   _____
   _____
   _____
   _____

3. Você está pronto e disposto a perdoar a si mesmo pelas coisas que listou acima? _____

4. Você vai precisar trabalhar com as etapas listadas abaixo para estar pronto para perdoar a si mesmo:

   a. Reconhecer a ferida...

   O que aconteceu?
   _____
   _____
   _____

   Qual papel você representou?
   _____
   _____
   _____

Você fez alguma coisa errada?
_____
_____
_____

b. Identificar as emoções envolvidas. Você sente...

_____ medo

_____ culpa

_____ vergonha

_____ raiva

_____ tristeza

_____ outro: _____

5. Quais das seguintes técnicas irá usar para expressar seus sentimentos sobre a forma como você tem contribuído para a sua própria dor?

_____ Falar sobre eles com um amigo

_____ Escrever o que aconteceu

_____ Falar comigo mesmo sobre isso

6. Alguma das seguintes condições é um sinal de que você não tem limites?

_____ Comer compulsivamente

_____ Passar fome

_____ Abusar de álcool ou drogas

_____ Me exercitar exageradamente

_____ Assumir um comportamento perigoso

_____ Tornar-me antagônico

_____ Outro: _____

A resposta sim para qualquer uma dessas condições vai levar a novas feridas e à autoaversão, se não for controlada. O que você vai fazer para lidar com qualquer uma destas áreas problemáticas?
_____
_____
_____
_____

7. Você está pronto para cancelar a dívida que mantém contra si mesmo?

   _____

8. Com quais das seguintes afirmações de autoperdão você pode concordar?

   _____ Eu já não estou disposto a me culpar.

   _____ Eu já não estou disposto a aceitar a culpa sobre o que aconteceu.

   _____ Eu fiz o melhor que pude com o conhecimento que tinha.

   _____ Eu vou ser compassivo comigo mesmo.

   _____ Eu sou humano. Vou cometer erros.

9. Você está disposto a orar e pedir a Deus para perdoar todos os seus pecados e falhas, e aceitar o pagamento que Jesus Cristo fez na cruz para pagar por todos os seus pecados? _____ Se assim for, levando em consideração tudo o que foi listado acima, você pode e escolhe perdoar a si mesmo?

   _____

10. Faça uma cópia da promissória emocional que você guarda contra si mesmo. Escreva "CANCELADO" nela quando tiver escolhido perdoar a si mesmo, e coloque a data. Você mostrou sua determinação para perdoar e encontrar padrões mais saudáveis de se relacionar conscientemente ao trabalhar com este guia de estudo. Lembre-se, não há problema em procurar ajuda. Quando você está lidando com os padrões de vida que moldaram seu pensamento desde a infância, pode precisar da ajuda de um conselheiro para trabalhar com essas questões. Não tenha medo ou vergonha de pedir ajuda. Se você se encontra preso em qualquer um dos exercícios apresentados aqui, por favor, procure a ajuda de um profissional qualificado em quem possa confiar.

Sobre o livro:

Formato: 16 x 23 cm
Tipo e tamanho: Palatino Linotype 11/15
Papel: Capa - Cartão 250 g/m2
Miolo - Polen Soft LD 70 g/m2